第 ❶ 辑

燕山大学中国长城文化研究与传播中心 主编

长城学研究
CHANGCHENGXUE YANJIU
2022

燕山大学出版社
·秦皇岛·

图书在版编目（CIP）数据

长城学研究 . 2022 / 燕山大学中国长城文化研究与传播中心主编 . —秦皇岛: 燕山大学出版社，2022.9

ISBN 978-7-5761-0374-8

Ⅰ.①长… Ⅱ.①燕… Ⅲ.①长城 – 文集 Ⅳ.① K928.77-53

中国版本图书馆 CIP 数据核字（2022）第 128990 号

长城学研究 2022

燕山大学中国长城文化研究与传播中心 主编

出 版 人：陈　玉	
责任编辑：方志强	封面题字：赵险峰
责任印制：吴　波	装帧设计：方志强
出版发行：燕山大学出版社 YANSHAN UNIVERSITY PRESS	地　　址：河北省秦皇岛市河北大街西段 438 号
邮政编码：066004	电　　话：0335-8387555
印　　刷：秦皇岛墨缘彩印有限公司	经　　销：全国新华书店
尺　　寸：185mm×260mm 16 开	印　　张：16
版　　次：2022 年 9 月第 1 版	印　　次：2022 年 9 月第 1 次印刷
书　　号：ISBN 978-7-5761-0374-8	字　　数：295 千字
定　　价：68.00 元	

版权所有　侵权必究
如发生印刷、装订质量问题，读者可与出版社联系调换

联系电话：0335-8387718

加强长城学的学科体系构建研究（代序）

董耀会 *

长城学的发展需要加强顶层设计，需要加强长城学的学科体系构建的研究。具体而言，需要做好统筹协调，更需要打造人才高地，构筑以合理的梯队结构形成的新生力量。燕山大学中国长城文化研究与传播中心创办《长城学研究》，就是要推动长城学的学科建设，迎来长城研究的新发展。长城学是一个交叉学科，《长城学研究》将发表对相关学科的长城学术研究进行总结，并以此为基础对长城学的学科理论进行分析和论述的学术文章，将努力阐述长城学的框架和学科内涵。

长城学的发展，需要有引领学科发展的优秀人才。长城研究需要高素质的学术骨干和学科带头人。促进大学和科研机构的长城研究人才队伍建设，应该是我们的努力方向。建设长城研究的基地平台，也是培养和发现人才的基础工作。有了平台，有了人才，就会有研究成果。只有做好了这些，才能保证长城学的学科建设能发展起来，并且能够可持续发展。

《长城学研究》组编稿将实行学术带头人负责制。没有一流的学者队伍建设，就不可能产生一流的科研成果。加快培育中青年学科带头人，形成研究长城的学者群是我们想看到的结果。当然，一个学校形成学科的研究优势，需要一个培育过程。不管选择什么路径和方法，这都是一条必须要走的路。

目前长城学的学科发展，还缺乏应有的组织能力。仅靠社会组织努力是远远不

---

* 作者简介：董耀会，中国长城学会副会长，河北地质大学长城研究院院长，燕山大学中国长城文化研究与传播中心主任、教授，《中国长城志》总主编。

够的，长城学科建设研究的丰富，还有待更多的专业力量参与和投入。长城学的学科建设主体，应该是科研院所和高等教育系统，这就是我们所说的学术内部组织能力的提高问题。任何学科的发展都有其内在规律和逻辑，遵循规律就是根据学科特点探索适合学科发展的路径。

一、为进一步推动长城研究走向深入，提出长城学

首次提出研究长城学是在1987年，徒步考察明长城结束后，我在北京大学地理系历史地理专业跟随侯仁之先生学习，是我和侯仁之、罗哲文两位先生碰出来的一个想法。当时，我们把研究方向确定为如何通过不同学科长城研究之间的交叉融合，揭示跨学科长城研究的特征和规律。

加强长城学的学科建设，需要先将长城研究列入国家哲学社会科学研究规划，这是当时确定的阶段性目标。我们的最终目标是，把长城学纳入国务院学科目录。当然，我们也知道，让长城学有合法的学科身份，一定是件十分困难的事情。越是困难越需要有人去做。这条路肯定会很漫长，需要做大量的卓有成效的工作。

罗哲文先生让我对此进行深入研究。他认为我思维活跃，对长城历史和现状的了解也比较深入。同时，他也认为我具有开创性，一定能做好这项工作。我也信心满满地认为，这项开创性的工作只要努力一定可以做好。我和罗哲文先生一起完成了一篇论文，对长城学的学科建设若干理论认识问题进行了初步的梳理。

这篇有关长城学科建设的文章《长城学的几个基本理论问题》，先于1988年由中国长城学会印发，并在学会内部专家学者中广泛征求意见，后于1990年1月被《文物春秋》采用。长城研究工作需要长城学，而作为一个新学科也需要相关理论积累和体系化研究。学科体系建设要从若干理论认识问题入手，这个方向没有问题。我们提出长城学问题，想以此研究为契机，从横向和纵向进一步推动长城研究走向更深入。

此文从学科专业建设认识方面做出思考，应该是长城学迈出了第一步的关键。文章正式发表后，我又发表了《长城学发展的现状和未来》《长城学的概念、特征及分类》《创建长城历史研究认识体系》等文章。经过我和罗先生连续发表了几篇关于长城学研究性文章后，在进入深度研究时，才发现这件事情暂时还不具备做下去的条件。主要困难有两方面，一个是客观因素，一个是主观因素。

客观上来说，在全国范围内还没有构建起长城研究的队伍。长城研究的成果，也还不足以支撑长城学的发展。这是一个悖论，长城研究人才的培养需要建立长城

学的学科平台，由于缺乏这样的学科平台的支撑，在很大程度上影响了长城研究人才的培养。而长城研究队伍的薄弱，又制约着长城研究取得更好的成果，也制约着长城学科的发展。

从主观上来说也有问题。我发现自己的学术积累极为不足，更缺乏对长城研究的整体把控能力，无法对长城研究的全局和理论进行把控。也就是说，我还没有足够的学术能力和足够的思辨力对长城研究提出建设性意见，更无法对这方面的问题进行深入梳理、归纳和分析。特别是在如何找到长城学科建设的各个切入点，如何能展开研究并进行逻辑阐述方面，处于一筹莫展的状态，基本上没办法推动这项工作。

那时候处于很痛苦的状态，因为无法提出长城学的学科建构轮廓，无法科学地界定长城学相关学科分支的内容，也无法理清长城学研究领域与学科建设的关系，更没有办法形成完整的学科结构。在这种情况下，研究工作根本就深入不进去。这是我经过一段时间的努力之后，决定暂时先放下长城学研究的原因。

不过长城学科建设的研究路线，我还是一直在思考。毫无疑问，当时的努力并不是无功而返。寻求在厚积薄发基础上进一步深入，这是永远的追求。要加强长城学术研究，迟早还是要讨论长城学科建设问题。长城研究的发展，离不开对长城学的研究，离不开对长城的学术与学科建设的讨论。只有建立在学科体制之上的学术研究，才能取得更好的学术成果。从另一方面说，有了更多更好的学术成果，长城学才能得以真正的确立。

当然，这并不是说，今天长城学的提出和长城学的学科建设，已经到了水到渠成、顺理成章的程度。条件还远远没有成熟，即使今天，这件事仍然是任重道远的事。时隔三十年，我们再谈长城学还是要继续推动在国家学术体系将长城学确立为学术相对独立的一个分类。将长城学逐步确立为一种教学科目设置，做到这一点仍然并非一蹴而就，还需要做艰苦的不懈努力。

二、长城研究的发展需要建立长城学的学科体系

今天，长城研究的发展和社会对长城研究的需要，已经到了更需要建立长城学学科体系的时候。长城学作为一门研究长城的学科，主要以长城的发展历史及其规律为研究对象，主要研究长城的产生、发展过程中的任何事。讲清楚和理解好长城历史上的重要人物、重大事件和重点故事相关史实，这些人物和事件的历史作用和影响，归纳总结其中的经验和精神价值，可以为当今社会提供知史明鉴、察古知今

的借鉴。

加强长城研究的学科建设，提出并深化研究长城学的内涵与功能是需要抓紧并加强的事情。长城学作为一门新型学科，其学科建设与其他现有学科存在着很大不同。长城学的学科建设是社会发展的需要，其知识形态、活动形态和组织形态都带有更强烈的应用性。长城学作为长城研究方面的学术理论的统一体，主体是服务于长城研究、服务长城事业发展的社会需要。长城学的认识主体是长城，客体是社会发展对长城研究成果的需要。在这种背景下，主体与客体形成了紧密联系又独立存在的互动体系。

长城学作为一个学科有特定的学术规律和规范。对长城学的学科内涵做出表述，首先要围绕知识层面的学术研究分类进行。关于长城研究的学术领域及与其他学科的交叉，构成了长城学具有逻辑性联系和独立体系存在的完整体系。

长城学术研究和长城文化的传播都需要组织系统，长城学会是从事长城研究者和传播长城历史文化知识者的组织。仅有长城学会是远远不够的，长城学的学科建设还需要有高校和科研单位构建起以围绕长城相关问题进行科研、教学的组织机构。所以，我推动多所高校成立了长城相关的学术研究机构，包括河北地质大学长城研究院、燕山大学中国长城文化研究与传播中心、东北大学秦皇岛分校设立的中国长城研究院、北京建筑大学与北京市文物局共建的北京长城文化研究院、甘肃省委宣传部和西北师范大学共建的甘肃长城长征国家文化公园建设发展研究中心等。

这些在高等院校设立的长城科研机构，其任务是聚焦长城研究的学科方向，形成长城研究的学科优势。他们的工作为建设内涵丰富、学科体系完善的长城学奠定了基础。我们需要发展长城研究的专业人才，要为长城研究队伍提供组织保障。为了将河北地质大学长城研究院、燕山大学中国长城文化研究与传播中心建设成长城学研究的学术基地，学校制定了相应规划，明晰了长城学的学科建设目标。

实践证明，利用高校的师资和学术资源组织展开长城学术研究活动，是长城的学科建设的重要路径。以学科建设为抓手来整合高校科研资源，优化配置社会力量以支持学校科研是一条新路。在长城学的学科建设初期，围绕学校内设研究机构的科研目标和任务来确定可行的方案很重要。长城学科的建立是一项系统工程，包括学科方向的确立、学术队伍的建设、科学研究的开展、学术环境的培育等诸多方面。

三、长城学科建设需要在高校搭建学术研究平台

长城学的学科建设，首先是要有队伍。就如同打仗，没有队伍只有计划是无法

取得胜利的，计划得再好也不行。学校从事与长城相关教学和科研工作的教师，都是潜在的长城相关领域的研究者。他们的研究能力代表着高校在该领域的地位和学科水平，但是由于此前很多的教师没有关注过长城研究，更没有承担过长城研究的项目，所以需要做好发动和培养工作。河北地质大学过去没有出过长城研究成果，长城研究院成立后已经培养出一些高层次人才，发表了一些具有创新性的科研成果。

2019年6月5日，河北省检察院联合河北地质大学，举办了长城保护检察公益诉讼研讨会。在河北地质大学举办的这个研讨会，从立法司法、文物保护、旅游开发等方面，针对长城保护检察公益诉讼进行了深入研讨。对加强诉前程序的作用、推动落实行政监管职责、优化公益诉讼提起方式等方面，提出了具有很强可执行性的意见和建议。此后的几年，长城沿线省级检察机关开展"长城保护"检察公益诉讼专项活动，取得了很好的成效。

河北地质大学长城研究院执行院长彭运辉，带领一批专家学者深入参与了这项工作。据河北省检察院党组书记、检察长丁顺生介绍，河北省检察机关部署开展"长城保护"检察公益诉讼专项活动一年多来，各有长城的市县级检察院通过办案，一批受损的长城本体得到及时维护修缮，一批重点长城点段得到有效保护，一批侵占长城保护范围和建设控制地带的非法建筑被彻底拆除，一批丢失、破损的长城保护警示标识设施得到重新设置，一批被破坏的长城周边生态环境得到修复治理，一批损害长城的违法行为受到了依法惩处，一批长城保护工作长效机制得以建立完善。

长城研究的主要承担者是学校教师，不同学科的教师围绕长城研究开展工作，互相既有互补又能相互启发。特别是一些青年教师的参加，他们特定的专业素质和能力为长城研究补充了新生力量。加强长城学的学科队伍建设，也对高校内涵建设任务起到了助力的作用。优化教育资源配置于长城国家文化公园建设，服务社会的同时也提升了学校科研的整体水平。长城研究需要适应社会需求、服务国家文化和经济发展战略的人才。

长城研究院的任务是要培养长城研究的复合型人才，实现学科、项目、人才三位一体发展的目标。依托大学成立起来的长城研究机构，要遵循长城学科发展的内在规律，不断提升自组织能力和研究水平。随着长城学的发展，将有更多的高层次人才加入长城研究的队伍中来。提升长城研究队伍的质量，优化长城研究队伍的梯队结构，形成长城事业发展的优质人力资源。大学内设的长城研究机构，有利于优化长城学的学科结构，提升长城学之学科发展的整体实力。

在高校搭建长城学的学科建设平台与学术研究基地，既是科研平台也是高校长城学人才培养平台。人才培养和学科建设同步发展是以高校为依托，或设立在高校的开展长城研究的各类型、各层次的科研机构的两个同等重要的目的。在高校搭建长城学的研究平台，深化研究多学科协同机制，是学科平台建设的重中之重。长城学的学科建设有助于学科之间的协调发展。

四、以平台建设为基础，整合资源促进学科交叉融合

长城学的学科建设既不是现有学科的学科点建设，也不是现有学科的学位点建设。其建设模式是一种平台建设模式，以平台建设为基础，有利于各学科资源的交叉融合。这样做与高校现有的考核制度存在很多不适应的地方，在一般的学校难以形成良好的工作局面，也难以形成学科建设优势。这就需要学校领导能够具有创新意识和远见。我相信搭建长城研究平台，有助于学校各学科资源进行有效的整合，有利于学校多学科交叉发展。

教育部门体系内的学术评估制度是学校工作的"指挥棒"，也是教师们科研工作的"指挥棒"。不同行业作为不同利益主体，有不同利益诉求很正常。但是，如何让老师们在现有的学术评价框架下做出研究长城的选择，这是需要做细致工作的事情。我没有在高校工作的经历，对高校学术评价的过程和具体实施层面的做法都不很了解。实际上按照既有的学术评价体系去推动工作，我能做的也很有限。我讲得更多的还是情怀，而不是以学术评价作为管理手段形成良性的资源配置。

河北地质大学是一所以地质类和经济类见长的大学。在长城有关的研究方向上，缺乏学术积累，也基本没有年龄、职称和学历层次都较高的长城研究者。没有一支很好的学术队伍，出不来好的研究成果，至少在短期时间内出不来好的成果。在这种情况之下，我们把主要研究内容定位于服务于河北省长城保护与利用。经过近三年的努力，在这个方面积累了一定的理论与实践成果。长城研究院成立之初，在了解和分析学校学科建设、院系设置情况的基础上，着眼于发挥既有的师资优势，突出确立长城研究的重点方向。根据河北省乃至京津冀长城文化经济发展的需要，考虑学校科研的实际情况，整合各院教研的学科特长，突出服务社会发展的研究特色，确立了校级长城研究课题的申报原则。

设置校级长城研究课题，旨在孵化省级及国家级课题。最初的申报工作，采取敞开的方式，任何的研究方向都可以申报。但是，实际上我们早已确定了一个整体方向，希望在团结协作的基础上，力争在河北省长城保护和利用的研究方向取得突破。课题申报收上来之后，长城研究院再与老师们商量，以服务于河北长城保护利用为出发点，对原有申报的研究方向进一步做出调整和充实。最后，在所申报的42

个项目中，选中了 20 个课题，形成了长城历史文化、长城和平价值、长城文旅融合、长城文物本体保护、长城区域综合发展等较为有优势的特色项目。

2021 年 12 月 18 日，在燕山大学召开了国家文物局重点科研基地（清华大学）河北工作站的揭牌仪式，这是河北省文物与古建筑保护研究院、燕山大学中国长城文化研究与传播中心、河北地质大学长城研究院、河北搜讯信息技术有限公司共同承担的任务，主要研究方向是"空间信息技术在文化遗产保护中的应用研究"。大学科研院所的长城研究机构，逐渐地把研究领域相对固定下来、专业化程度提高起来是一种富有成效的选择。

五、长城学理论与实践的基础是传统的相关学科

长城研究涉及很多学科的交叉，我在这里想以历史地理和历史文献为例，说明一下长城学理论的实践。我是学历史地理专业的，历史地理学是研究历史时期地理环境及其演变规律的学科，本身就与历史学的沿革地理密切相关。这是历史学和地理学的交叉学科，不论历史学还是地理学都是相当古老的学问，历史地理则是一门相对新的学科。长城学与历史、地理学有着密切的联系，但与历史的联系更紧密。不同历史时期长城走向的变化，既有地理环境变化的原因，也有长城内外政权力量发展变化的原因。很多时候自然因素和人文因素交织在一起，认识其规律有助于人们理解长城在不同历史时期的作用。

长城的历史实际上也是一种人地关系，长城是人修建在一个特定的地理环境的军事防御工程，就是人和地的关系。地是自然环境，人是人类活动。我在北京大学跟随侯仁之先生学的是历史地理，研究的对象就是人地关系。历史地理以时间和地点为坐标，研究历史时期的地理，包括历史时期的自然地理和人文地理。历史地理学本身是一个人文与自然的交叉学科，这两个学科是相互渗透并且相互影响的，渗透和影响不是可以简单分开的。

历史地理分为历史自然地理和历史人文地理，历史自然地理属于自然科学的范围，历史人文地理则属于人文科学的范围。长城研究本身是自然和人文两个方面相互交叉的学问。但长城的历史和文化研究，毫无疑问属于人文科学的范畴。研究长城离不开研究人地关系的变化，自然的、历史的问题都要研究。环境气候与长城有很大关系，土壤、河流、湖泊、山脉、沙漠等各种自然要素都与长城有关系。自然的变化非常缓慢，人类活动包括政治、经济、文化等活动，对自然环境的影响也极为缓慢。这种影响我们要关注，却不能过度地夸大解读。

我们研究长城的历史，当然首先要找出来基础史料。就个人而言，我的长城研究并不是严格意义上的长城史研究，我的史料功底比较差。著名学者傅斯年曾对历史研究的本质进行过概括，他认为历史学研究要务，"第一是比较不同的史料，第二是比较不同的史料，第三还是比较不同的史料"。

所谓第一手材料，主要是历史文献。由于长城的历史很长，不论你持有什么观点，想找出支持你观点的史料并不难。毫无疑问，长城资源的调查，主要是运用考古的手段确定长城遗址遗存。用传统考古和现代研究手段，得出比较接近历史真实的结论。用碳 14 测定、遥感技术等先进的技术，忠实、原始地恢复历史时期的原貌。

恢复长城的历史原貌，才能从原貌的发展过程中研究发展演化的规律。所以一般讲来，长城遗址调查、长城考古发掘是一门实证学科。是什么就是什么，不是什么就不是什么，这期间不讲理论。长城的历史文化乃至长城的精神价值研究，则是一件与当今社会、与当前现实联系非常密切的研究内容。可以说这样的研究，就是一种实实在在为当前、为现实社会发展服务的研究。甚至可以说，我们的研究要有助于我们今天的社会发展。我们对长城的认识，对中国历史的认识，要对社会发展提供服务。我们研究长城的历史，包括研究与长城相关的地理学的基本课题，都要在这个基础上去做。

长城研究离不开文献资料，这些资料都与历史上具体的地名联系着。基本上所有的历史记录，都记载着在一个具体的地方，发生了一件具体的事。使用这条史料也需要根据具体的地名来分析，离开了具体的地名，这个资料就基本上没有办法用了。而这个具体的地名在哪里，随着历史的发展，一个地方的地名是有很大变化的。这种变化说明什么问题，一个地名的错误认定，很可能导致结论的南辕北辙。

六、长城学术研究促进高校科研特色和优势学科的建设

在大学成立长城研究机构，连续出版《长城学研究》都是在搭建推动长城学发展的平台。在高校建立长城研究机构是推动长城学学科建设的重要环节，而且是没有可替代方案的环节。做好这件事需要高校的领导有价值追求，需要形成以专家为主导力量、自下而上开展工作的局面，需要处理科研与教学、社会成果与学术评估的关系。

高校追求提高学校办学质量和特色，都要推动文科学科发展的理念，这是在学校可以推动长城研究工作的基础。长城学术研究可以促进高校科研特色和优势学科的建设，而高校在支持长城学的学科建设过程中，也重点建设了长城研究的学科方

向。这几年依托大学成立的长城研究机构，从不同学科、不同视角取得了一些研究成果，而且在整体研究成果不断丰富的同时，学术水平也有很大提高。其中不同学科交叉融合研究方面也取得了很大拓展，学科交叉融合是高校学科建设的大趋势。

目前，在工科学校中文科多处于较弱的学科，尽管其交叉融合的研究方式已经日益受到广泛重视。天津大学建筑学院张玉坤教授的团队、北京建筑大学建筑与规划学院汤羽扬教授的团队、清华大学建筑学院邬东璠教授的团队都取得了很好的研究成果。但总体上来说，长城学术研究也还是处于起步阶段。工科高等教育领域对学科建设的研究，聚焦于工科、理科的多，聚焦于单一学科的多，更需要多学科交叉融合的发展。特别是文科方向的加强，对实现多学科交叉研究，适应新的学科发展有很大益处。

目前，在大学设立长城研究机构还只是初创，与长城相关的学科、专业、课程的一体化建设还没有真正的起步。河北地质大学和燕山大学相继在本科生中开设了"长城文化"的选修课程和通识课程，成立了大学生的长城社团组织。推进长城研究和长城学的学科建设，推动与长城研究相关专业建设，推动长城相关课程建设，也都还处于探索阶段。所以，长城学的学科建设还任重道远。任何学科都是由学科、专业、课程共同组成，这是密不可分的学科建设内容。推动三位一体的长城学的学科建设、专业建设、课程建设，是长城学发展的必经之路。

七、长城学要关注长城数字化信息技术应用

长城数字化，即数字技术运用于长城文化遗产保护和利用。首先是有关信息的采集获取，第二是信息或者数据的处理。采集信息很重要，有了这些信息或数据之后处理信息，其结果能够更好地应用于文化遗产保护。

传承文化遗产领域，最早的高科技运用是从一体化的遥感技术开始，接下来是地理信息应用系统。目前可以通过卫星导航系统，随时获取长城遗址的现场信息。通过全过程的信息获取，可以做到动态地监测长城每一个段落的变化。信息获取的动态性和实时性，能够满足长城保护的全要素要求。

长城作为特殊文化遗产，其保护要求很复杂。长城遗址体量之大，长城保护涉及面之广，长城遗存类型之丰富都是其他文化遗产不可比的。借助多种多样的数字化信息技术，可以达到全要素的信息获取。这些信息可以涉及空间的维度，也可以涉及时间的维度。

我们做《中国长城志》时候的需求是制作长城建筑的制图，要有这一段长城总

体平面图，还要有单体建筑平立剖及详图。这些绘制图纸所需要的信息就是固定的要求，天津大学建筑学院李哲教授的团队，还有住建部文化遗产研究所的团队，在给我们《中国长城志》做建筑实测之前，我们就先进行了这方面的需求研究。

最后的成果除了完成了建筑本体的测量，还比较好地反映了这个地方的环境整体信息和面貌。对长城建筑的一些细节构件的数据，甚至对某一块砖的病害程度都有数据。这样的数据对长城保护利用工作来说非常重要。一个信息采集可以有多个服务目标，最后通过这样的一种技术方法，能够服务于长城这种线性的文化遗产。

北京计算研究院为中国长城学会做过数字化支撑下的长城文化遗产3D扫描。我们做的是紫荆关长城，这个项目的背景是一个热爱长城的人王一舰推动的。王一舰在长城圈里的网名叫老陪，他介绍我们和北京计算研究院的领导认识，我提出请他们的团队支持一下我们的工作。我们测完了紫荆关长城之后，也把数据给了保定易县文物管理单位，建议他们再做长城修缮的时候可以先做一下虚拟修缮，这样可以看到效果好不好。

清华大学设有国家文物局长城文化遗产保护与利用的空间信息研究基地，重点做空间信息技术方法研究的课题。我们参加这个研究基地的工作，成立河北工作站开展科研工作。数字化参与长城的保护和利用，需要将分布在十五个省市和自治区的长城做资源整合。长城多处于野外，对实际调研工作造成了一定的难度。长城的数据采集量和处理量十分巨大，时间和空间两个维度都有难度。

中国历朝历代的修建跨越两千多年，长城保护和利用急切呼唤新的技术方法。长城保护和长城文化展示，怎么样认知这种新的技术方法，信息技术如何引入长城文化遗产的保护和利用中来，这是拓宽对长城本体保护和文化阐释的一个跨学科的开拓。把信息基础运用到长城文化遗产的保护和利用，通过数字基础信息的应用促进长城文化遗产保护与利用的理论与实践，需要构建一套技术方法体系。

长城数字化可以首先从两个方面开展工作，首先对长城典型的传承段落进行样本信息采集，技术方法包括多源的遥感互联网地理信息系统的信息模型构建。第二在虚拟空间中对实体空间做三维仿真，这与传统的技术相比是最大的一个进步，从被动的记录到主动的模拟，这就是数字孪生技术的应用，包括数据采集模型构建，进行定量分析为主的服务系统搭建，服务于长城的保护和利用。

虚拟现实技术的分析和科学推演，用于长城保护修缮已经成为常态工作。长城的虚拟修复和展示传承，为长城保护传承提供了技术体系。这也是长城数字化信息空间技术研究成果在长城文化遗产保护方面的利用。

八、长城学要在服务社会经济文化发展中成长壮大

长城学的发展源于经济文化社会的发展,社会的发展为长城学的学科建设提供了机遇。这一点在长城国家文化公园建设方面反映得最充分,长城相关问题的科研也有了经费的支持和保障。包括国家社科基金等,都对长城相关的科研项目给予了较大的支持。这就极大地推动了长城学的发展,特别是高校和科研机构的人才和科技力量的参与,也加速了长城学的学科发展。长城研究不同的相关学科,在现阶段都要尽量结合长城国家文化公园建设,要长期服务于长城文化经济带建设,服务于长城区域经济、文化的社会发展。

建设长城国家文化公园,要以此为契机带动区域发展,所以安排的项目一定要具有引领和示范作用。目前起步阶段,长城国家文化公园建设主要靠政府投入。将来的后续项目将会引入竞争机制,在长城区域适当地淘汰社会效益、经济效益较低的项目。所以,长城国家文化公园建设要立足于长远的发展需要,促进区域文化和经济的协调发展。

在长城国家文化公园建设起步阶段,我们应该研究国家如何通过提供公共文化服务促进建设工作,国家如何支持长城文旅融合发展的项目发展,如何更多、更好地扶持文化和旅游主体企业做好这项工作。利用产业化手段发展文旅融合项目,需要针对不同类型、不同业态给予差异化的支持政策,通过政策支持激发各种社会力量参与长城国家文化公园建设的积极性。特别是要有创新的精神,支持因地制宜地探索实践多样化的政策实现方式。这些方面都需要学校的科研机构进行深化研究,需要以问题为导向,以重大项目的组织与实施为抓手,研究长城国家文化公园建设面临的紧迫或长远的问题。燕山大学中国长城文化研究与传播中心与金融街(遵化)房地产开发公司签约,开展遵化长城国家文化公园建设项目合作,进行遵化金融街·古泉小镇文旅融合项目的长城文化植入,打造遵化长城国家文化公园文旅融合样板工程就是有益的尝试。

国家文化公园建设的五大工程,其中就有研究发掘工程。通过对长城历史文化的研究来支撑长城国家文化公园建设,是我们长城研究者的使命和任务。我在很多场合都强调过,长城国家文化公园建设,推动长城区域经济发展,不仅是盖房子,不仅是搞土建工程。地上长房子容易,房子里长什么,这是我们长城学研究的重要方向。

期待在长城文化经济带建设过程中,长城学能给予学术支撑。燕山大学中国长城文化研究与传播中心付瑞红研究员撰写的《长城国家文化公园(河北段)高质量

建设下文化旅游生态链的政策创新路径》，得到了河北省委、省政府主要领导的肯定性批示，为河北省长城国家文化公园建设试点工作提供了学术支撑。中心常务副主任陈玉教授题为《关于完善〈河北省长城保护条例〉（草案）的建议》的咨政报告，也获得了主管这项工作的副省级领导的肯定性批示，从学术方面保障了立法的科学性。

总之，长城研究需要讨论宏观的问题，也需要研究学科建设或单一的学科建设。对于交叉学科的内涵、功能、队伍、模式研究较少，多学科资源融合以及如何打破学科壁垒等研究亟待拓展。长城学的发展亟待增强，还需要在更多的大学建立研究机构。长城研究离不开高校的学术力量参与，长城学需要根植于一流的学术科研机构。近年来长城研究不断走向深入，长城学科的建设也逐渐在加强。现在参与到长城研究队伍中来的年轻人也越来越多了，这种现象令人欣慰。长城学的发展，长城学的未来主要靠你们了。我期待《长城学研究》的出版，能够助力长城学的学科建设走向分工更精细化、专业化的发展之路。

目 录
CONTENTS

加强长城学的学科体系构建研究（代序）/ 董耀会 ·· 1

长城历史与地理研究

明长城资源的多学科整合与长城学的构建 / 田澍　马维仁 ························ 3
再论中国长城的历史分期 / 刘晶　李树林 ··· 18
明代长城防御体系与"长城区域社会"的形成
　　——兼谈长城文化的基本内涵 / 翟禹 ·· 32
明清时期的居庸关南口城商业
　　——以庙宇记事碑为中心 / 左志辉 ·· 43
包头长城与草原丝绸之路 / 栗征华 ··· 54
秦代修筑阴山北长城有关问题研究 / 方金良 ·· 67
从赵长城到宁武关 / 刘淮南 ·· 72

长城建筑与文物研究

文物保护区划划定技术探索——以《河北省明长城保护规划》保护范围及
　　建设控制地带区划标绘方法为例 / 张建勋 ·· 87
见微知著
　　——长城新知钩沉民族精神与智慧 / 李哲　张梦迪　伍小敏　张玉坤　李严 ··· 97
板厂峪明早期长城修建历史与攻防体系研究 / 谢战军　谢奋全　徐春晓
　　高欢　张鹤云　姜耀俭　吉羊 ·· 108
明清嘉峪关修建与工程管理 / 张晓东 ·· 127

内蒙古地区古代长城工程管窥 / 王大方……………………………………………139

长城文化传播研究

近代以来西方世界关于长城形象的演变、记述与研究
　　——一项"长城文化史"的考察 / 赵现海………………………………147
长城精神的历史渊源与文化价值 / 姜红明　杨娟……………………………163
创新长城和平外交　共建人类命运共同体 / 彭运辉………………………173
长城文献的价值及其收集整理 / 陈建文……………………………………179
长城文化对北京冬奥会文化形象的话语建构研究 / 陈玉……………………189

长城保护与文旅融合研究

长城文化遗产保护与传承数字化发展进程与趋势 / 党安荣　张智　信泰琦
　　周宏宇　余建刚………………………………………………………203
环境育人背景下八达岭长城国家公园文化景观保护与发展 / 任丽芬　吴霞………217
长城绿色经济带文旅产业融合研究进展与启示 / 张亚明　苏妍嫄　李欣悦　付尧飞…226

长城历史与地理研究

明长城资源的多学科整合与长城学的构建*

田 澍** 马维仁

摘要：半个多世纪以来，学界对明代长城资源的研究取得了一系列重要成果，内容主要集中于对明长城的界定和明长城资源内涵的探讨，并对明长城建筑资源、明长城传统文献资源、明长城碑铭和舆图资源、明长城非物质文化资源等方面进行了较为深入的调查与整理。从现有成果来看，对明长城资源的调查与研究成绩显著，但中国学术界在长城理论创新方面不足。而要发出中国学者在长城研究方面的独特声音，就必须走多学科交融发展之路。

关键词：明长城；边墙；九边；防御体系；长城学

长城在不同时期称呼不一，有"方城""列城""长堑""墙堑""长垣""紫塞""寨垣""边垣""寨围""壕堑""界壕""边墙"等，后逐渐统称"长城"。她是中国各族人民共同创造的一项伟大工程，是中国历史长河中形成的一种鲜明的文化符号，凝聚着中华民族自强不息的精神和坚强不屈的品格。长城是著名的世界文化遗产，是人类文化的瑰宝。除秦、汉、隋、明诸朝外，少数民族政权如北魏、东魏、北齐、北周、辽、金等皆修过长城。为防御蒙古贵族的侵扰，明朝先后设置九大边

---

* 课题项目：国家社会科学基金重点项目"边疆治理视野下的明代绿洲丝绸之路研究"（18AZS022）；国家社会科学基金项目"国家安全视野下的明代西北军事防区调整与演变研究"（16XZS015）。

** 作者简介：田澍，历史学博士，西北师范大学教授，博士生导师，从事明清史研究。

镇，并逐渐修筑"边墙""城堡"等防御工事来确保国防安全。今天人们所说的长城，主要是指明长城。梳理学界有关明长城内涵的认识和明长城资源的调查与文献整理的成果，对进一步深化多学科交融研究，构建具有中国特色"长城学"的学科体系、学术体系和话语体系是至关重要的。

一、明长城的内涵

明代九边体制"从永乐时期开始逐步构建，弘治至正德年间全面形成"[1]，与明朝迁都北京以示"天子戍边"而构建"大一统"的国策相一致。在九边的防御体系中，"京师，犹人之腹心也；宣、大，项背也；晋、蓟、东辽，肘腋也；延、宁，肢体也；甘肃，踵足也。[2]"可以说，明长城是"九边"防御体系中的重要组成部分，是特殊历史阶段的必然产物。明长城的积极作用是不容置疑和否定的。吴晗在分析长城利弊后指出（虽然长城）："不能完全堵住北方各民族向南发动战争，但是，无论如何，它起了一部分作用，至少因为有了这样一个防御工事，使得长城以南众多的人口可以从事和平的生产。把长城的作用估计过高，认为有了这一条防线，北方的少数民族就进不来了，这是错误的。他们还是进来了，而且进来不止一次。但是，由于有了这个防御工事，使得北方一些少数民族的军事进攻受到阻碍，这种作用，直到明朝还是存在的。只有到了清朝，这样的作用才不存在了。"[3] 由于明代立国久远，不断完善和修葺的长城所起的作用远远超过以前诸朝。明朝依靠长城成功地遏制了元朝残余的南下，持续巩固了北京作为"大一统"中国政治中心的地位，客观上为清朝进一步统一中国奠定了坚实的政治基础，故不能简单地将明长城与其他诸朝长城相提并论。只有把明长城放在中华民族交融和明成祖迁都北京的大背景下，才能理性地认识其在民族交融中所拥有的特殊意义和所起到的积极作用。特别是在元明两朝更替的大背景下，中国出现了前所未有的变局，面对元朝残余势力的依然强大和他们的不甘失败，明朝面临着空前的军事压力，如何吸取历史经验教训，在财力和民力可承受的范围之内超越前代而大规模和持续地修筑长城，便成为有明一代时刻面临的核心问题和不二选择。正如阿瑟•沃尔德隆所言："明朝的城墙建筑并非任何人的首选，它只是在其他提议被否决后才被采用的。"[4]

明代的"边墙"与"长城"并非同义。在明朝的官方用语中，"边墙"只是北部防御工事的一部分，而非全部。如成化二十一年（1485）巡抚宁夏右佥都御史崔让等奏请："于平虏城枣儿沟增筑边墙一道，塞堡一座，墩台三座。"[5]《明史•戚继光传》亦曾言："自嘉靖以来，边墙虽修，墩台未建。"[6] 明朝的北部防御体系包括边墙、城堡、墩台、壕堑等，故宣德四年（1429）朝臣言："雨潦颓坏长城墩隘，请益兵修筑，濬其壕堑。"[7]所以说，"边墙"与"城堡""墩台""壕堑"等共同构成了明代的"长城"。正由于此，明臣常将"边墙墩堡""边墙营堡""壕堑边墙""边墙墩台"并用。可见，明长城是由绵延的边墙或壕堑与众多的城堡等工事构成的综合防御体系，具有"围墙"的性质，是明朝边防的警戒线，是明朝进攻的依托和防御的底线，但绝不是划分"边界"的标志。葛剑雄为此说道：明长城也不一定"完全按照当时的疆域范围建筑"，"由于鞑靼、瓦剌以游牧为主，实力也有盛有衰，有时逼近长城，有时又退得很远。明朝的实际控制区也常常越出长城，在长城以北还存在一些双方势力交错或者都不加控制的地区。"[8]

在具体的解读中，学界对明长城的认识分歧较大。如《长城百科全书》认为长城是由"绵延伸展的一道或多道城墙，一重或多重关堡，以及各种战斗设施、生活设施、报警烽堠、道路网络等组成。是一条以城墙为线，以关隘为支撑点，纵深梯次相贯，点线结合的巨型军事工程体系。"[9]侯仁之的认识与此大致相同，认为长城是"针对相对固定的作战对象，按照统一的战略，以人工筑城方式加强与改造既定战场，而形成的一种绵亘万里，点阵结合，纵深梯次的巨型坚固设防体系。"[10]国家文物局组织编写的《明长城》继承了此类观点，认为："长城由墙体、敌台、马面、烽火台、关、堡等多种防御工事组成，是一个规模庞大的军事防御工程体系。"[11]《中国长城志》亦言："长城是中国古代由连续性墙体及配套的关隘、城堡、烽燧等构成体系的巨型军事防御工程。"[12]赖建诚对修筑城墙的材料做了进一步的说明，大致可分为："砖墙（内含夯土或三合土）、条石墙、块石墙、夯土墙、沙砾石、红柳或芦苇混合夯筑。从现代的遗迹来看，以夯土墙和砖石墙的数量最多。若以地区来分，北京、河北、山西、内蒙地区的边墙以砖石墙为主；夯土墙多分布在宁夏、甘肃沙漠边缘；较精华的地区，如北京八达岭、密云与滦平的金山岭，都是以夯土、三合土、碎石为内，外面包砖。"而长城的"堡城"别称"障城"，是"防线上驻军和囤积粮草、武器的地方；也可以说是军营，是驻扎军队、调防、应急、饲养军马和骆驼的地方。"[13]事实上，明长城还应该包括壕堑、烽火台和边墙以外的其他防御设施等，而且也不能用连续的"一条"来表述其状态，必须注意不同时期的"大边"与"小边""外边"与"内边""旧边"与"新边"等情形。

与以上观点有所不同的是，有些学者将长城仅仅看成是"城墙"。如《汉语大辞典》认为长城是"供防御用的绵亘不绝的城墙。"[14]景爱亦言："长城是以土、石、砖垒筑的连续性高城墙，系古代边境御敌的军事工程。"同时，他进一步指出长城应包括五种内容或层次，即：长城是连续性高城墙；长城以土、石、砖垒筑；长城属于御敌的军事工程；长城修筑在边境地区；长城是古代建筑物。[15]曹永年也认为："长城本身只是附设墩台、敌楼、堡寨等建筑体系的一堵墙，是军事防御的一种有力的手段。"[16]突出明长城"墙"的特性有一定的道理，但把明代"长城"简单地看成"城墙"或"墙"，则是不可取的。

如何确定明长城的具体点段，学界的看法也不一致，争论的焦点主要集中在以下两个方面：

一是关于辽东边墙是否为明长城的问题。一些学者认为辽东边墙不是明长城，故不能将其纳入明长城体系进行讨论。如《辞海》的修撰者认为："明代为了防御鞑靼、瓦剌族的侵扰，自洪武至万历时，前后修筑长城达十八次，东起山海关，西至嘉峪关，称为'边墙'。宣化大同二镇之南，直隶山西界上，并筑有内长城，称为'次边'。总长约6700千米。"[17]《中国历史大辞典·明史卷》在解释"山海关"时说：该关"历来被视为万里长城之东部起点"[18]。卢耀光指出："我们见到的长城多为明代所建，东起山海关，西至嘉峪关，穿越河北、北京、山西、内蒙古、陕西、宁夏、甘肃等7个省、市、自治区，全长达6300余千米。"[19]李汉才也认为："今日我们所见的东起山海关、西到嘉峪关的这条长城，则是明代最终定型的长城。"[20]这些界定，无疑是将辽东边墙划在明长城范围之外。但也有部分学者认为辽东长城应该作为明长城的重要组成部分。早在20世纪30年代，顾颉刚、史念海就认为："边墙之修筑，非至山海关即止也，今辽宁省中尚有若干段，依稀可见，亦明人之遗迹。明代辽东边外，西有兀良哈，东有建州之女真，皆常为边患，明廷即于其地分建边墙，以防御之。"[21]王国良的《中国长城沿革考》[22]也肯定了辽东长城的存在。随着学术研究水平的不断提高和长城保护意识的增强，对辽东长城的研究得以进一步深化。"华夏子"在实地踏查明长城后确定了辽东长城的具体位置和走向，"由山海关老龙头，沿峰峦连绵的山脉，向北蜿蜒，约一百二十华里，至海拔五百二十五米锥子山燕窝砬子处。由此长城分为东、西两个方向：向西而去的是蓟镇主体城墙，向东而筑的便是辽东镇长城。"具体分为三个部分，即辽河西长城，辽河套长城，辽河东长城。[23]刘谦通过实地考察，认为"鸭绿江是中国万里长城的东端起点"[24]。《中国历史大辞典·历史地理卷》在"长城"一词中指出："明代为防御鞑靼、瓦剌族的侵扰，自洪武至万历，前后经历二百多年，基本完成长城修筑工程，东起鸭绿江边虎山南麓，西抵嘉峪关，全长一万二千七百多里，称为'边墙'。"[25]郑毅亦明确指出："中国古代长城的最东段并不是山海关，而是直抵鸭绿江边，基本囊括了辽宁的大部分地区。因此从这个意义上说，辽宁其实也是关内省份，辽宁人其实也是关内人。"[26]可以说，将辽东长城纳入明代长城之中，应该是实事求是的态度。

二是关于青海边墙是否为明长城的问题。西宁卫是明代"河西十五卫所"之一，具有重要而特殊的战略地位，明朝在修筑西宁卫城的同时，在其周围"列置堡寨、烽墩"，"又于西川、南川及北川等处构筑边墙、边榨，形成了一个以卫城为中心的较为固旧的防御体系"[27]。《长城百科全书》在解释"明长城"时指出：明长城"东起鸭绿江，西达嘉峪关，横贯今辽宁、河北、天津、北京、内蒙古、山西、陕西、宁夏、甘肃等9省、市、自治区，全长6300多千米，俗称'万里长城'。"[28]这一界定将青海边墙排除在外。卢耀光认为青海边墙从其建筑形式、内涵和规模来看，均不应称其为长城，而应称为"塞垣"。其理由是青海边墙基本上是青海农业区与牧业区之间的一条分界线；西宁卫边墙形制独特，构成复杂；西宁边墙的规模较小。[29]但李汉才认为西宁边墙是长城的延长和补充，是我国长城的重要组成部分。[30]蒲天彪也认为青海省境内的明长城是万里长城的重要组成部分。[31]陈军、金舒平、廖安平等在《明长城资源调查与测量综述》一文中，公布了明长城长度测量结果，指出明长城东起辽宁丹东虎山，西至甘肃嘉峪关，穿越辽宁、河北、天津、北京、山西、陕西、内蒙古、宁夏、甘肃、青海等10个省、市、自治区，总坡面长度为8851.8千米，包括人工墙体为6259.6千米，天然段2232.5千米，壕堑359.7千米。并指出明长城分布地域广（10省市区）、时间跨度长（800多年）、格局较为复杂（含内边、外边、支线）。[32]2012年，《青海省明长城资源调查报告》[33]正式出版，标志着关于青海省长城作为明长城重要组成部分的观点得以确立。

二、明长城的建筑遗存

在第三次全国明长城资源调查中，所设定的明长城资源调查内容主要包括："墙体；敌台、马面、关、堡、烽燧等长城附属设施；采石场、碑刻、驿站等相关遗存。为此需要在沿长城两侧各1千米范围内开展田野调查和专业考证，采集相应文物标本，进行专业著录、拍照、录像、量测、绘图等。"[34]由此可知，在此次明长城资源调查中，明长城资源的内涵主要包括明长城墙体、明长城附属设施和明长城相关遗存等。2016年，国家文物局公布了《中国长城保护报告》，指出："将春秋战国至明等各时代修筑的长城墙体、敌楼、壕堑、关隘、城堡以及烽火台等相关历史遗存认定为长城资源，将其他具备长城特征的文化遗产纳入《长城保护条例》的保护范畴。"[35]近代以来，由于外国学者在中国进行考古调查的影响以及中国边疆史地研究的需要，一些中国学者也开始参与和组织北方长城资源的调查和研究。1927年至1933年，中国和瑞典学者共同组成"中瑞西北科学考察团"，由徐旭生和斯文·赫定分别担任中瑞双方的团长,从北京出发,经包头、百灵庙,最后到达我国新疆地区进行调查。1942 年至 1943 年,由北京大学历史语言研究所向达、石璋如等人组织的西北科学考察团历史考古组,赴河西地区进行考古调查,考察了该地区的汉长城和明长城。1943 年,中央博物院研究员李文信对内蒙古敖汉旗至辽宁建平县境内的长城进行了调查。1944—1945 年,由中央研究院历史语言研究所、中央博物院筹备处联合组成的西北科学考察团历史考古组,再次前往河西地区进行考察。虽然以上这些考察并非完全针对明长城资源的专题考察,但明长城资源是考察的主要内容之一。

中华人民共和国成立后,高度重视对明长城在内的中国历代长城资源的保护工作,从中央到地方,先后成立了各级文物保护和管理机构,对长城遗址、遗存的调查工作也逐步展开。从 1952 年起,对居庸关、八达岭、山海关等长城重要点段陆续开展了调查和保护工作。1956 年实施的首次全国文物普查中,北京、河北、甘肃、宁夏等地将明长城作为调查重点。1979—1984 年,结合第二次全国文物普查,各地对重要区域的春秋战国长城、秦汉长城、明长城和金界壕等遗址进行调查,出版了《中国长城遗迹调查报告集》,[36] 对我国长城资源有了进一步认识。2006 年,经国务院同意,国家文物局组织长城沿线各地开展中华人民共和国成立以来最为全面、系统的长城资源调查工作。[37] 在历次长城资源调查中,明长城均是调查的重点内容之一。通过明长城资源的调查,学术界进一步掌握了明长城资源的分布、走向、构成、保存现状等基本状况,并于 2010 年开始陆续出版明长城沿线各省(自治区、直辖市)的明长城资源调查报告。[38] 在实地考察和测量基础上出版的这些明长城资源调查报告,是开展明长城资源研究的重要资料,也是明长城资源保护的重要依据。

除了全国性的明长城资源调查外,多年来,国内相关科研机构、社会团体、民间组织和个人也开展了多种形式的长城资源调查、勘测和研究工作。

1979 年,刘谦从山海关出发,一路向东,直到鸭绿江边,历时 56 天,对辽东段明长城进行了实地考察,最后整理出版了《明辽东镇长城及防御考》[39]。1984—1985 年,化名"华夏子"的董耀会、吴德玉、张元华三人从山海关出发,历时五百多天,徒步考察了明长城,并写成了《明长城考实》[40]。20 世纪 80 年代,呼和浩特市清水河县的长城爱好者高旺对清水河县境内的明长城进行了调查,并撰写了《内蒙古长城史话》[41]。这些区域性的调查成果也为学界进一步了解明长城资源作出了积极贡献。

西方学者和长城爱好者也致力于对明长城的考察。美国人威廉·埃德加·盖洛

（William Edgar Geil）生前曾多次前来中国考察，1909 年出版了 *The Great Wall of China*[42] 一书。该书对长城的起源、修筑、目的、功能等进行了较为全面的考察。美国东方学家欧文·拉铁摩尔（Owen Lattimore）在 20 世纪 30～40 年代沿着长城考察中国的边疆和商路，其代表作 *Inner Asian Frontiers of China*（中文版名《中国的亚洲内陆边疆》）影响最大。他突破了中国传统的"华夷之辨"，综合利用社会生态学、历史地理学和历史学等方法，将中国北部边疆划分为东北地区、蒙古地区、新疆地区、西藏地区四个各具独立特征的部分，提出了长城"边缘地带"的概念，认为长城"有许多不同的、交替变化的、附加的线路，这些变化可作为各个历史时期进退的标志来研究。这证明线的边界概念不能成为绝对的地理事实。政治上所认定的明确的边界，却被历史的起伏推广成一个广阔的边缘地带。"[43] 英国人威廉·林赛（William Lindesay）是 20 世纪后期研究中国长城较有影响的西方学者。1987 年，林赛来到中国，并徒步考察了明长城。他先后出版了多部专著，向西方全面介绍了中国长城。

近年来，特别是天津大学建筑学院六合建筑工作室在学术界已有的长城本体调查和文献与田野调查相结合的基础上，以"长城军事聚落"为主攻方向，将长城防御体系与军事聚落作为一个巨大时空跨度的统一整体来考察。他们利用自主研发的"无人机空-地协同"信息技术平台，引进了"历史空间信息分析技术"，并运用虚拟现实、地理定位系统等技术手段，对长城军事聚落整体时空布局和层次体系进行了全新的研究和呈现，空前地深化了对明长城的整体性、层次性和系统性的认识。该研究团队已取得了较为丰富和系统的研究成果[44]，代表着明长城资源调查和研究的新方向。

三、明长城文化资源的内涵与整理

学界对明长城文化资源的关注主要集中在传统文献资源、碑刻与舆图资源、诗词与故事传说等方面。

明长城传统文献资源是指官方档案、正史、文集、方志、碑刻、舆图、调查报告等，内容涉及与明长城有关的边镇、堡寨、关隘、军事、民族、经济、对外交往、风俗、人物、建筑等。这类资料量大面广，是明长城资源的重要组成部分。王庸在《中国地理图籍丛考》[45] 甲编之《明代北方边防图籍录》中统计了此类文献的数量，其中"九边总图说"30 种，"边镇合志"30 种，"各边镇别志"64 种，"各路关卫区分记"91 种，共计 215 种。但此书在收录时筛选过于严格，因此，仍有大量相关文献未被纳入。《中国长城志》[46] 的《文献》卷对明长城传统文献资源进行了较为全面的搜集和整理，收录了官修史书、边塞志书、兵书、铭文碑碣中有关明长城的内容，是目前较为全面的明长城文献汇编。此外，张志军《明实录长城资料辑录》[47] 和何宝善《明实录长城史料》[48] 均集中从《明实录》中辑录关于长城的文献资料，便于研究者检索和查阅史料。苗润莲、冯广平《北京地区长城研究文献名录》[49]、尚珩《山西明长城文献综述》[50]，分别对北京和山西地区有关明长城文献进行了整理。彭勇、崔继来对明人刘效祖针对蓟州镇、昌平镇、真保镇、辽东镇和居庸关、紫荆关、山海关而编撰的《四镇三关志》进行了校注。[51]

在明长城碑铭调查与整理方面，河北省文物局长城资源调查队编辑的《河北省明代长城碑刻辑录》[52] 是历年河北省明代长城资源调查中获得的碑刻及其他金石文献资料的汇编，内容包括城工碑，阅视、鼎建碑，纪年记事刻石，门额、台铭刻石，边塞摩崖石刻，相关碑刻，墓碑、墓志铭，佚碑录文，文字砖，炮铳铭文 10 个类别，详细记录了碑铭刻石的收藏、采集地点、材质规格、形制纹饰等基本信息，并配以大量拓片照片，具有较高的资料价值。此外，薛仰敬主编的《兰州古今碑刻》[53]，王毅主编的《武清碑刻集》[54]，王书珍主编的《迁西石刻》[55]，政协北京市怀柔区文史资料委员会编辑的《怀柔碑刻选》[56]，张正明、科大卫、王勇红编辑的《明清山西碑刻资料选》[57]，内蒙古高校人文社科中国北疆史重点研究基地、老牛湾国家地质公园管理局主编的《内蒙古清水河县碑刻辑录》[58]，郑亚军、吴景山编校的《嘉峪关金石校释》[59] 等，也收录了许多明长城碑铭，可以弥补传统文献之不足，具有特殊的价值。

舆图资源是明长城的重要资源之一，主要包括明人编纂的关于明长城军事防御体系的边防图集和清代以来绘制编纂而成的舆图集。杨守敬和饶敦秩绘制的《历代舆地沿革险要图》[60] 是现存较早且较为完整的地图集，该书较为详细地标注了明长城的走向和位置。王庸的《中国地理图籍丛考》[61] 对中国古代地图进行了考证，其中涉及许多与明长城有关的舆地图。李孝聪的《欧洲收藏部分中文古地图叙录》[62] 对欧洲各国收藏的部分中文古地图进行了考证和介绍，其中包括了许多与明长城有关的地图，十分珍贵。谭其骧主编的《中国历史地图集·元明时期》[63] 对明长城做了详细标注，是 20 世纪 80 年代以来学术界使用最广泛的明长城地图集。《中国长城志》卷 1《图志》[64] 是目前最新、影响最大的明长城舆图整理研究成果，该书对明长城舆图资源进行了搜集和整理。此书收录的明长城舆图主要包括明长城的历史地图和现代地图。其中现代地图主要包含航拍照片、卫星遥感监视画面、细部摄影等内容，以展示明长城当前的保存状况。这些地图、照片与明长城历史地图相互印证，使读者对明长城有了更加全面的了解。在各省已经出版的明长城资源调查报告中，均附有明长城地图，这些地图非常直观地展现了该地区明长城的分布状况及其保存现状。

另外，在一些有关明长城的研究专著中，也附有一些明长城舆图。如王国良《中国长城沿革考》[65]共收录历代长城舆图35幅；寿鹏飞《历代长城考》[66]书末收录历代长城舆图1幅；刘谦《明辽东镇长城及防御考》[67]一书中有插图118幅，书末附图版62张；高凤山、张军武《嘉峪关及明长城》[68]书末附图版24张等。

明长城非物质文化资源是指我国各族人民在明长城周边生产生活所产生的非物质形态的、有艺术价值和历史价值的文化资源，是人们在以明长城为场域的社会历史实践过程中所创造的各种精神文化。伴随明长城的修建，修城者、守城者及其后代以及生活在长城沿线的民众繁衍生息，保存了诸多与明长城相关的非物质文化资源，调查和整理这些资源对研究历史、保存中华民族优秀文化资源均具有重要意义。学界对明长城非物质文化资源的调查、整理和研究主要集中于明长城故事传说、诗歌、散文等文学资源方面，而对于明长城艺术资源、民俗资源等调查研究相对较少。在明长城诗词整理方面，李奋起的《长城名咏集》[69]，梁志林、韩盼山的《万里长城诗选》[70]，徐红年的《八达岭长城古诗咏》[71]，孙志升的《长城古诗二百首》[72]等，专题性强，主题突出。

在明长城故事传说搜集整理方面，也有一些重要成果，如花山文艺出版社编的《长城传说故事》[73]，李克主编的《中国长城故事集》[74]，孟广臣的《长城脚下的传说》[75]，严农的《长城的故事》[76]，宋梦寅、董侃的《万里长城传说》[77]，白庚胜的《中国民间故事全书》[78]，谷丽霞的《万里长城的故事》[79]，张鹤珊的《长城民间传说》[80]等。如果说明长城诗词反映的主要是官僚士大夫的长城观的话，那么明长城传说故事则更多地反映基层民众的长城观。因此，对明长城诗词、故事传说的整理和研究，有助于更清晰地了解基层社会中一般民众对明长城的看法。此外，亦有学者对明长城楹联进行了调查和整理，如中央电视台文化生活编辑部、中国楹联学会楹联丛书编辑部编辑的《长城楹联荟萃》[81]，樊明芳、熊松华、唐少豪等选编的《名胜古迹楹联选》[82]，白雉山选编的《古今楹联选编》[83]等，均涉及明长城的有关楹联内容。

四、多学科整合是构建长城学的客观要求

2001年，罗哲文在肯定半个多世纪以来长城研究所取得的重要成绩的同时，也

理性地指出:"长城的内容非常丰富,要研究的问题很多,在理论上将长城作为一门学科的'长城学'正在兴起。在实践上对长城的实地考察测绘尚未完成,需要研究的课题尚多,所做的工作还很不够。"[84]此言甚是。尽管近年来包括明长城在内的长城研究取得较为显著的成果,但具有中国话语体系的"长城学"还处在起步阶段,任重道远。

从文物角度来界定长城资源内涵对进一步调查、研究以及保护明长城资源具有具体和现实的指导意义,但由于范围过于狭窄,在客观上对明长城资源的发掘和保护又会产生不利的影响。保存较为完好的明长城不应仅指墙体、敌台、马面、关、堡、烽燧等设施,以及采石场、碑刻、驿站等相关遗存,与明长城有关的传统文献,图像、非物质文化遗存等皆应视为其重要而不可分割的组成部分。

在历次明长城建筑资源调查中,调查的对象主要包括明长城本体、附属设施和相关遗存等。从已出版的各省明长城资源调查报告来看,已经基本调查清楚了这些资源的时代、行政区划、地理坐标、建筑形式、结构、走向、长度、保存状况等。但是,将明长城资源的调查范围限定在沿线两侧1千米以内的简单规定明显具有极大的局限性。尽管《中国长城志》因新出而内容相对丰富,但其对未公布各省区的明长城资源有时依据过时的记载做了概略性介绍,故必须正视其编纂体例的不统一、资料的不全面和表述的不准确等问题。就明长城碑铭资源调查整理而言,目前只有河北省、辽宁省以及极少数地区对辖境内明长城碑铭资源进行了较为系统的整理,其他绝大多数明长城沿线省市县对所辖境内明长城碑铭资源未做详细的调查与整理。舆图资源的调查整理大致也存在类似的情况。对明长城非物质文化资源调查整理,尽管做了一些有价值的工作,但主要集中在文学方面,还有大量散存和流传于民间的艺术资源、民俗资源,如戏剧、曲艺、音乐、舞蹈、社火、饮食、节日、礼俗等,仍未受到应有的关注。特别需要指出的是,明长城的修筑与其他时期特别是秦汉两朝长城的关系,以及有关海外明长城资源调查、搜集与整理,学界所做的工作还远远不够,需要引起高度的重视。

随着研究的深入,必须突破以简单的军事防御视角来认识明长城的狭隘学风,应从多角度来理解明长城的作用与意义。如汪荣祖在肯定明长城的军事防御功能的同时,明确指出:"长城南北并不仅仅是对峙,双方也多有来往与交流,实际上仍然在延续秦汉以来夷夏冲突与融合的历史,汉蒙两族在对边各有几十万的居民,汉人移往蒙古务农从商者尤多。"[85]赵现海通过文献研读与实地调查,提出了"长城区域史"研究范式的概念,对单纯将长城视为军事设施的狭隘观点提出了质疑,认为应从两方面修订对长城内涵的认识:一方面,作为立体纵深的防御体系,"许多城堡、军寨、墩台，脱离边墙主体区域之外，距离甚至十分遥远，由于该界定较为简单而笼统，不便于准确认定这些军事设施是否是保护的对象。但如果不将之也划入长城范畴之内，无疑会产生一定甚至重大的遗漏"。另一方面，对于非军事设施部分的严重忽视，不仅使"长城保护内容少了一半"，而且对长城历史遗产的理解产生了偏差。为此他提出长城周边的"民间聚落、信仰场所、方志、民间文献、族谱、碑刻、戏曲、传说等"遗产应纳入长城内涵之中，加以切实的保护，并在此基础上考察长城与地理环境、军事能力、国家政治、经济财政、周边社会和文化传统的活动关系。[86] 这一认识是很有见地的，应引起人们的高度关注，以更广阔的视野来认识明长城丰富的内涵。

随着信息技术的迅速发展，以及多学科交融发展的客观要求，应从广义和总体两方面来认识明长城的内涵、意义与影响，尽快形成中国自成体系而又有独特话语体系的"长城学"。只有从历史学、政治学、经济学、军事学、地理学、建筑学、民族学、美学、考古学、心理学、社会学、民俗学、生态学、管理学、文献学、信息学、文化遗产学、传播学等多学科的视角并结合现代信息技术来研究、开发和展示明长城，才能较好地认知其意蕴。也只有深化明长城的理论研究，提出符合历史实际的概念和术语，提炼明长城的精神价值，解读长城在中国"大一统"形成中所发挥的独特作用，才能真正发出中国学者的独特声音。赵现海在肯定国内学者在长城及其资源调查研究方面所取得的显著成就的同时，指出了存在的问题，认为："目前中国长城研究只是在低水平的简单重复，严谨的学术研究凤毛麟角。单就研究方法而言，受到学术断层与学术整体水平之影响，中国学者的长城研究缺乏传统之积淀与不同学科方法之借鉴。虽然部分长城理论概念开始提出，但基本皆关注于扩展长城研究内容，而不及研究方法之层面，尚处于不同学科各自为战之状况，跨学科之综合研究至今未能实现。"[87] 这种研究现状与长城文化的世界影响力极不匹配。学界应该认真反思，有所作为，切实注重多学科的交融与互动，引领长城学研究的走向，发出新时代中国学者的强音。

注释

[1] 刘景纯：《明代九边史地研究》，北京：中华书局，2014年版，第2页。

[2] [明] 赵锦：《行都司题名记》，[清] 钟赓起：《甘州府志校注》卷13《艺文志》，张志纯、郭兴圣、何成才校注，兰州：甘肃文化出版社，2008年版，第468页。

[3] 吴晗：《明朝简史》，北京：中华书局，2005年版，第71—72页。

[4]［美］阿瑟·沃尔德隆著，石云龙、金鑫荣译：《长城从历史到神话》，南京：江苏教育出版社，2008年版，第221页。

[5]《明宪宗实录》卷266，成化二十一年五月丙子，第4511页。

[6]《明史》卷212《戚继光传》，北京：中华书局，1974年版，第5614页。

[7]《明宣宗实录》卷60，宣德四年十二月乙未，第1438页。

[8]葛剑雄：《历史上的中国》，上海：上海锦绣文章出版社，2007年，第184页。

[9]中国长城学会：《长城百科全书》，长春：吉林人民出版社，1994年版，第3页。

[10]侯仁之：《在长城国际学术研讨会上的总结发言》，中国长城学会编：《长城国际学术研讨会论文集》，长春：吉林人民出版社，1995年版，第334页。

[11]国家文物局：《明长城》，北京：文物出版社，2012年版，第5页。

[12]陈海燕、董耀会：《中国长城志·总述·大事记》，南京：江苏凤凰科学技术出版社，2016年版，第9页。

[13]赖建诚：《边镇粮饷：明代中后期的边防经费与国家财政危机，1531—1602》，杭州：浙江大学出版社，2010年版，第237—238页。

[14]《汉语大辞典》（第11册），上海：汉语大词典出版社，1993年版，第592页。

[15]景爱：《中国长城史》，上海：上海人民出版社，2006年版，第25页。

[16]曹永年：《明代蒙古史丛考》，上海：上海古籍出版社，2012年版，第211页。

[17]辞海编辑委员会：《辞海》，上海：上海辞书出版社，1989年版，第179页。

[18]《中国历史大辞典·明史卷》，上海：上海辞书出版社，1995年版，第28页。

[19]卢耀光：《青海的边墙》，《青海民族学院学报》（社会科学版），1998年第2期。

[20]李汉才：《青海长城考略》，《青海师专学报》（教育科学），2008年第5期。

[21]顾颉刚、史念海：《中国疆域沿革史》，长沙：商务印书馆，1938年版，第270页。

[22]王国良：《中国长城沿革考》，上海：商务印书馆，1933年版。

[23]华夏子：《明长城考实》，北京：档案出版社，1988年版，第287页。

[24]刘谦：《明辽东镇长城及防御考》，北京：文物出版社，1989年版，第19页。

[25]《中国历史大辞典·历史地理卷》，上海：上海辞书出版社，1996年版，第148页。

[26]郑毅：《"关内"还是"关外"——辽长城文化的再思考》，《中国社会科学报》，2018年11月8日第7版。

[27]崔永红、张得祖、杜常顺主编：《青海通史》，西宁：青海人民出版社，1999年版，第260页。

[28]中国长城学会：《长城百科全书》，长春：吉林人民出版社，1994年版，第87页。

[29]卢耀光：《青海的边墙》，《青海民族学院学报》（社会科学版），1998年第2期。

[30]李汉才：《青海长城考略》，《青海师专学报》（教育科学），2008年第5期。

[31]蒲天彪：《青海省境内明长城保存现状分析与保护对策》，《文物》，2011年第9期。

[32]陈军、金舒平、廖安平等：《明长城资源调查与测量综述》，《地理信息世界》，2011年第3期。

[33]青海省文物管理局、青海省文物考古研究所：《青海省明长城资源调查报告》，北京：文物出版社，2012年版。

[34] 陈军、金舒平、廖安平等：《明长城资源调查与测量综述》，《地理信息世界》，2011年第3期。

[35] 国家文物局：《中国长城保护报告》，2016［2016-11-30］.http://www.sach.gov.cn/art/2016/11/30/art_1946_135711.html.

[36] 文物编辑委员会：《中国长城遗迹调查报告集》，北京：文物出版社，1981年版。

[37] 国家文物局：《中国长城保护报告》，2016［2016-1-30］.http://www.sach.gov.cn/art/2016/11/30/art_1946_135711.html.

[38] 这些调查报告均由文物出版社出版。目前已经出版的有：《河北省明长城资源调查报告》（2010年）、《辽宁省明长城资源调查报告》（2011年）、《天津市明长城资源调查报告》（2012年）、《青海省明长城资源调查报告》（2012年）、《内蒙古自治区长城资源调查报告——明长城卷》（2013年）、《宁夏回族自治区明长城资源调查报告》（2014年）、《陕西省明长城资源调查报告》（2015年），《山西省明长城资源调查报告》（2019年）等。

[39] 刘谦：《明辽东镇长城及防御考》，北京：文物出版社，1989年版。

[40] 华夏子：《明长城考实》，北京：档案出版社，1988年版。

[41] 高旺：《内蒙古长城史话》，呼和浩特：内蒙古人民出版社，1991年版。

[42] William Edgar Geil, *The Great Wall of China*, NewYork: Sturgis & Walton Company, 1909.

[43] ［美］拉铁摩尔著，唐晓峰译：《中国的亚洲内陆边疆》，南京：江苏人民出版社，2010年版，第163页。

[44] 该团队已形成十余篇与明长城资源有关的博士论文，如李严：《明长城"九边"重镇军事防御性聚落研究》（天津大学，2007年）、谭立峰：《河北传统堡寨聚落演进机制研究》（天津大学，2007年）、刘珊珊：《明长城居庸关防区军事聚落防御性研究》（天津大学，2011年）、王琳峰：《明长城蓟镇军事防御性聚落研究》（天津大学，2012年）、刘建军：《明长城甘肃镇防御体系及其空间分析研究》（天津大学，2013年）、杨申茂：《明长城宣府镇军事聚落体系研究》（天津大学，2013年）、范熙晅：《明长城军事防御体系规划布局机制研究》（天津大学，2015年）、曹迎春：《明长城蓟大山西三镇军事防御聚落体系宏观系统关系研究》（天津大学，2015年）、常玮：《明长城西北四镇军事聚落研究》（天津大学，2016年）、魏琰琰：《分统举要，纲维秩序——明辽东镇军事聚落分布及防御变迁研究》（天津大学，2016年）。

[45] 2018年已由中国建筑出版社出版的系列成果有李严、张玉坤、解丹：《明长城九边重镇防御体系与军事聚落》，王琳峰、张玉坤、魏琰琰：《明长城蓟镇防御体系与军事聚落》，魏琰琰、张玉坤、王琳峰：《明长城辽东镇防御体系与军事聚落》，杨申茂、张玉坤、张萍：《明长城宣府镇防御体系与军事聚落》，刘建军、张玉坤、谭立峰：《明长城甘肃镇防御体系与军事聚落》。

[46] 王庸：《中国地理图籍丛考》，上海：商务印书馆，1947年版。

[47] 陈海燕、董耀会：《中国长城志》，南京：江苏凤凰科学技术出版社，2016年版。张志军：《明实录长城资料辑录》，银川：宁夏人民出版社，2013年版。

[48] 何宝善：《明实录长城史料》，北京：北京燕山出版社，2014年版。

[49] 苗润莲、冯广平：《北京地区长城研究文献名录》，北京：知识出版社，2009年版。

[50] 尚珩：《山西明长城文献综述》，《沧桑》，2009 年第 6 期。
[51] [明] 刘效祖撰，彭勇、崔继来校注：《四镇三关志校注》，郑州：中州古籍出版社，2018 年版。
[52] 河北省文物局长城资源调查队：《河北省明代长城碑刻辑录》，北京：科学出版社，2009 年版。
[53] 薛仰敬：《兰州古今碑刻》，兰州：兰州大学出版社，2002 年版。
[54] 王毅：《武清碑刻集》，天津市武清区文物管理保护委员会，2004 年版。
[55] 王书珍：《迁西石刻》，天津：百花文艺出版社，2007 年版。
[56] 政协北京市怀柔区文史资料委员会：《怀柔碑刻选》，政协北京市怀柔区文史资料委员会，2007 年版。
[57] 张正明、科大卫、王勇红：《明清山西碑刻资料选》，太原：山西经济出版社，2009 年版。
[58] 内蒙古高校人文社科中国北疆史重点研究基地、老牛湾国家地质公园管理局：《内蒙古清水河县碑刻辑录》，呼和浩特：远方出版社，2015 年版。
[59] 吴景山：《嘉峪关金石校释》，兰州：甘肃文化出版社，2017 年版。
[60] [清] 杨守敬、饶敦秩：《历代舆地沿革险要图》，光绪二十四年江南王氏重绘石印线装本。
[61] 王庸：《中国地理图籍丛考》，上海：商务印书馆，1947 年版。
[62] 李孝聪：《欧洲收藏部分中文古地图叙录》，北京：国际文化出版公司，1996 年版。
[63] 谭其骧：《中国历史地图集・元明时期》，北京：中国地图出版社，1982 年版。
[64] 陈海燕、董耀会：《中国长城志》，南京：江苏凤凰科学技术出版社，2016 年版。
[65] 王国良：《中国长城沿革考》，上海：商务印书馆，1933 年版。
[66] 寿鹏飞：《历代长城考》，民国三十年线装铅印本。
[67] 刘谦：《明辽东镇长城及防御考》，北京：文物出版社，1989 年版。
[68] 高凤山、张军武：《嘉峪关及明长城》，北京：文物出版社，1989 年版。
[69] 李奋起：《长城名咏集》，石家庄：河北人民出版社，1986 年版。
[70] 梁志林、韩盼山：《万里长城诗选》，石家庄：河北少年儿童出版社，1990 年版。
[71] 徐红年：《八达岭长城古诗咏》，北京：北京出版社，1990 年版。
[72] 孙志升：《长城古诗二百首》，北京：中国文联出版社，2000 年版。
[73] 花山文艺出版社：《长城传说故事》，石家庄：花山文艺出版社，1985 年版。
[74] 李克：《中国长城故事集》，北京：北京燕山出版社，1987 年版。
[75] 孟广臣：《长城脚下的传说》，北京：中国文联出版公司，1992 年版。
[76] 严农：《长城的故事》，北京：海潮出版社，1993 年版。
[77] 宋梦寅、董侃：《万里长城传说》，秦皇岛：燕山大学出版社，2017 年版。
[78] 白庚胜：《中国民间故事全书》，北京：知识产权出版社，2007 年版。
[79] 谷丽霞：《万里长城的故事》，北京：中国少年儿童出版社，2008 年版。
[80] 张鹤珊：《长城民间传说》，北京：五洲传播出版社，2009 年版。
[81] 中央电视台文化生活编辑部、中国楹联学会楹联丛书编辑部：《长城楹联荟萃》，北京：中国民间文艺出版社，1985 年版。
[82] 樊明芳、熊松华、唐少豪等：《名胜古迹楹联选》，长沙：岳麓书社，1984 年版。

[83] 白雉山：《古今楹联选编》，武汉：湖北教育出版社，1985 年版。
[84] 罗哲文：《长城史话》，北京：北京出版社，2018 年版，第 2 页。
[85] 汪荣祖：《明清史丛说》，桂林：广西师范大学出版社，2013 年版，第 8 页。
[86] 赵现海：《十字路口的长城——明中期榆林生态、战争与长城》，北京：商务印书馆，2018 年版，第 12—13 页。
[87] 赵现海：《明代九边长城军镇史》，北京：社会科学文献出版社，2012 年版，第 19 页。

再论中国长城的历史分期*

刘　晶　李树林**

摘要："国之大事，在祀与戎"。在中国国家起源与发展的"古国—方国—王国—帝国"各阶段，长城的修筑几乎与历史相随相伴。有明确文献记载的，在历史上就有20多个诸侯国和10余个朝代及几个少数民族政权，都修筑过不同规模、不同走向、不同形制的长城。目前学界对中国长城的分期研究，主要存有"三段""四段"两种见解。这种"分段式"划分方法，却忽视了长城形制"渐进式"发展演变的客观规律。本文依据全国长城资源调查最新成果，运用二重证据法、历史比较法、哲学思维法等方法，将中国长城理论划分为方国阶段列城形制的"原始长城"、王国至帝国初期障塞形制的"早期长城"、帝国中期堑壕形制的"中期长城"和帝国晚期长垣形制的"晚期长城"四个时期，构建和完善中国长城发展的历史脉络与完整"谱系"。

关键词：中国长城；形制类型；历史分期；四部曲；脉络谱系

长城是中华文明的象征性符号。虽然目前中外学界有关"长城"的定义尚未规范统一，林林总总不下十几个，但我们认为，只要是具备"长度"（至少要数十，

---

* 课题项目：本文为国家社会科学基金项目"燕秦汉辽东长城田野考古调查研究"（项目批准号：13BKG020）的研究性成果。

** 作者简介：刘晶，中共吉林省通化县委办公室助理研究员，从事东北地方史研究。李树林，通化师范学院历史与地理学院教授，燕山大学中国长城文化研究与传播中心特聘研究员，"燕秦汉辽东长城田野考古调查研究"课题负责人，从事战国、秦汉东北考古学与历史学研究。

或百、千、万里）和"列城"（不同功用、不同等级、不同规模的系列性军政城址）这两个最基本要素，就可以定性为长城。从史籍文献记载来看，中国的长城最早出现在春秋时期，距今已有2700多年的历史了。从田野考古调查来判定，长城的出现要早于春秋之前，因为在内蒙古赤峰市英金河等地，发现了距今约4000年前"夏家店下层文化"的石堡带，已经具有了长城的最基本特征，因此被一些考古学家称之为中国的"原始长城"。从春秋至清末，在中国历史上计有20多个诸侯国家和10余个封建王朝及几个少数民族政权，都修筑过不同规模、不同走向、不同形制、不同结构的长城，[1] 长城的发展始终与中国历史的发展脉络相伴相随，需要进行科学历史分期。

目前国内学界，对于中国长城的分期研究，主要有如下见解：

罗哲文先生从"中华民族各历史发展轨迹"角度，提出长城三个历史分期：一，中国封建社会的初步形成（春秋战国之际），长城开始修筑；二，第一个中央集权封建制统一国家（秦朝）和第一道万里长城的并肩出现（秦万里长城）；三，多民族国家的形成发展（从北魏到清朝各少数民族政权）与多民族长城（如北魏、东魏、北齐、北周、辽、金、元、清）的修筑相伴，而汉族仅有汉、隋、明等朝代修筑过长城。[2]

李治亭先生从"长城对于中国历史进程的发展演变、对中华民族'大一统'及中国疆域的形成影响"的角度，将中国长城划分为三个历史阶段：战国时修短距离长城，应是长城的创修时期，可称之为修长城的第一个阶段。秦始皇修长城，可以看成是集战国长城之大成，即万里长城最后成于秦，是修长城之第二阶段。秦亡后，汉兴以降直至清初废长城前，是为修长城的第三阶段。[3]

李文龙先生从"中国长城修筑历史发展演变"角度，认为长城从出现到发展完备是有脉络可寻的，大体经历了原始型（以辽西地区距今4000年前"夏家店下层文化"为代表）、初级型（指春秋战国时期诸侯国长城）、基本型（秦汉长城至辽金长城）和完备型（明长城）四个阶段。[4]

李树林先生根据全国各地考古发现的长城形制结构特点，将中国历代长城理论划分为"原始长城""早期长城""中期长城"和"晚期长城"四个发展时期。其中与李文龙先生有区别的是，将秦汉长城的形制划入"早期长城"阶段，[5] 但没有展开细论。

前两种划分方法，不论是依据传统的中国古代社会发展"三阶段"（原始社会—奴隶社会—封建社会），还是按照中国国家起源与发展的"三部曲"（古国—方国—帝国）分期理论来划分长城分期[6]，虽无可厚非，却忽视了中国长城起源与发展的"渐进式"客观规律。就是说长城的形制并不是按照现今学者们人为"割裂式"或"跳跃式"来确定分期的。这是因为中国历代长城，由于所处历史时代、社会背景、建筑技术、人口数量、生产力水平、防御对象和修筑地理条件等实际情况的不同，故而在防御理念、修筑方式、规模长度、形制设置等诸多方面产生了较大差异，呈现出类型丰富、形式多样的长城形制。它并非人们想象的那样，到了某一历史阶段就会随着社会的突变，由某一种形制必然跳跃到了另一种形制，所以不能一概而论，须打破历史分期的界线。

本文赞同第二种即依据长城修筑的历史划分方法，主张采用中国国家起源与发展的"古国—方国—王国—帝国"分期理论，[7] 结合全国长城资源调研最新成果，运用二重证据法、历史比较法、哲学思维法等方法，将中国长城理论划分为方国阶段列城形制的"原始长城"、王国至帝国初期障塞形制的"早期长城"、帝国中期堑壕形制的"中期长城"和帝国晚期长垣形制的"晚期长城"四个时期，构建和完善中国长城发展的历史脉络与完整"谱系"。

一、古族方国阶段：列城形制的"原始长城"

袁建平先生认为自新石器晚期之后是"邦国"时代，之后是"方国"时代。"方国"是"邦国"的联盟体，是早期国家的进一步发展，时间大致为前 2500 至前 2000 年。[7] 在这一时代的末段，中国北方出现了"列城形制"的"原始长城"，是中国古族、古文化的代表类型。

根据田野考古调查，在内蒙古中南部凉城岱海地带，发现了"老虎山文化"列城址，距今约 4800—4300 年；在陕北与内蒙古交界地带，发现了时代属于"仰韶文化"晚期至"龙山文化"早期的列城和石墙、石堆遗址；在内蒙古东南部和辽宁西北部地区，发现了"夏家店下层文化"列城堡群，距今 4000 年左右。[8]

内蒙古凉城岱海石筑列城址，从西南向东北排列为西白玉遗址、老虎山遗址、板城遗址、大庙坡遗址，它们都属老虎山文化，距今约 4800—4300 年。

包头大青山南麓石城址，从东往西为阿拉善遗址、西园莎木佳遗址、黑麻板城遗址、威俊遗址，列城间距 5 千米左右，它们同属阿拉善文化三期晚段，距今 4800 年左右。

燕北地区的赤峰市英金河、阴河流域，已发现夏家店下层文化连续排列的石城址 43 座，燕南地区另发现 70 余座[9]。徐昭峰先生指出，夏家店下层文化城堡带其军事防御功能很强，是近似汉代居延的要塞防御系统。"（汉塞）由城障、烽燧和坞堡等组成抗击匈奴的防线，而夏家店下层文化的大、中石城相当于城障，小型石城无疑相当于烽燧和坞堡，共同构建相互依托的防御系统。"[10]著名考古学家苏秉琦先生称"夏家店下层文化"石城堡群为"原始长城""长城雏形""类似'长城'的小堡垒群""四千年长城原型"，这是最早将这些城堡群与长城联系起来的著名论述。他指出："夏家店下层文化一个突出特征是：村落密集分布在河谷地带，几乎都有防御设施、大小城堡遗址构成有机的组合群体，赤峰英金河两岸岗丘上发现东西排列的小城堡带，与战国秦汉长城大致平行，发人深思。这种'原始长城'与大小城堡组合群、村村设防相结合的体系，它意味着一种什么样的社会结构？处于哪一个社会发展阶段？又是一种什么样的南北关系？后来的长城的性质是否也可以从中得到启示？"[11]

陕北地区的列城址，主要发现于陕西省榆林市的无定河、大理河和清河沟流域，清河沟北岸的列城址有关胡疙瘩遗址、后寨子峁遗址、冉和峁遗址、高家梁遗址；大理河流域分布有横山金山寨、魏家楼、子洲崖窑坪等20多处城址。根据调查这一区域普遍存在石墙、积石堆一类遗址，时代属于"仰韶文化"晚期至"龙山文化"早期。[12]2012年陕西省考古研究院在陕北神木石峁调查发掘了面积大约400万平方米的所谓"石城址"，属于"龙山文化"晚期到夏早期，年代上限距今4000年左右，地处黄河"几"字型大转弯的中间。在发掘方举办的专家座谈会上，有一些考古专家提出了不同想法，认为遗址不像是大型聚落。曹建恩先生认为内蒙古和陕北文化类型一致，并强调本地带防守技术续用到汉代，或可视为长城的萌芽。刘斌先生同意此观点："石峁城沿着山脊线修建得很像长城。"学者们还指出，所谓山头上的建筑，显然并非是作为居住区而兴建，而是为防御袭击所建的战线工事。[10]

中国的长城是如何形成的？著名长城学家、中国古代建筑学家罗哲文先生认为："根据防御建筑工程发展的过程推断，长城是由烽火台和列城等单位建筑发展而成的。起初先建彼此相望的烽火台，或是连续不断的防御城堡，然后用城墙把它们联系起来，便成了长城。"[13]苏秉琦先生还指出："长城既是一个线的概念，又是一条带状的概念。"[14]因此，以往有人认为长城一出现就必然是一道连绵不绝的墙体，而那些没有墙体的列城形制就不是长城的传统认知，是以今代古，完全错误。

二、王国至帝国初期：障塞形制的"早期长城"

从夏朝建立至秦统一前，中国处于方国联盟的王国阶段，到了秦汉时期，中国进入了帝国阶段初期。[7]此段包括春秋长城、战国长城和秦汉万里长城，都属于"障塞形制",可划归中国早期长城,是华夏民族的代表类型。"国之大事,在祀与戎,"[15] 各诸侯国修筑长城的目的,亦由春秋至战国初期单一的"内拒诸侯",转变为秦汉帝国单纯的"外御诸胡"性质,而处于战国中晚期的秦、赵、燕北部长城则兼有双重属性。

1. 前期(前770—前403):它继承了"原始长城"固有的"列城形制",以春秋齐、楚长城和战国早期秦长城为代表。

《管子·轻重篇》载:"长城之阳鲁也,长城之阴齐也。"当时长城为齐、鲁边界线,管仲为齐桓公时(前685—前642)相国,证明齐国是最早修筑长城的国家之一。但它究竟始建于何时还是一个谜。

《水经注·汝水》载:"楚盛周衰,(庄公)控霸南土,欲争强中国,多筑列城于北方,以逼华夏,故号此城为万城,或作方字。……自越以至叶,垂弘境万里,故号曰万城也。"《左传·僖公四年》(前656)屈完对齐桓公说:"君若以德绥诸侯,谁敢不服?君若以力,楚国方城以为城,汉水以为池,虽众,无所用之。"《汉书·地理志·南阳郡》也载:"叶(县),楚叶公邑,有长城,号曰方城。"我们理解,这里所说的"方"通"万""列"字,都是数量概词,是表示连续排列的城址多到极至的意思。罗哲文先生确认"楚长城起初是由列城发展而成的。"[13] 一语道破了中国原始长城和早期长城的本质特征与发展脉络。

遗憾的是,考古调查发现,齐、楚长城在明、清、民国时期被多次改修,早已失去原有风貌,在建筑形制上已失去研究意义。鉴于目前学术界对湖北省境内分布的所谓"线性军事遗存"是否属于楚长城或明清所筑的年代问题上存有争议,故而国家文物局并未将其认定为楚长城。河南省南阳市、驻马店市、信阳市、洛阳市区域内疑似楚长城遗址,也因此未纳入河南省长城资源调查项目。[16]

到了战国时期(前475—前221)齐、魏、郑、韩、秦、燕、赵、中山等诸侯列国也都筑有长城。而处于战国早期的秦简公"堑洛"长城形制则具有原始长城特点。

《史记·秦本纪》载:厉共公"十六年(前461),堑河旁。"同书又载:简公六年(前409)"堑洛,城重泉。"指的就是秦沿洛水修筑的长城。陈探戈先生认为:"秦与晋(魏)的交锋中处于劣势时在河西筑起了一道依靠洛河天险的天然长城。这条长城没有边墙,只有城址。"[17]

2. 中期(前403—前221):处于战国中晚期的长城形制,由"点线式"的"列城形制"向"线段式"短垣结构的"障塞形制"逐步演进。以魏"河西长城"和"燕北长城"为代表。

《史记·秦本记》云:"秦孝公元年楚魏与长城接界,魏筑长城自郑滨洛者也。"孝公元年（魏惠王九年）为前361年；《竹书纪年》亦载有梁惠成王十二年（前358）"龙贾帅师筑长城于西边。"《史记·魏世家》载："惠王十九年（前351），筑长城，塞固阳。"考古发现，魏长城并非像秦昭王长城一样一线相连绵延分布，而是分段存在，互不连接。主要有富县长城、黄陵——宜君长城、黄龙山南麓长城、合阳——澄城长城、华阴长城等。由此得出结论："陕西战国魏长城墙体断续分布，墙体以外的附属建筑少，其在长城历史中属于早期阶段，形式还不够成熟。典型特征就是长城不成连续一体，而是间断分布。"[18]

有学者据《战国策·秦一》张仪说秦王云："长城、钜防，足以为塞"认为："其实古人对'长城'和'塞'并没有认真区分过。从我们调查河西魏长城和秦昭王长城所了解的形态而言，也证实早期长城其实就是在塞的基础上添加为数不多的、长度不长且不连续的墙体而成，直到汉代，人们依然将二者混称。"[19]

《史记·朝鲜列传》载："自始全燕时，尝略属真番、朝鲜，为置吏，筑障塞。"《史记·匈奴列传》载："其后燕有贤将秦开，为质于胡，胡甚信之，归而袭破走东胡，东胡却千余里，与荆轲刺秦王舞阳者，开之孙也。燕亦筑长城，自造阳至襄平，置上谷、渔阳、右北平、辽西、辽东郡以拒胡。"中国史籍所载燕将秦开东拓与修筑燕北长城的时间并不明确，以致当今史学界众说纷纭。李树林先生首次明确提出秦开东拓时间当在前265年（武成王七年）至前252年（喜二年）13年间；修筑燕北长城时间当在前262（孝王十年）至前244年（喜十一年）约18年间，证明《资治通鉴》所载前244年燕国已筑完"燕北长城"时间准确可信，是战国晚期列国修筑的最后一道长城。[20]

李树林先生经过长达30年的田野考古调查，准确摸清了"燕北长城"辽东段的地理走向。确定西起"造阳"故城（今河北省怀来县东南十千米的大古城子）所辖北境，即今河北省赤城县独石口，东经丰宁、源源、围场入内蒙古赤峰、敖汉，由奈曼、库伦南部，进入辽东段的阜新北→彰武南，学界称"燕北外线长城"；而由丰宁→滦平→内蒙古喀喇沁→宁城→朝阳→北票→阜新→彰武南"走向，则为"燕北内线长城"。两线合并于彰武南，向东经法库→铁岭→沈阳→辽阳（襄平城），分为东、南两线，东线辽阳—沈阳—抚顺—通化—集安—临江—长白段为"真番障塞"线，南线丹东叆河尖—朝鲜碧潼—博陵段为"朝鲜障塞"线，实体长度合计约为2527千米，再加上各地区线间的空白段，燕东北长城总长度约为3000千米。周秦时期的1里也就相当于现代的414.72米，约合7000周里。燕长城存有"点线式"障塞结构、"线段式"短垣结构和"线条式"长垣结构三种设置模式，三者所占比例各约三分之一。除了军事类山障（山中小城）、城堡（平地小城）和行政类城址（郡、县）占有 31％较大比例外，烽燧、墙体、堑壕、关隘所占比例 69％，较战国中期有了大幅度提升。

3.晚期（前 221—220）：秦统一六国后至两汉，中国进入了帝国时代初期。《淮南子·道应训》载："秦皇帝得天下，恐不能守，发边戍、筑长城、修关梁、设障塞、具传车、置边吏。"有学者指出：《汉书》记述"秦始皇攘却戎狄，筑长城，界中国，然西不过临洮。唐朝学者颜师古在'界中国'句后注释云：'为中国之竟界也。'秦始皇通过废分封、设郡县、筑长城，真正实现了国家'大一统'，是划时代的伟大创举"。《后汉书·鲜卑列传》载'天设山河，秦筑长城，汉起塞垣，所以别内外，异殊俗也。'"[3] 经过前期数百年的发展，秦汉"障塞形制"的长城走向成熟。

前 221 年秦统一六国后，在中国北方连缀起战国秦昭王长城、赵北长城、燕北和辽东长城，形成了中国第一道万里长城。《史记·蒙恬列传》载"秦已并天下，乃使蒙恬将三十万众北逐戎狄，收河南。筑长城，因地形，用制险塞，起临洮，至辽东，延袤万余里。……太史公曰：吾适北边，自直道归，行观蒙恬所为秦筑长城亭障，堑山堙谷，通直道，固轻百姓力矣。"《史记·匈奴传》载："后秦灭六国，而始皇帝使蒙恬将十万之众北击胡，悉收河南地。因河为塞，筑四十四县城临河，徙适戍以充之。而通直道，自九原至云阳。因边山险堑溪谷可缮者治之，起临洮至辽东万余里。"《史记·朝鲜传》载："自始全燕时尝略属真番、朝鲜，为置吏，筑障塞。秦灭燕，属辽东外徼。汉兴，……满亡命，聚党千余人魋结蛮夷服而东走出塞，渡浿水，居秦故空地上下障……"从文献记载中不难看出，秦长城既保留了原始长城的"列城形制"，又发展了战国长城"障塞形制"，自成独特体系。

2019 年结项的国家社科基金项目"燕秦汉辽东长城田野考古调查"数据统计，秦万里长城分布在中国的甘肃、宁夏、内蒙古、陕西、河北、辽宁、吉林等省、区和朝鲜六道市，实体总长度约为 5212 千米，约合 2.5 万汉里，其中辽东长城段长约 1767 千米，约占总长度 34%，加之各地实体间还存有诸多空白段、有待确认的路线，保守估算秦长城完整总长度约 5500 千米，约合 2.6 万汉里，远远超过汉制"万里"规模。[21] 首次提出秦长城走向和长度的准确数据。

前 206 年，西汉建立，至武帝时期国力强盛，修筑起了规模较秦长城更为浩大的第二道万里长城。《汉书·赵充国传》载："北自敦煌至辽东一万一千五百余里"，《汉书·匈奴传》载："汉兴，……北边塞至辽东，外有阴山，东西千馀里……至孝武世，出师征伐，斥夺此地，攘之于幕北，建塞墩，起亭燧，筑外城，设屯戍以守之。……是时汉东拔秽貉、朝鲜以为郡。"《汉书·贾捐之传》载："至孝武皇帝（汉武帝），……西连诸国。至于安息，东过碣石，以玄菟、乐浪为郡。

北却匈奴万里，更起营塞。"《史记·平津侯主父列传》载："严安上书曰：……今外郡之地或几千里，列城数十，形束壤制，旁胁诸侯，非公室之利也。"《居延汉简》是 20 世纪 30 年代发现于西北地区汉代长城障塞遗址的简牍文书档案，记有"五里一燧，十里一墩（笔者注：墩为障之误），卅里一堡，百里一城"[22]字样，可确定为中国早期障塞长城设置的最基本模式。汉长城西达西亚，北越蒙古，东至鸭绿江源头，东南延伸至朝鲜半岛中部，其长度要远远超过秦长城万里的规模，至少达两万里左右。

除了上述文献中所载的障塞、边、塞、边塞、险塞、营塞、乘塞、塞墩、围塞、塞垣、亭燧、墩、堡、亭障、烽堠、城堑等障塞名称之外，在汉代史籍中还载有诸如列城、列燧、列亭、列障、列塞等名目繁多的称谓，实际上都为障塞形制的中国早期长城具体体现。

汉"辽东故塞"，在部分燕秦故塞"点线式"障塞间，增筑了"线段式"短垣和"线条式"长垣墙体。其中一个伟大的创举，是为了强边固防的实际需要，将诸多边郡、边县设置在长城线上，据《汉书·地理志》所载，西汉初年全国有 80 多个郡，汉武帝时期在万里长城线上或线内设有 26 个郡，这 26 郡自东向西顺序排列是：临屯、乐浪、真番、玄菟、辽东、辽西、右北平、渔阳、上谷、代、雁门、定襄、云中、朔方、西河、五原、北地、上郡、陇西、天水、安定、金城、敦煌、张掖、武威、酒泉。《史记·朝鲜传》所言："汉兴，其远难守，故复修辽东故塞。"《汉书·武帝纪》载："元封三年（前 108）夏，朝鲜斩其王右渠降，以其地为乐浪、临屯、玄菟、真番郡。"辽东、乐浪、临屯、玄菟、真番五郡属县多达 50 余个。据我们调查考证，目前在阜新以东的辽东长城障塞线上共发现 35 座行政类大中型城址，百余座军事类中小型城堡，构成了一条以郡县城址和障堠城堡为主体的"列城带"，间有墙体（修筑城平原或漫岗地带）、堑壕、望堠、列燧、列隧等障塞设施和古道加以连缀。

三、多民族帝国阶段：堑壕形制的"中期长城"

自秦汉之后，中国进入了多民族帝国统治时期。罗哲文先生指出："自秦始皇以后，历代统治中国或中原的朝代为多，计有北魏、东魏、北齐、北周、辽、金、元、清各朝，都大小不同地修筑长城，有些朝代修建规模甚大，如金长城其长度近万里，为长城修筑史上重大的一次。"[23]

2012 年结束的全国长城资源调查确认：长城始建于春秋战国时期，此后，汉、晋、北魏、东魏、西魏、北齐、北周、隋、唐、宋、辽、金、元、明等 10 余个朝代，都不同规模地修筑过长城。[24] 此外，唐代东北地方性政权高句丽王国也修筑过长城。据《旧唐书·高丽传》载："（642）建武惧伐其国，乃筑长城，东北自扶余城，西南至海，千有余里。"全国长城资源调查期间，考古工作者还发现了吉林延边金代"东夏边墙"、[25] 黑龙江省渤海王国"牡丹江边墙"等[26]。此间各少数民族修筑的长城，可归类于中国长城中期发展阶段。

中国北方各少数民族政权所修筑的长城，主要是用来防范来自北方草原游牧民族的侵袭，由于多修筑在蒙古高原地带，因此在吸收中原文化的同时，又具有游牧民族自身特点，其长城形制有别于华夏民族早期长城的"障塞形制"，主要通过挖掘宽大深阔的堑壕来有效阻拦骑兵的冲击，其中以"北魏长堑"和"辽金边堡"（或"辽金堑壕"）为代表。

北魏为防柔然南下，大规模修筑长城，见于历史记载的主要有三个时期，分别为明元帝"泰常八年"（423）长城（《北史·魏本纪·太宗元明帝》载"二月戊辰，筑长城于长川之南，起自赤城，西至五原，延袤二千余里，各置戍卫"）、"太平真君七年"（446）修筑的"畿上塞围"长城和"太和年间"长城。[27]

"泰常八年"长城，起自赤城，至於五原、阴山。赤城即今河北省赤城县，五原在今内蒙古乌拉特前旗境。长城从今赤城以东的山脉向北，绕过独石口而西去，经张北、尚义、兴和、呼和浩特、包头，而终於乌拉特前旗境，东西长达二千余里。

"太和年间"（477—499）长城以内蒙古高原南线为代表。六镇以北长城是北魏长城分布最靠北的一道。据考证，这道长城可分为东西两段：西段西起内蒙古呼和浩特市武川县西乌兰不浪乡水泉村北，经达茂旗、四子王旗、察右中旗、察右后旗，至商都县二级淖尔村东。东段西起内蒙古锡林郭勒盟南太仆寺旗与正蓝旗交界的骆驼山下，过滦河，沿河北省沽源县与内蒙古多伦县交界处，入河北省丰宁县境，至万盛永乡乌孙吐鲁坝。东西两段长约 557 千米，整体呈东西走向。

综合文献记载和目前田野调查，"泰常八年"长城、"畿上塞围"长城位于山区，主要为石砌。而"太和年间"修筑的长城则是土筑的长城，墙体为夯土所筑，由于自然、人为的侵蚀破坏，目前均已成为突出于地表 1 米左右、宽 3～6 米、剖面为梯形或鱼脊形的土垅。墙体仅有一道，而且不见马面，显得较为原始简陋，这可能是因为其修筑年代较早、技术较为原始之故。从字面上看，长堑即为长壕，形制应为壕沟式的夯土长城。[28]

全国长城资源调查发现，金界壕存有岭北线、北线、南线三条主干线或北线西支、东支及南支三条支线，其中在内蒙古境内总长约 3000 千米。[29] 黑龙江省境金界壕属东北路段，横亘在大兴安岭东部群山峻岭之中，共调查段落总数为 237 段，其中甘南县 177 段，龙江县 50 段，齐齐哈尔市碾子山区 10 段；确认主墙长度 200.266 千米，主副墙（最多处是三墙三壕）总长度为 367.299 千米。全段共设有周长 92～700 米的小城堡 24 座，周长 1300～1600 米的大城堡 4 座；存有 2 关、烽火台 18 墩。[30] 王国维先生曾指出金界壕效法北魏长城。[31]

"辽金堑壕"主要修筑于中国北方高原、山地，在草原上修筑一道或数道墙体外加深壕，在墙堑沿线设置不同等级的军事城堡屯兵驻守，起到的同样是长城作用。在形制上呈现"堑壕＋墙体＋马面＋城堡＋烽燧＋长城门"结构，为中国长城文化增添了又一独特的北方游牧民族长城类型。

四、帝国鼎盛阶段：长垣形制的"晚期长城"

公元 1368 年，明朝建立。从明太祖洪武十四年（1381）修筑山海关开始直至崇祯十二年（1639）灭亡前夕，明朝都在不间断地大规模修筑万里长城。虽然明代长城也存有夯土墙堑，但是以高大坚固、体系完整、技术先进的砖石结构的"长垣形制"著称于世，是中国历代长城发展的鼎峰时期和最高阶段，也是汉民族长城文化的代表类型。李治亭先生指出："秦长城是集战国长城之大成，明长城则是集秦及历代长城之大成。"[3] 而清代则是中国长城发展的衰亡期。明清时期，处于中国长城发展的晚期阶段。

《明史·兵志》"边防"篇强调"边防甚重"[32]。明朝把长城分为九个防御区，成为九镇，亦称九边。其修建过程，大体可以分三个阶段，分别是明代前期对长城的修缮，明代中期对长城的大规模兴建和明代后期蓟东长城的兴建。

2009 年，国家文物局与国家测绘局合作开展的明长城资源调查工作全部完成，4 月 18 日，国家文物局和国家测绘局在八达岭长城举行新闻发布会，首次公布明长城数据。数据显示，明长城东起辽宁虎山（东经 124°30′56.70″，北纬 40°13′19.10″），西至甘肃嘉峪关（东经 98°12′57″，北纬 39°48′5″），从东向西行经辽宁、河北、天津、北京、山西、内蒙古、陕西、宁夏、甘肃、青海 10 个省（自治区、直辖市）的 156 个县域，总长度为 8851.8 千米。其中：人工墙体的长度为 6259.6 千米；壕堑长度为 359.7 千米；天然险的长度为 2232.5 千米。调查结果还显示，明长城现存敌台 7062 座，马面 3357 座，烽火台 5723 座，关堡 1176 座，相关遗存 1026 处。另外，通过调查还新发现了与长城有关的各类历史遗迹 498 处。[33]

明长城主要采取"墙体＋敌台＋烟墩＋边堡＋马面＋关隘"结构修筑，以连绵不绝的长垣形制为主要特征。

有清一代，始废长城。清朝初期，皇太极提出"满汉一体"新的民族观，顺治帝摒弃"华夷之辨"的陈旧观念，康熙皇帝认真总结中国的历史经验教训，提出"守国之道，在德不在险"的精辟见解。清王朝喊出了愿"中外一体""天下一家"的时代最强音。[3]虽然康熙皇帝于1691年废长城，但清朝为加强国防武备，还是修筑了一些长城。除了利用和修缮明万里长城外，雍正元年（1723），为讨伐青海蒙古和硕特部首领罗卜藏丹津叛乱，抚远大将军年羹尧修筑了"青海边墙"；嘉庆二年至五年（1797—1800），为御防生苗侵扰，湖南省凤凰厅同知傅鼐在湖南、贵州修复明"苗疆边墙"；嘉庆五年至咸丰八年（1800—1858）陕西白河县知县严一清在湖北竹山、陕西白河交界修筑一道防御白莲教边墙（有些改建于楚长城）；咸丰十一年（1861）曾国藩在山东修复一段齐长城，防御捻军北上；同治七年（1868）山西按察使陈湜在山西黄河东岸吉县修筑御防捻军从陕西东渡的边墙；光绪四年（1878）陕甘总督左宗棠为击溃新疆分裂势力修筑了"新疆边墙"等。[34]《中国国家地理》杂志2014年第10期"西藏特刊"刊载了赵春江先生的《寻找西藏长城》一文，首次披露了他在2010年以来，在日喀则地区援藏期间所调查的4处"喜马拉雅山口的御敌要塞"，并配有较多图片。据赵春江先生考证，这四处长城、关隘遗迹，是清乾隆年间所筑的抵御廓尔廓入侵西藏的军事防御工程。[35]这些规模虽然不大，但却是中国最后修筑的长城遗存。

小结

一切事物的发展，都要经历由低级到高级、由简单到复杂、由原始到成熟、由早期到晚期的必然过程。中国长城发展亦遵循此客观规律。

中国历代长城从距今四千多年前的原始长城起始，经历早期长城、中期长城和晚期长城快慢不同的发展演变，到明代达到顶峰，在清代衰落，至清同治七年修筑中国最后一道长城"新疆边墙"止，中国长城有史可考的年代经历了约3870年的历史，成为见证中国古代历史发展进程的缩影和文化符号。

中国历代长城的形制并非一成不变，而是随着历史的进步，生产力的发展，人口的增加，防御设施的逐步完善，防御对象的不同和修筑地理条件而不断发生变化。总之，形制多样，不拘一格，呈现出一脉相承的多样性，共性特征中又具有鲜明的个性特点。（如表1所示）

在防御对象上，中国长城的历史作用有所不同。在方国阶段用于部落联盟间军事防御，王国阶段早期用于单纯的"内拒诸侯"、晚期"外御诸胡"或兼而有之，帝国阶段初期则完全具有单一的"外御诸胡"性质，到了帝国中期成为北方民族相互防御的屏障，在帝国晚期明朝又回归"外御诸胡"的属性。它见证了中国历史发展由方国到王国、由王国到帝国的转型过程，也体现出由神权到王权、再到中央集权制度形成与发展的脉络。

中国长城是由各民族共同创造的文化丰碑。既一脉相承，又各有创新。罗哲文先生曾深刻地指出："长城丰碑不仅铭刻了中华民族大融合大结合的历史事实，而且也是各民族人民智慧和血汗的结晶。"[36]对中国长城的产生与发展做了高度概括和总结。

限于学识，文中不确之处恳请方家批评指教。

表1 中国历代长城发展演变规律示意

时间顺序	代表类型	长城形制文化符号示意
原始长城 距今4300—3600年	内蒙古赤峰阴河、英金河两岸夏家店下层文化之"列城""列堡"带。东西140余千米，带上发现43座石城址分三组	河 堡 堡 城 堡 堡 城 堡 堡 城 堡 堡 流
早期长城 前660—前108年	战国、秦汉障塞长城—辽东段沈阳—通化为例：五里一燧、十里一障、卅里一堡、百里一城，没有发现墙体连接	五 障 尉 候 燧 关 燧 关 燧 堡 障 尉 兵马大道 候 郡县 燧 堡 燧 堡 燧 堡 堡 郡县
中期长城 1115—1198年	金代堑壕（又称界壕或边堡）长城，以内蒙古通辽段为例，两段各长约150千米，共有几十座不同等级戍守边堡	■___■ 堑 ■___ 壕 ■___■ 边堡 要堡 边堡 边堡 要堡 边堡
晚期长城 1368—1600年	明代长垣长城——共设有九边十一镇防御体系：边镇、都司、卫所与边堡（城）、路城、关城（隘）、敌楼（台）、烟墩（烽燧）	路 楼 堡 台 堡 楼 堡 台 路 墙■_▲_■墙▲_■_▲_体■_▲_■体 边镇 墩 关城 墩 卫所 墩 关城 墩 边镇

图例：■ 中心性大城址　■ 候卫性中小型城址

注释

[1] 文宣：《长城保护重在原状保护》，《中国文物报》，2015年7月3日第1版。

[2] 罗哲文：《长城》，北京：清华大学出版社，2008年版，第6—9页。

[3] 李治亭：《长城新解》，《东北史地》，2014年第2期。

[4] 李文龙：《中国古代长城的四个历史发展阶段》，《文物春秋》，2001年第2期。

[5] 耿雪、李树林：《燕秦汉辽东长城形制为"障塞"结构》，《中国社会科学网》，2014年6月30日。李树林：《燕秦汉辽东障塞线长城性质再讨论——与范恩实、肖景全诸先生商榷》，《中国边疆史地研究》，2018年第1期。

[6] 苏秉琦：《国家起源与民族文化传统（提纲）》，《华人·龙的传人·中国人——苏秉琦考古寻根记》，沈阳：辽宁大学出版社，1994年版，第132页。

[7] 袁建平：《中国早期国家时期的邦国与方国》，《历史研究》，2013年第1期，第37—53页。

[8] 姜念思：《长城起源的考古学考察》，《中国文物报》2006年8月25日第7版。张长海：《从考古材料谈长城的起源》，《文物世界》，2009年第2期。

[9] 徐光冀：《赤峰英金河、阴河的石城遗址》，北京：文物出版社，1986年版。

[10] 郭静云：《透过亚洲草原看石峁城址》，《中国文物报》，2014年1月17日第6版。

[11] 苏秉琦：《辽西古文化古城古国——试论当前考古工作重点和大课题》，《辽海文物学刊》，1986年创刊号。

[12] 《陕西东部南流黄河地带区域考古调查》，《中国文物报》，2006年8月4日。

[13] 罗哲文：《长城》，北京：北京出版社，1982年版。

[14] 苏秉琦：《象征中华的辽宁重大文化史迹》，《辽宁画报》，1987年第1期。

[15] 郭丹、程小青、李彬源译注：《左传·成公十三年》，北京：中华书局，2012年版。

[16] 河南省长城资源调查队：《河南省长城资源调查综述》，国家文物局编：《长城资源调查工作文集》，北京：文物出版社，2013年版，第94—98页。

[17] 陈探戈：《春秋战国时期秦晋（魏）对河西地区的争夺研究——兼论战国时期秦"堑洛"长城》，国家文物局编：《长城资源调查工作文集》，北京：文物出版社，2013年版，第260—264页。

[18] 陕西省长城资源调查队：《陕西长城资源概况》，国家文物局编：《长城资源调查工作文集》，北京：文物出版社，2013年版，第99—111页。

[19] 段清波、于春雷：《陕西战国秦长城的调查与研究》，国家文物局编：《长城资源调查工作文集》，北京：文物出版社，2013年版，第243—259页。

[20] 李树林、李妍：《燕秦汉辽东长城修筑时间考》，《东北史研究》，2012年第2期。

[21] 李树林：《燕秦汉东北长城（上）：改写东北亚历史的新发现》，《中国国家地理》，2019年第9期。李树林：《燕秦汉东北长城（下）：两千多年前跨过鸭绿江》，《中国国家地理》，2019年第11期。

[22] 薛英群等：《居延新前释粹》，兰州：兰州大学出版社，1988年版。

[23] 罗哲文：《长城》，北京：清华大学出版社，2008 年版，第 9 页。
[24] 国家文物局：《全国长城资源调查工作文集》，北京：文物出版社，2013 年版。
[25] 吉林省长城资源调查队：《发现与探索——吉林省长城资源调查总揽》，国家文物局编：《长城资源调查工作文集》，北京：文物出版社，2013 年版，第 72—76 页。
[26] 黑龙江省长城资源调查队：《黑龙江省长城资源调查工作收获体会》，国家文物局编：《长城资源调查工作文集》，北京：文物出版社，2013 年版，第 77—86 页。
[27] 张蔚：《北魏长城与金界壕对比研究》，《东北史地》，2012 年第 6 期。
[28] 李逸友：《中国北方长城考述》，《内蒙古文物考古》，2001 年，第 1—51 页。
[29] 内蒙古自治区长城资源调查队：《内蒙古自治区长城及保护工作报告》，国家文物局编：《长城资源调查工作文集》，北京：文物出版社，2013 年版，第 59—65 页。
[30] 黑龙江省长城资源调查队：《黑龙江省长城资源调查工作收获体会》，国家文物局编：《长城资源调查工作文集》，北京：文物出版社，2013 年版，第 77—86 页。
[31] 王国维：《金界壕考》，《观堂集林》，石家庄：河北教育出版社，2003 年，第 357—368 页。
[32] 张廷玉等：《明史·兵志》，北京：中华书局，1974 年版，第 2235 页。
[33] 李韵：《明长城长度为 8851.8 千米》，《光明日报》，2009 年 4 月 18 日第 1 版。
[34] 成大林：《清代长城》，《万里长城》，第 46 期。
[35] 赵春江：《寻找西藏长城》，《中国国家地理·西藏特刊》，2014 年第 10 期。
[36] 罗哲文：《长城》，北京：清华大学出版社，2008 年版，第 9 页。

明代长城防御体系与"长城区域社会"的形成

——兼谈长城文化的基本内涵[*]

翟 禹[**]

摘要： 元朝统治者北撤草原以后，明朝为了防御北元蒙古诸部南下，在北边逐渐建设了一道长城防御体系，当时称为"九边"，其中以宣府、大同、山西三镇最为典型，即今天山西、河北与内蒙古交界的狭长地带。经过长期的发展演变，在这一带逐渐形成了一个具有独特文化传统的"长城区域社会"，体现了多元民族、多元文化交融互动的历史。对长城区域社会的考察有助于我们认识不同时代的长城及其所承载的历史文化内涵，在新时代长城文化的内涵更加丰富，长城成为中华民族精神的象征，象征着的是中华民族自强不息、众志成城、坚韧不屈的爱国情怀。

关键词： 明代；防御体系；区域社会；长城文化

长城从最早的先秦时期诞生至今，历经两千多年的时间，构成了一个复杂而庞大的体系。历史上的长城，最初是作为长城修建者的军事防御工程而发挥作用。除

---

[*] 课题项目：国家社会科学基金 2018 年度西部项目《明蒙关系视野下的宣大山西三镇长城防御体系研究》（项目编号 18XZS048）；国家文化和旅游部 2021 年"黄河文化研究"项目《内蒙古黄河文化与草原文化、长城文化交融互动关系研究》（项目编号 21HH13）；内蒙古"草原文化研究工程"第三期工程子课题《草原文化与黄河文化关系研究》（编号 CYWH2021-06）。

[**] 作者简介：翟禹，内蒙古社会科学院历史研究所副所长、副研究员、博士，从事蒙古史、内蒙古地区史、民族与边疆问题、长城研究。

此以外，基于长城军事防御工程的基本功能之外，又不断衍生出管理、使用以及围绕各类军事、政治和社会活动所形成的多种历史文化信息，使得留存至今的有关长城的各类文化遗存呈现出非常复杂的局面。长城并非仅仅是一道墙体，而是以墙体及相关设施组成的一整套防御体系，包括墙体本身及墙体上附属设施（敌台、马面、城楼）、墙体外设施（烽火台、挡马墙、壕沟、居住址），以及沿线的关隘、城堡等。对于长城的研究，也不仅仅是长城实体建筑的考证，还涉及军事、政治、经济、文化、地理等多个方面。

长城的研究方向重点有二：一是从考古学角度研究长城本体及附属设施；二是从历史学角度论证长城的地位及影响，或考证长城的修建年代、分布与走向。现有关明代长城防御体系的研究成果多集中于两个方面：一是以利用文献史料为主来考察与长城有关的明蒙关系史和九边长城防御体系诸问题；二是从田野考古调查视角来考察各区域的明长城遗迹和各类附属设施。明长城是中国历史上费时最久、工程最大、防御体系和结构最为完善的工程，从历史学视角来说，它对明朝防御掠扰、维护稳定、开发边疆，保护中国与西北域外的交通联系都起过不小的作用。从建筑学视角来说，它充分体现了中国古代建筑工程的高度成就。国家文物局和国家测绘局采用传统考古学的田野调查方法，结合现代测绘技术，经过近两年时间的调查与测量，于2009年4月18日首次公布明长城数据：其东起辽宁虎山，西至甘肃嘉峪关，从东向西行经辽宁、河北、天津、北京、山西、内蒙古、陕西、宁夏、甘肃、青海10个省（自治区、直辖市）的156个县域，总长度8851.8千米。其中，人工墙体的长度为6259.6千米；壕堑长度为359.7千米；天然险长度为2232.5千米。

一、明代长城防御体系概说

元明之际，农民起义推翻了蒙古族在中原的统治，元朝势力北撤以后，仍在北方草原地区活动，史称"北元"。《明史》载："元人北归，屡谋兴复。永乐迁都北平，三面近塞，正统以后，敌患日多。故终明之世，边防甚重。"[1]明朝为了防御蒙古族的南下，开始在北边构筑长城防御体系。明代前期的军事防御主要是以"永清沙漠"为主要目标，即以大规模的军事打击为主要形式，比如比较重大的战役有洪武五年（1372）岭北之役、永乐明成祖五次北征，意图以此实现全国的大一统。学界在论述明代长城之时，往往先从"九边"开始，在一些文献中涉及明代军事或北疆防御时也是从"九边"开始，例如《明史》论述道："初设辽东、宣府、大同、延绥四镇，继设宁夏、甘肃、蓟州三镇，而太原总兵治偏头，三边制府驻固原，亦称二镇，是为九边。"[1] 具体而言，九边指的就是以"边墙"（即长城）为主要依托体系在明蒙对峙地带构筑的一整套防御体系。九边是在明代初期逐渐产生并逐步完善，直至中后期完全形成的九个军镇，从东到西分别是辽东、蓟、宣府、大同、山西、延绥、固原、宁夏、甘肃。有明一代200多年间，明朝都在不停地筑造、修缮长城。明代长城东起鸭绿江，西至甘肃省嘉峪关，延袤万里，无论是从建筑规模、修筑水平，还是修筑的时间跨度、戍边守备及长城防御体系的构建等方面都超过了以往各时代，达到了长城修筑史上的最高峰。

以宣大山西三镇长城防御体系为例来说，在明代中后期逐渐形成的九边军镇的重点区域——宣大山西三镇长城防御体系是明长城研究的重点专题，是不可回避的一个专题领域。宣大山西三镇这一区域是当时明朝防御蒙古诸部的"肩背"地带。宣大山西三镇是一个明代历史地理概念，主要指今天山西北部太行山以北至黄河东岸、河北北部，向北至内蒙古中南部交界地带，而在明朝前期，又包括今天内蒙古呼和浩特、乌兰察布和锡林郭勒盟南部，此区域是阴山南麓东段、蒙古高原南端边缘与中原河朔、燕赵北部一带。这一区域历来是农牧文化交融最为频繁的地区，在各个历史阶段都占有重要地位，对中国历史进程产生了深远影响。从明朝方面来说，宣大山西地区拱卫着首都北京城的安危；从蒙古诸部来说，这一带川原平衍，是极易突破南下的地区，且明代漠南蒙古诸部多分布在靠近宣大山西以北的阴山一带，是明蒙双方对峙角逐、互动往来最为频繁的地区。

关于明代长城防御体系的主要构成，笔者以为核心的就是城堡。在各级城堡中驻扎着数量和规模不等的军队，机动部队是军事防御体系中最具活力的因子，是最关键的防御要素。城堡是明代九边长城防御体系中最为重要的防御设施，集驻兵、屯田、布防、预警等多种功能于一体，有军堡与民堡之分，是长城防御体系中最核心的部分。明代长城防御体系中的城堡数量庞大、分布广泛。军事防御体系的核心是机动部队，即作战士兵，而城堡是主要军队的集结之地，集进攻性、防御性于一体，所以军堡的存在才是军事防御体系唯一的意义。首先，有关长城沿线城堡的地理位置、保存现状（古今数据对比分析）、堡内设施、建筑类型、主要文献记载、历史事件、碑刻铭文、分管长城墙体及其防御设施（极冲、烽燧预警线、墩台等）和马市、关口、庙宇等明蒙交流往来的历史见证等问题，是解决和认识长城防御体系的一切关键要素的核心；其次是烽燧体系，由一定数量的烽火台构成的信息传递、预警系统，是冷兵器时代最快捷、最迅速、最有效的信息传递方式，而军情的及时送达决定着战争的胜负；最后才是长城墙体及其附属设施，包括墩台、马面、城楼、挡马墙等各类设施。

二、"长城区域社会"的形成

从区域文化和文化带的视角来看，总体来说，长城文化带的地理范畴大致包括甘肃、陕北、晋北、冀北与内蒙古交界地带。内蒙古南部阴山——长城一线处于农牧文化交错地带，长期成为中国历史上的农耕与游牧两种不同生产经营方式的政治实体和不同文化势力争夺的对象，这使得内蒙古地区呈现出农牧交错、移民众多与民族杂居、行政实体与羁縻机构相杂管理等具有浓郁区域特色的人文地理现象。[2] 历史上长期的军事活动与农牧业经营方式的转换，也导致出现了许多与环境、人口、政治相关的问题。因此，对于阴山——长城一线（农牧文化交错带）的研究很有现实意义，而晋冀蒙接壤地区就是广义的长城文化带中的核心区域。地处黄土高原与蒙古高原之间的冀北、晋北和阴山地区，在中国历史中始终承担着重要的角色。首先是沟通、交融角色。自古以来就是农牧文化交流的平台。其次是对抗、冲突角色。游牧民族和农耕民族在这里拉锯、争夺，不停地上演战争和冲突的场面。战争是政治的延伸，更是促进不同群体之间交往交流交融的一个历史方式。冀北、晋北和阴山地区基本上以长城为界，从最早的赵北长城至明长城，区域范围基本定型。以长城为边塞，其南、北两面呈东西延伸的狭长地带成为农耕文化与游牧文化的中间地带，这个中间地带就是广义的长城文化带的核心区。这里既是一个对峙地带，又是一个交流地带，是中国历史上非常特殊的一个空间。明代时期，内蒙古地区成为明与北元对峙角逐、交流融合之地。与前代长城相比，明代的万里长城向南移动，与阴山山脉产生了一段距离，但是总体上仍未脱离农牧文化交错地带的空间范畴，而且由于明长城的长期存在，使得元代以后"内蒙古"这个区域概念逐渐形成。因此可见，在长城文化带的漫长历史进程中，既有民族交融、贸易往来，也有军事冲突，这些丰富多彩的历史同时长期存在，又极大地丰富了中国历史的内涵和面貌。作为中国北方民族交往交流交融历史的重要发生地，这一地带的历史成为中华民族共同体形成史的重要组成部分。

（一）祠庙、戏台等民间文化、村落文化

通过多年实地调查可知，在长城沿线留存有大量祀神庙宇以及有关的金石碑刻资料。这些资料作为明代九边长城防御体系中社会生活的历史见证，具有鲜明的区域性特征，非常有助于认识长城地带的基层社会。对长城地带祠庙和祀神等民间信仰现象进行探讨是认识长城地带历史文化和社会变迁的一个重要方面。庙宇祀神反映的是民间社会生活状况，同时碑刻文字中也反映了长城内外农牧文化区各族人民

的交往交流交融，这是历史发展的大趋势，也是边疆社会生活必不可少的一种生活方式、思想观念。正是通过这样长期的演变互动，以长城为主线，在北部边疆形成了一个独特的"长城区域社会"。

城堡祠庙民间信仰中的地域文化极具有自身特色，又有着鲜明的多元文化融合特征。明清晋蒙长城沿线的城堡最初是基于军事防御而建的聚居点，城堡建立伊始，诸多祠庙就成为其公共建筑的重要组成部分，其位置、规制及祀神反映了长城沿线地带居民的社会生活状况。近些年，在山西镇、大同镇所属长城沿线的滑石涧堡、老牛湾堡、败虎堡和破虎堡发现了一批碑刻资料，记载了堡中先后出现过的一些祠庙及祀神，诸如城隍、圣母、关圣、武安王、马王、真武等。这些信仰反映了长城地带的军事型社会特征，同时也展现了明清时期长城地带民众的日常生活和精神世界的状况，这是认识长城地带历史文化和社会变迁的一个重要方面。祠庙是城堡内部结构的重要组成部分，体现着民众的精神生活。在随时充满各种危险和不确定因素的情况下，人们按照自身所需创造各种神祇并修建各种祠庙以行供奉、祭祀之举，也就是说在遇到了相关的困难之时才去祭祀相应的神灵。城隍是用来保护城堡安全的，关圣、马王、真武等神灵是用来体现城堡的军事防御性的。明代修筑的万里长城在明与北元——蒙古对峙格局中作为双方的军事分界线，将农耕文化区和游牧文化区分割开来，通过长期的演变，以长城为主线，在北部边疆形成了一个独特的"长城区域社会"。清代时期，长城内外实现大一统，长城内外的民众已经开始将最初作为军事防御线的长城视作一条政治、文化上的区域分界线，由此开始"内蒙古"的区域概念逐渐形成。[3]

（二）有关"长城区域社会"的一些历史故事

1. 方逢时《云中老妇词》序。在方逢时的诗词当中，我们发现了一篇耐人寻味的词《云中老妇词》，这首词收录在《大隐楼集》卷三《七言古诗》之中。《云中老妇词》序曰：

> 隆庆己巳仲夏边行，过龙门山，谷中见老妇垂鬓泣拜道傍。询之，曰："故云中人也。嘉靖间被掳去，转徙边地十有八年，今诸首降附，得住内地，偷生忍耻，欲归无家，朝廷恩信明甚，群丑悦服，老妇若逃，恐疑愤生变。老妇何忍以垂尽之年，而贾边人之祸。今住此山中，且夕得归骨此土，死且不朽。生命不辰，亦复何怨。"余闻其言而悲之。虽恨其不能早死，又悯其能不以一身之故而贾

边祸也。其贤于卢绾、中行悦远矣！为作此词。[4]

从词中可知，《云中老妇词》序中讲述了隆庆己巳年（1569）时，方逢时在龙门山谷中遇见一位哭泣的老妇，经过询问得知，这位老妇原是云中人，嘉靖年间被蒙古人掳走，"转徙边地十有八年"，如今"诸酋降附"，终于可以回到内地生活，但是在内地已经没有家了，如果再返回北边，又恐破坏了"朝廷恩信明甚，群丑悦服"的政治局面。老妇自称"何忍以垂尽之年，而贾边人之祸。"[4] 于是，老妇只有在这个山谷中居住下来，希望死后能够长眠于此。方逢时闻此之时，十分悲伤，特作诗一首以纪念之。这个故事成为当时明蒙关系历史的一个典型缩影，因为双方之间的战争掳掠，对当时的百姓生活造成的影响是非常深远的。

2. 把汉那吉投明与隆庆和议。元室北迁以来，明蒙长期对峙，大小冲突不断。在明中期嘉靖年间的时候，蒙古土默特部杰出首领俺答汗势力渐强，更是频繁南下。[5] 总之，蒙古诸部因为欲求贡不得，又加之许多内部原因，不得已而向明发动了连续几十年的边境战争，而明朝方面又因为内部种种问题而对蒙古军反击不力，在几十年的战争中处于消极防御的地位，这种状态在明中后期维持了几十年，给明蒙边境带来巨大的破坏，也极大地削弱了双方的实力。长城区域地带几乎少有军堡、城镇没有受到蒙古骑兵的攻击和掳掠，百姓流离失所，成为彻底的军事防御区。直到隆庆四年（1570），蒙古俺答汗部发生了内讧，俺答汗的孙子把汉那吉因不堪俺答汗的夺妻之举，愤而降明。[6] 史载："隆庆四年九月，虏首把汉那吉来降。把汉那吉者，俺答第三子铁背台吉子也，幼孤，鞠于俺答妻一克哈屯所。长而儇，俺答爱之，为娶歹慎部女曰大成比妓。那吉又自聘兔扯金女，未及婚，会俺答有外孙女已聘袄儿都司矣，俺答闻其美，自娶之，号曰三娘子。袄儿都司怒，且治兵相攻，俺答惧，夺那吉所聘女与之。那吉恚恨，携其妻及其乳母之夫阿力哥等扣败胡堡求入。"[7] 其间，阿勒坦汗向明朝方面回复道：

我不为乱，乱由全等。吾孙降汉，此天谴合华夷之好也。若天子幸封我为王，藉威灵长北方，诸酋谁敢不听？誓永守北边，毋敢为患。即不幸死，吾孙当袭封，彼衣食中国，其忍倍德乎？[8]

因此，明蒙关系之间"战"与"和"的差异则显露无遗，可谓是战则均害，和则两利。和平之前的景象是这样的："方庚午以前，三军暴骨，万姓流离，城郭丘墟，刍粮耗竭，边臣首领不保，朝廷为旰食。"[9] 和平之后的景象是这样的："军民乐业，生齿渐繁，非付息日凋残景象。"[10] 更有方逢时所作《塞上谣》：

>人言塞上苦，侬言塞上乐。胡马不闻嘶，狼烟静如濯。时雨既降沙草肥，丁男释甲操锄犁。夫耕妇织朝复暮，荜门鸡犬皆相依。天王有道边人喜，稽颡来朝复来市。愿言岁岁常如此，万寿无疆祝天子。[11]

3. 河套里面的汉人和长城里面的蒙古人。

王琼《北虏事迹》：

>宁夏镇城至花马池三百余里，运粮者循边墙而行，骡驮车挽，昼夜不绝。一日早，虏贼五骑至兴武营暗门墩下，问墩军曰："我是小十王、吉囊、俺答阿卜孩差来边上哨看，你墙里车牛昼夜不断做什么。"答曰："总制调齐千万人马，儧运粮草勾用，要搜套打你帐房。"贼曰："套内多多达子有里，打不得，打不得。"又言："我原是韦州人，与你换弓一张回去为信。"墩军曰："你是韦州人，何不投降？"贼曰："韦州难过，草地自在好过，我不投降。"举弓送墙上，墩军接之，不换与弓，贼遂放马北奔。[12]

从上述记载可知，这个从蒙古来到长城下面刺探情报的"虏贼"，原是韦州（今宁夏中宁、同心一带）人，现在生活在"自在好过"的"草地"上，还为蒙古人刺探情报，因为这位韦州人是汉人，能够用汉语与守边士兵交流，而蒙古人不会汉语，守边士兵又不懂蒙古语，所以蒙古首领才派遣他来，其实此人的身份在明蒙关系史上往往被称为通事或夷使。美国汉学家赛瑞斯（Henry Serruys）《十六世纪漠南蒙古的汉人》[13]一文对留居在蒙古地区的汉人进行了系统的研究，做了分类并予以分析，颇有心得。南京大学特木勒教授长期关注明蒙关系中的通事等汉人移民群体[14]，比如其所关注的"李家庄朵颜别部"，乃是明朝宣府镇下北路边外的人群，其族群构成颇为复杂。这个群体由于受到蒙古土默特部俺答汗之子辛爱黄台吉的压迫，被迫内附于明朝宣府镇，整体迁徙于宣府镇北路一带生活，这类人群有很多，文献中多处可见：

>先是宣府边外有流夷史大、史二等，为黄台吉以兵威略属之，因用为导。以内讧，永宁、龙门之间颇被其害。然黄酋淫虐，凡史夷妻女及所部夷妇有色者多为所渔，并攘其牛马。由是史夷怨恨不附，累通款边臣，愿内附保塞。边臣疑其诈，令杀虏自效，以立征信。史夷兄弟乃斩黄酋所署监部夷孙头目忍克等十余人，尽载其众，以其俘馘来献。守臣以闻，诏赏织金纻丝衣一袭，彩段二表里；史二彩段二表里。夷人桃花带、将官吕渊等五人令军门奖赏有差。[15]

处在明长城沿线的这些民众，不仅有农耕地区的汉人，还有长城以北地区的蒙古部落，可以说他们是介于明朝与北元主要部落之外的"第三种势力"，他们经常扮演多种角色，没有明显的政治倾向，而是为了生存，周游在长城沿线，时而倒向明朝一方，时而倒向北元——蒙古诸部一方。同时，他们的生产生活方式也很复杂，兼有农耕与畜牧，生活在长城沿线，能种地则种地，能放牧则放牧，无所谓生产方式的自行选择，完全是基于生存的需要。他们的民族成分应该是以蒙古族为基础，但是也有很多汉人融合进去，他们往往会为了生存而去充当相距较远的农耕居民与游牧居民之间的中间人，有些充当中间角色的牧人常常以各种手段抢劫农耕区居民。这一类人群生活在蒙古和明朝两大势力的中间，属于在夹缝中生存[16]，其多舛的命运构成了"长城区域社会"最初人群的基础。

（三）关于"长城区域社会"

作为一条以线性墙体为主体的东西延伸的狭长地带，长城地带（长城区域社会）是一块迥异于农耕文化区和游牧文化区的地带，在漫长的民族交往、文化融合、军事冲突、商贸往来、多元共生的综合作用之下发展到今天，留给我们的历史文化遗产独具特色。

一是站在边疆视角来认识长城区域社会的历史，具有鲜明的军事防御、商贸往来、政治边界、民族交融、文化多元等历史性特征，这些都是不争的历史事实，既不需要夸大，但也不能回避。二是站在文化遗产视角来认识长城区域社会的文化，具有农牧文化高度融合的特征，是中华文化的重要组成部分，是丰富的历史文化遗产，其内涵、种类、构成和融合都非常丰富、深入，是中华民族历史的典型见证者和重要亲历者。三是站在"长城史"的视角来说，长城区域社会史（长城史、农牧文化交融史、民族关系史）是中国历史的重要组成部分，正因为有了这样一部"长城史"，才使得中华民族的历史多姿多彩、内涵丰富、文化多元却又具有极强的凝聚力、向心力，典型地展现了多元一体、共生共荣的中华民族共同体深刻内涵。在长城作为军事防御工程的时代，长城分割了两边的政权、社会和人群，但是站在今天中国的视角来说，作为军事防御工程的时代也是中国历史的重要组成部分，是中华民族共同体形成史的特定阶段，长城及与其相关的历史为中华民族多元一体格局的形成做出了自己的贡献。四是我们今天弘扬长城文化，要抓住长城精神的实质，不能局限在狭隘的"中原""内外之分""华夷之辨"等概念之中，也不能将特定时空条件下的概念与今天的同一概念混淆。比如最重要的概念——"中国"，不同历史时期的"中国"概念内涵是不同的，这对认识和理解长城历史和长城文化有着重要的影响。我们从事民族历史、边疆史地和长城文化研究的时候,"中国"概念内涵的界定和阐释是我们决不能忽视的基本前提。对于长城文化来说,"保家卫国"是其精神,不能狭隘地理解"家国";"众志成城"是长城精神的新内涵,时代和社会的变迁会让文化遗产有不同内涵,因此要辩证地、联系地、发展地看待问题。

三、作为结语——新时代长城文化的基本内涵

长城及其所承载的历史文化内涵,随着时代的变迁往往被赋予不同的内涵。笔者尝试对长城及其文化内涵做一个初步划分和阐释。

第一,长城最基本的内涵就是作为物质文化遗产和非物质文化遗产的长城文化,这包括与长城息息相关的考古遗迹遗存、非遗、民俗文化、传统村落文化、民间信仰以及关涉民族融合与文化交汇的历史见证。

第二,文学、文化意象视角下的长城文化。例如著名的古诗题名《饮马长城窟》,经过后世累加的文学艺术化手法的演绎,"秦始皇修长城"的历史故事经过漫长的历史演化已经成为"暴政"的代名词,与此相对的便是另一个积极正面的文化故事——孟姜女哭长城,展现了中华民族普通民众的心声,尤其是他们对美好生活的向往,对和平安定的孜孜追求,更体现了中华文化中最朴实、最质朴的人文情怀。此外,长城在文人墨客的笔下,又成为传统王朝的军事象征。通观古代王朝历史,只有唐朝、元朝、清朝基本上没有大规模修筑长城,因为大一统的政治格局成为更坚固的"长城"。

第三,近现代抵御外侮,寻求民族独立和解放——"众志成城"的长城文化,包括保家卫国精神、长城抗战精神。《义勇军进行曲》中的歌词"把我们的血肉,筑成我们新的长城",还有《万里长城永不倒》等歌曲演绎,鲜明地表达了近现代中国精神的象征。从《长城谣》(1937)到《长城长》(1994),其中的歌词唱道"万里长城万里长,长城外面是故乡""都说长城两边是故乡,你知道长城有多长?"虽然歌词的内容都在表达长城的"长",但其重点早已不在长城本身,而是聚焦于长城两侧,都是"故乡",这就是最深层次的文化认同的具体表现之一。

第四,长城在当代成为文化地标、文化品牌,例如长城牌葡萄酒、长城牌润滑油。在各行各业也存在着各具内涵的长城精神,如文化长城、绿色长城、钢铁长城等。毛泽东同志提出"不到长城非好汉",邓小平、习仲勋同志提出"爱我中华、修我长城"。经过国家最高层面的肯定,长城所具有的精神内涵,已然进入了政治文化层面,成为中华民族的象征,象征着中华民族自强不息、众志成城、坚韧不屈的爱国情怀。

可见，经过不同时代，我们要结合时代需求和对长城历史、遗存和文化内涵的考察研究，不断地赋予长城以新的内涵、新的精神和新的阐释。

注释

[1] 张廷玉等：《明史》卷91《兵志三》，北京：中华书局，1974年版，第2235页。

[2] 内蒙古大学王绍东教授《战国秦汉时期中原政权与北方民族对阴山地区的争夺》(《阴山学刊》2018年第4期) 一文认为："阴山区域包含了阴山以南的农业开发区、阴山以北的草原游牧区和阴山周边的农牧交错区。"王绍东对阴山区域从文化地理上的划分，有助于我们认识和理解长城文化地带的地理、景观和人文上的内涵。

[3] 翟禹：《明清晋蒙长城地带城堡的祠庙及祀神——以新发现的碑刻资料为中心》，《朔方论丛》（第五辑），呼和浩特：内蒙古大学出版社，2016年版。

[4] 方逢时著，李勤璞校注：《大隐楼集》卷3《七言古诗》，沈阳：辽宁人民出版社，2009年版，第41—42页。

[5] 关于明蒙长期对峙、战争不断的原因，前人已经多有精到分析，此不赘述。可参见曹永年：《蒙古民族通史》（第三卷），呼和浩特：内蒙古大学出版社，2002年版；达力扎布：《明代漠南蒙古历史研究》，呼伦贝尔：内蒙古文化出版社，1997年版；罗旺扎布、德山、胡泊等：《蒙古族古代战争史》，北京：民族出版社，1992年版；薄音湖、洪俊：《论俺答求贡》，《蒙古史论文选集》第二集，呼和浩特市蒙古语文历史学会，1983年编印；胡凡：《论明世宗对蒙"绝贡"政策与嘉靖年间的农牧文化冲突》，《中国边疆史地研究》，2005年第4期；唐玉萍：《明朝对蒙政策述论》《昭乌达蒙族师专学报》，1995年第3期；等等。

[6] 薄音湖：《把汉那吉的家庭纠纷》，《内蒙古大学学报》，2001年第3期。

[7] 王士琦：《三云筹俎考》卷2《封贡考》，薄音湖、王雄编辑点校：《明代蒙古汉籍史料汇编》（第二辑），呼和浩特：内蒙古大学出版社，2000年版，第412页。

[8] 《明穆宗实录》卷51，隆庆四年十一月丁丑条。

[9] 张廷玉等：《明史》卷222《方逢时传》，北京：中华书局，1974年版。

[10] 杨时宁：《宣大山西三镇图说》卷2《大同镇总图说》。

[11] 方逢时著，李勤璞校注：《大隐楼集》卷3《七言古诗》，沈阳：辽宁人民出版社，2009年版。

[12] 王琼：《北虏事迹》，《金声玉振集》，薄音湖、王雄编辑点校：《明代蒙古汉籍史料汇编》（第一辑），呼和浩特：内蒙古大学出版社，1994年版，第142—143页。

[13] Henry Serruys, Chinese in Southern Mongolia during the Sixteenth Century, Monumenta Serica《华裔学志》, Vol. XVIII, 1959, p. 65-66.

[14] 特木勒：《关于李家庄朵颜别部历史的几个问题》，《内蒙古大学学报》，2011年第6期；特木勒：《明蒙交涉中的蒙古使臣打儿汉守领哥》，《民族研究》，2012年第2期；特木勒：《夹缝中的抉择：朵颜别部在明蒙之间的变迁》，南京大学元史研究室、民族与边疆研究中

心：《元史及民族与边疆研究集刊》（第二十六辑），上海：上海古籍出版社，2013年版。特木勒教授曾承担国家社科基金项目"十六世纪长城沿线明蒙关系研究"，成果丰硕，颇有影响。

[15]《明世宗实录》卷498，嘉靖四十年六月壬午条。

[16] 特木勒教授语，见其文《夹缝中的抉择：朵颜别部在明蒙之间的变迁》。

明清时期的居庸关南口城商业

——以庙宇记事碑为中心

左志辉 *

摘要：诞生于前明战备时代却长期处于和平时期的居庸关南口城，是中俄恰克图（松江布）贸易和万里茶道的节点，山西翼城布商和东西口驼行经由这个节点发挥了不可替代的重要作用，而南口城几通庙宇记事碑尤其是对已有碑阴捐款资料的统计分析，从另一个角度印证了这一历史过程。

关键词：明清；南口；记事碑；山西翼城；布商；驼行

有关北京居庸关南口城的研究，基本上集中于明长城的军事功能和文化价值，[1]尚未发现有对其商业活动进行研究的。本文通过南口城的庙宇记事碑，对其明清时期商业状况进行考察。

一、居庸关南口城的历史变迁：从战备时代到和平时期

南口作为北京湾太行山东麓与燕山南麓的交汇点，尤其作为两山之间北京湾往来蒙古高原、山陕腹地孔道的军都陉和居庸关沟的下口，自古以来具有特别重要的战略地位。南口建有长城的最早记录是，北齐天保六年（555），修长城，"自幽州北夏口（今北京昌平南口）至恒州（今山西大同）九百余里"[2]。

---

* 作者简介：左志辉，北京大学中华人民共和国史研究中心研究员。

南口所属的元隆镇卫、明隆庆卫和延庆卫，其设立、改名和撤并经历了漫长的元、明、清三个朝代。自元朝开始，居庸关沟设"南北口之戍"。"北口千户所属上都路隆庆州。南口千户所属大都路昌平县。史言睿宗于居庸关立南北口，屯军徼巡盗贼，各设千户所。"至大四年，改千户所为万户府，"置隆镇上万户府以统之"。元皇庆元年（1312）始改为隆镇卫。[3] 明建文元年（1399），改隆镇卫为隆庆卫，明隆庆元年（1567），改隆庆卫为延庆卫。清初废除明代的九边镇守制，逐步裁撤卫所，并入地方行政体系，但是颇为曲折。"顺治十六年并（永宁）县入永宁卫，康熙三十二年（1693）又并（永宁）卫入延庆州州册，延庆卫在居庸关。"[4] "雍正二年（1724），奉文裁卫，以八达岭为界，岭东南归并昌平州，西北归并延庆州。本卫士民余兆龙、王廷立、陈世维、杨天标等将种种不便情由吁请仍旧。制院李公维钧题留，仍属卫治。"[5] 直到乾隆二十六年（1761），才最终裁撤延庆卫，并入延庆州。[4]

作为"城"，自前明至清末，南口城有着600余年的发展历史。南口城建于明永乐二年（1404），北距延庆卫城即居庸关城15里，崇祯十二年重修。东西城环跨两山，开设南北城门。[6] "其城上跨东西两山，下当两山之冲，周围二百丈五尺。南北城门楼二座，敌楼一座，偏左为东西水门，各一空。护城东山墩一座，西山墩三座，烽堠九座。隆庆卫地方，里口紧要。"[7] 今位置在京藏高速辅路南口段以东、以南和关沟以西的南口村。19世纪下半叶光绪年间，南口城属延庆西卫，"有砖城，税司在焉。此系居庸关沟南口，故名。"其四至为："东至西台坡根半里，接昌平州界，南至大闻家营四里，北至南州界，西至西人坟半里，接昌平州界，北至朝阳坡三里。""东南至狼窝三里，接昌平州界，西南至三里坡三里莲，东北龙王庙后山半里，西北至关山半里。"由南北街往南，可直通沙河镇。有399户，1123人，耕地19顷40亩，"银粮交纳昌平州。"[8] 清末，延庆州共分四大区，即中区、东区、西区和南区。[9] 其中，南区北以长城东西为界，南与昌平州为邻，而南口镇则是南区的枢纽。[10]

南口城由长城军事要塞向和平交通枢纽和边境贸易通道的根本性转变，是从晚明开始的。1570年明蒙达成"隆庆和议"，次年设立茶马互市，但对马匹交易量有所限制：宣府张家口堡3万匹，大同府新平、德胜两堡1.4万匹，太原府水泉营堡0.6万匹。1578年，张家口增加到4万匹。长城沿线呈现"六十年来，塞上物阜民安，商贾辐辏，无异于中原"之和平贸易局面。[11] 茶马互市的设立，开启了明蒙之间的常态化贸易，也为清朝中俄贸易的兴起奠定了基础。明清三百年间，居庸关南口城成为边贸物流通道的重要节点和服务商贸的和平长城驿站。正所谓，"关南锁钥，民庐市廛，颇为稠密。"[6]

二、从庙宇记事碑看南口城的商业气息和商业地位

凡有庙宇的地方，就有人气，就有商业。南口城也一样，甚至更加突出。史籍所见南口城庙宇及其记事碑如下：

明朝嘉靖年间，"真武庙在南口门。""泰山行宫庙在关南口门。"[12]

清乾隆十年（1745），延庆卫"关帝庙：庙有七，一在南口城"；"真武庙：本卫真武庙有三，一在南口北门外"；"天仙庙：南口城内"；"观音庵：南口北门外"。[6]

光绪七年（1881），南口城有"关帝庙、天仙庙、东大寺、观音庙、龙王庙"。[13]

据清末《延庆州乡土志要略》记载，"本区（南区）镇（南口镇）内祠庙"："关帝庙二处，一在本镇南门内，一在本镇街西"；"东大寺一处，在本镇街内正东"；"观音庙一处，在镇北"；"龙王庙一处；在镇北"；"天仙庙一处，在本镇南门内"。[14]

很可惜，以上庙宇已不存在。好在尚存如下 4 碑：乾隆三十五年（1770）《重建东岳庙碑》、乾隆四十八年（1783）《创建关帝庙戏楼碑》、光绪二十年（1894）《重修清真寺碑》和光绪二十二年（1896）《新建财神庙碑》。[15]

表 1　南口城现存庙宇记事碑统计表

	碑名	修碑时间	庙与碑现状	关键词	撰文者籍贯身份	书丹者籍贯身份
1	重建东岳庙碑	乾隆三十五年（1770）	庙在南口村中心小学内，碑存昌平博物馆	近村共捐，聚族而谋，协力经营。同批商号，连续跟捐		
2	创建关帝庙戏楼碑	乾隆四十八年（1783）	庙不在，碑存昌平文物石刻园	山右客贾，请纪之石，以示后人。山西翼城	昌平廪生陈庭梓	山西翼城吕勤学
3	重修清真寺碑	光绪二十年（1894）	寺在南口城南门外，碑存寺内	东西口、驼行、多伦、库伦、通州茶行，晋太和等捐	昌平六品顶戴麻兆庆	山左莱州吴绍儒
4	新建财神庙碑	光绪二十二年（1896）	庙不在，碑存昌平文物石刻园	"会馆""合祭"。晋商生生不息。村民说，财神庙建于关帝庙内	昌平六品顶戴麻兆庆	延庆州学廪膳主谢宗口

（一）乾隆三十五年（1770）《重建东岳庙碑》记载

盖以神威赫奕，权司乎十王之上圣德崇巍职冠于五岳之尊，庙貌隆当年一

皆敬礼，颓废甚此日畴不心伤神，虽不言能无恫于心乎！譬之人有觌面之交，一旦睹其霜栖露处，靡室靡家则必聚族而谋，协力经营，俾有宁宇而后即安况神之为灵昭也。我欲神庇而能谓神无疵已乎！爰是事穷则变抑，且道口而伸，美奂美轮复巘崒于始建，肯涂骨护彰藻绘于重新。兹者程工告竣，凡我同人资财之乐助者当铭于石而并传。

两个特点：一是聚族而谋，协力经营：捐款的绝大多数人来自南口附近的村庄，如高里营（今高丽营）、北小营、亭子庄（今亭自庄）、古城（今土城）、楼子庄（今楼自庄）等；二是同批商号，连捐二庙。同一批商号如天聚号、丰泰号、永盛号、丰盛号等，又出现在13年后创建关帝庙戏楼碑上。

（二）光绪二十二年（1896）《新建南口财神庙碑》记载

商贾一途极古也！书曰：懋迁有无男云，日中为市，子贡学孔门而货殖范蠡师计，然而积金龙断之登□夫焉。得为贱远方服贾孝子奉养克申，况□天市垣中星应车肆者哉（《隋书》天人志人市……）近世繁庶之区率多公会之□，会馆者何□各行，一切事物者也。馆有绅耆充司其事□即□□肆长贾师之遗也，惟所祀之神尊之曰财，虽见于协纪辨方时宪等书，考之于古，殆不经见案星，经天口口星主口财库藏，盖所谓财神者无乃天钱星之谓，口辰宿民所仰瞻祀，合祭法口报礼名小祝说见口口。至于封神演义之招宝天尊、纳珍天尊、招财使者、利市仙官，埜吏小说□所不敢征引者也。近日洋□之列家当□一书，又以赵公明为财神，是又误读封神演义者。若乃南口古称名区元魏时名下口，北口□名夏口，南口之名，见自金史，汉属居庸县，隋唐而后迄于元明均属昌平，乾隆二十六季始隶延庆，口此化日口天口幸贾口商富，爰思财源，自係神佑，遂于关壮谬公殿后，增建殿宇式楹，奉祀增福财神之位，神曜行宫，愿长享□□衿禘心香膜拜，自口受福禄祯祥。

三层意思：一是凡富庶之地，必共同取暖，强调"会"（馆）和"合"（祭）精神；二是挖掘南口悠久的历史文化，发挥特殊的区位优势，共同发财致富；三是在关公殿后"奉祀增福财神之位"，愿神享顶礼膜拜，人受福禄祯祥。村民说，这里原来是老爷庙，关帝庙俗称老爷庙。

(三)关于乾隆四十八年(1783)《创建关帝庙戏楼碑文》

1.《创建关帝庙戏楼碑文》记载:

居庸南口之中有飞檐杰阁,翼如焕如者关帝庙也,其来旧矣,迎门有画栋雕梁,崇基特峙者为戏楼,此新建也盖缘地处宣化通衢延庆要路,依山抱水,青苍叠翠,非藉楼表式之无以肃远近之观动退迹之,听所以在此口易口捐资创茸,募化亲朋,基开新址,构用新制,凡柱税桷口之用,悉甃以砖石,施以五彩,屹然巨丽,拔地切云,穹隆四际,发崇峥嵘,金瓯绣藉,鸟革飞翠,震耀华鲸,既以尊武圣之威赫,又以壮庙宇之巍峨,经始于乾隆四十有七年,阅数月而工竣,山右客贾请纪之石,以示于后。夫春秋之义兴作必书,矧兹楼成悦,神祈壮观,听修而举之,以重其事,予闻而义之爰为之记云

顺天府昌平州廪生陈庭梓撰文
山西平阳府翼城县吕勤学书丹
居庸路军功赏花翎都司那丹珠施银壹两
本城司厅把总张俊杰施银壹两

三点印象:一是"山右客贾请纪之石,以示于后"。山右即山西,说明本戏楼由山西商人所捐建;二是善举得到当地驻守负责人"居庸路军功赏花翎都司那丹珠施银壹两,本城司厅把总张俊杰施银壹两"的响应和支持;三是书丹者为山西翼城县吕勤学。

2.《创建关帝庙戏楼碑文》碑阴的统计分析

表2 乾隆四十八年南口关帝庙戏楼碑阴统计表

	捐款者 (家/位)	占总数 (%)	捐款额(两)		占总额 (%)
				号均/人均	
商号	80	22.04	184.26	2.3	33.69
商人	283	77.96	362.66	1.28	66.31
总计	363	100	546.92	1.51	100

说明:银钱比价参照王宏斌先生研究,以1吊(1两)=1000文折算。[16]

第一,从碑文"山右客贾请纪之石,以示于后"可以看出,乾隆年间南口城的

坐商和行商应以山西商人为主。数十家晋商商铺，以及由 300 多位晋商捐资修建"画栋雕梁""屹然巨丽"的关帝庙戏楼，显然不仅仅为千人左右的常住人口所需，更多的应是，为川流不息的巨大的商贸物流及其商旅人士尤其是山西商人提供服务。

第二，表 2 显示，由坐商和行商共同贡献善款，但以行商为主。其中 80 家坐商捐款 184.26 两，占 33.69%，283 位商人应该大多属于行商，捐 362.66 两，占 66.31%。

第三，通过对乾隆四十八年南口《创建关帝庙戏楼碑文》，和乾隆四年（1739）通州《创建晋翼会馆碑序》[17] 进行比较，可以看出：

（1）南口的投资规模，可能超过通州。因为二者几乎持平的捐款额（南口 546.92 两，通州 540.4 两），南口只用于戏楼的创建，而通州则需要用于会馆创建的综合支出。

（2）通州以坐商为主（捐款占 74.5%），且资本集中度较高（每家平均捐款 28.76 两，而南口是 2.3 两），南口则以行商为主（捐款占 66.31%）。说明，南口更多地扮演了物流通道的角色，而通州则更多承担了由北运河转输驼运的仓储、批发和转运功能。

（3）此时，两地行商平均捐款水平都很低且几乎持平（南口人均 1.28 两，通州人均 1.24 两），远远低于通州坐商。

第四，乾隆前后，同处京西北南口城的东岳庙碑文所见"会馆"，和关帝庙戏楼碑文所见"山西翼城"（常被简称"晋翼"）字样，与同时期北京前门和通州的晋翼（布商）会馆，是否有某种关联？南口城关帝庙戏楼碑文说"山西商人""请纪之石，以示于后"，恰好碑文的书丹者是"山西平阳府翼城县吕勤学"，有如此"巧合"，是不是意味着这些捐款晋商又以晋翼布商为主？

山西商人聚集的地方普遍建有关帝庙和戏楼，而且又常常冠之以"山西会馆"或山西某某地方会馆，二者具有相通性和一致性。所谓"晋翼会馆"，即山西翼城县商人所建会馆，且以布商为主。李华先生所搜集 7 通北京地区晋翼会馆石碑，其共同特点就是，它们都属于翼城布商的会馆。这些会馆石碑包括：北京市区的雍正十三年《创建晋翼会馆碑记》（原碑在前门外小蒋家胡同十一号晋翼布商会馆）、光绪八年《重修晋翼会馆碑记》（原碑位置同上）、中华民国十年《两馆一并碑记》（原碑位置同上），通州区的乾隆四年《创建晋翼会馆碑记序》（原碑在通县教子胡同八号染坊公所）、道光十七年《重建晋翼会馆碑序》（原碑位置同上）、道光十七年《新建布行公所碑记》（原碑位置同上）和咸丰元年《三圣会碑记》（原碑位置同上）。[18]

第五，山西翼城布商曾经垄断"南布北运"数百年，其经营是否与南口城有关？

山西翼城布商，因应明初"九边"将士所需而发展成为专业的布商群体，入清尤其是乾隆年间，更是在中俄恰克图（松江布）易货贸易中如鱼得水、独占鳌头。

19世纪之前（乾隆年间），中俄恰克图边贸基本上维持以松江布（欧美称之为"南京布"）换毛皮的贸易格局，到19世纪30年代，茶叶替换松江布成为主要出口商品，而1860年以后，随着俄商主导恰克图边贸，市场几乎只剩下唯一的交易商品——茶叶。[19]

晋商在通州和张家湾都设有会馆，布匹、茶叶是其北运的大宗商品，东口（张家口）、西口（归化城）等是其主要转销地。[17]

孟伟先生认为，以通州、苏州和前门外三座晋翼会馆为中心，翼城布商从江苏松江购买布匹、沿运河转输至通州和京师；而汾州府的商人则从翼城布商手中接过布匹，经（居庸关南口城、）张家口、归化，运抵恰克图，与俄商以布换皮。两个地域的晋商群体，分工接力完成"南布北销"。[20]

但从南口城的《创建关帝庙戏楼碑文》看，山西翼城布商们应该并未止步于通州或者京师前门，而是继续北上，到达了京西北居庸关南口城，或许还前往张家口和归化，那片前辈曾经"淘金"的地方。

（四）关于光绪二十年（1894）《延庆州南口重修清真寺碑》

1.《延庆州南口重修清真寺碑》碑文记载：

> 南口者延庆之名区也，本名下口，《魏书》常景传元谭据居庸下口，《水经注》其水南流出关谓之下口此也，《北齐书》作夏口，南口之名肇自金代真佑元年，蒙古哲伯自南口攻居庸关此也。清真寺者创建无考，此次重修其义倡自笑山阿洪（阿訇），兹际工程告竣、其事迹功行有不能听其淹没者，乡末等公议立石，识其颠末，属余作记，不揣谫陋直任无辞。阿洪杨姓印得春，字笑山，本密云石匣人，娶于河间遂寄寓焉。光绪二年聘来南口，主讲回席，爰睹堂宇之摧残遂感重修之善念，然而教民户少，窃虑工钜难擎，遂东募于昌平、密云，南募于中山、河间，远则晋西之归绥，近则京畿之左右，劳瘁经年，始积成数，五年修讲堂之坎座，六年造静室于离方，七年复以河水受污穿井，寺院工经费年丈深十五盖亦险矣哉，十三年阿洪口迁沙城，掌教复委闪鸿恩，阿洪修沐房于井畔，连大门于艮方，凡此种种在阿洪以为主宰佑助，在乡末以为阿洪功行

欲伸感，铭允宜镌石是为记！

以上可以看出：

首先，这是一部创业传记，一段励志史，记载笑山阿訇功德无量，筚路蓝缕，矢志不渝；其次，其善举得到了不同地域、不同行业的认可和支持。

2. 《延庆州南口重修清真寺碑》碑阴的统计分析

表3 南口重修清真寺捐款总表

	捐款者（商号/商人）		捐款额（两）		
	家/位	占总数%		号均/人均	占总额%
商号	70	54.26	155.4	2.22	15.95
商人	59	45.74	819.09	13.88	84.05
总计	129	100	974.49	7.55	100

说明：凡"诸位乡老"，均列为"1位"商人，而具体人数无从知晓；清末银钱比价，参照王宏斌先生的区间1100-1200文说，取其平均值，为1两=1150文。[21]

表4 南口重修清真寺捐者区域表

	捐款者（商号/商人）家/位		捐款额	
	分区域		两	占总额%
1	东西口（张家口、归化城即呼和浩特）	3	300.3	30.82
2	西口	18	158.48	16.26
3	东口	2	51.26	5.26
小计	东口加西口	23	510.04	52.34
4	昌平州	16	58.7	6.02
5	宣化府	1	58.6	6.01
6	多伦	1	57.7	5.92
7	旧保安	1	43.48	4.46
8	西贯市村	13	42.83	4.4
9	德胜门外马佃	8	23	2.36
10	西陵易州	1	17.83	1.83
11	南口小镇	20	17.37	1.78
12	沙城堡	1	15.91	1.62
13	通州	7	15.22	1.56

续表

	捐款者（商号/商人）家/位		捐款额	
	分区域		两	占总额%
14	密云	3	13.6	1.4
15	库伦	1	7	0.72

表5 南口重修清真寺捐者行业表

	捐款者（商号/商人）		捐款额	
	分行业	家	两	占总额%
1	驼行	3	300.3	30.82
2	羊行	23	105.48	10.82
3	马行	4	12.8	1.31
4	茶行	1	10	1.03

第一，驼行（行商）之盈利和捐款远胜于坐商，也远胜于百年前南口城的行商。表3显示，70家坐商捐款155.4两，占15.95%，而59位行商（含"诸位乡老"）捐款819.09两，占84.05%。和111年前在南口新建关帝庙戏楼时的情形完全相反，此时的行商今非昔比，人均捐款13.88两，是坐商的6.25倍，是百年前南口行商的10.84倍。

第二，按地域看，东西两口（主要由驼行等行商构成）的捐款超过一半。表4显示，东西口（张家口、归化城即呼和浩特）捐款510.04两，占52.34%。而南口镇只捐了17.37两，占1.78%。

第三，按行业看，驼行捐款最多。表5显示，驼行捐款300.3两，占30.82%，其次是羊行，105.48两，占10.82%，茶行最不景气，捐款只占1.03%。

第四，詹天佑、北洋大臣袁世凯和清政府对投资京张铁路的市场信心，直接来源于驼行可观的业务量；反过来看，也正好可以证明驼行等行商曾经拥有的辉煌。这里涉及一个大的时代背景，中俄万里茶道在19世纪下半叶已由俄商主导，他们直接从茶源地收购茶叶，又直接卖到俄国甚至欧洲的终端市场，赚取巨额差价利润，而原来主导恰克图市场的晋商已被挤垮，此时中国人能做而且利润相对不错的只有驼行和运输。俄商需要中国人来承办运输，通过北运河到通州，再以驼队转运至张家口、恰克图等地。1905年京张铁路上马之前，詹天佑专程到居庸关道捐局了解到，"约计每日用马车骡驼转运货物，经过该局者有二万担之谱。由京往来张家口货物，现在每担约需时价银一两二钱，每人约需车价银三两五钱，若将来由火车装运，货物每担车脚以二钱五分核算，全年三百六十天，约可收货票银一百八十万两。客座每里以制钱五文核算，每日以五百客座计之，全年三百六十天，约可收客票银二十五万九千二百两。统计货票客票两项，每年约有进款银二百零五万九千二百两。"[22] 果然如此，通车第二年（1910），即盈利 7.5395 万银元（每个银元约合白银 0.72 两），第三年盈利增至 50.6794 万银元。1912 年，年客运量达 48 万人次，年货运量达 70 多万吨。其时即有称誉道："此路交通，朝发夕至，昔之驼运货物，皆为铁路所揽矣。"[23]

三、结语

通过初步考察，有如下结论：

1. 南口城因战备所需而诞生，但自 1404 年至清朝末年，尤其是 1570 年隆庆和议启动茶马互市之后，大部分时间处于和平年代，为日后持续数个世纪的国际商贸奇迹创造了良好的和平环境。

2. 直到民国初年，南口镇的诸多庙宇仍保存较好，香火旺盛，生生不息。

3. 跨越 3 个世纪并影响全球包括多次被马克思关注和评论的中俄（松江布）贸易尤其是万里茶道，南口城始终是其重要的节点，几座庙宇，几通记事碑，即是最好的历史见证。

4. 从乾隆四十八年（1783）创建南口关帝庙戏楼碑的 18 世纪下半页，到光绪二十年（1894）重修南口清真寺碑的 19 世纪下半叶，中俄恰克图贸易，从以松江布为主到以茶叶为主，从晋商主导到俄商主导，同样是行商（驼行），百年间利润增长超过 10 倍，凡此等等，或多或少，也体现或折射在记事碑里。

5. 山西翼城布商连续几个世纪独占鳌头，其乾隆年间的经营并未止步于通州或前门，而是继续北上到达南口城，甚至可能穿越八达岭去往东西两口。

6. 挖掘这样的真实历史，对于京津地区参与目前缺失的"万里茶道"申遗，对于文旅融合发展，有着现实的价值和意义。如将东岳庙所在的南口村中心小学和南口清真寺建成博物馆，可以开展研学旅行；抢救保护南口城东山护城墩，使之与比邻的穿山京张高铁高架桥，相互辉映，同框呈现，面朝北京湾。则：今古奇观于斯，豪迈之感油然而生。

注释

[1] 刘珊珊：《明长城居庸关防区军事聚落防御性研究》，天津大学 2011 博士论文；杨程斌：《元明时期居庸关方位考》，《北京档案》，2020 年第 4 期；刘珊珊、张玉坤、陈晓宇：《雄关如铁——明长城居庸关关隘防御体系探析》，《建筑学报》，2010 年；杨广文：《长城的关城文化》，《北京观察》，2018 年第 6 期等。

[2] 董耀会、吴德玉、张元华：《明长城考实》，南京：江苏凤凰科学技术出版社，2019 年版，第 21 页。

[3] [清] 缪荃孙、刘万源等：《光绪昌平州志》，北京：北京古籍出版社，1989 年版，第 58 页。

[4] 光绪《延庆州志》卷 2 舆地 6。

[5] [清] 周硕勋：《延庆卫志略》，台湾：成文出版社，1970 年版，第 18—19 页。

[6] [清] 周硕勋：《延庆卫志略》，台湾：成文出版社，1970 年版，第 22 页。

[7] [明] 王士翘：《西关志》，北京：北京古籍出版社，1990 年版，第 22 页。

[8] 光绪《延庆州志》卷 2 舆地 32。

[9] 清末《延庆州乡土志要略》地理·本境之分区。

[10] 清末《延庆州乡土志要略》地理·南区。

[11] 刘振瑛：《长城商道纵横说——张家口边外茶马互市开市 450 周年祭》，张家口新闻网，2021 年 7 月 9 日。

[12] [明] 王士翘：《西关志》，北京：北京古籍出版社，1990 年版，第 83—84 页。

[13] 光绪《延庆州志》卷 2 舆地 32。

[14] 清末《延庆州乡土志要略》地理·南区·本区镇内祠庙。

[15] 邢军：《石语昌平——北京昌平石刻辑录》，北京：中国出版集团研究出版社，2020 年版，第 273、277、318、321 页。同时参见：昌平公园昌平石刻园有关石碑、北京图书馆金石组编：《北京图书馆藏中国历代石刻拓本汇编》，郑州：中州古籍出版社，1989 年第 1 版。

[16] 王宏斌：《乾嘉时期银贵钱贱问题探源》，《中国社会经济史研究》，1987 年第 2 期。

[17] 许檀：《明清时期的通州商业》，《中国社会经济史研究》，2021 年第 3 期。

[18] 李华：《明清以来北京工商会馆碑刻选编》，北京：文物出版社，1980 年版，第 29—40 页。

[19] 刁莉、金靖壹、胡娟：《全球化视野下的近代中俄贸易：以棉布和茶叶为中心》，《清华大学学报》（哲学社会科学版），2019 年第 2 期。

[20] 孟伟、杨波：《明清通州晋翼会馆研究——以明清时期的翼城商人和山西布商为重点》，《山西师范大学学报》（社会科学版），2017 年第 3 期。

[21] 王宏斌：《晚清银钱比价波动与官吏贪污手段》，《中州学刊》，1989 年第 4 期。

[22] [清] 詹天佑：《詹天佑文集》，北京：中国铁道出版社，2006 年版，第 4 页。

[23] 李春冀：《京张铁路建成初期对发展沿线经济的作用》，《人民铁道报》，2017 年 8 月 24 日。

包头长城与草原丝绸之路

栗征华*

摘要：包头的草原丝绸之路可作为当时游牧文化交流的动脉。处在草原丝绸之路交通枢纽的包头，具有很大的地理优势，西北穿越蒙古高原、南俄草原、中西亚北部，直达地中海地区，堪称草原丝路上的明珠，因此留下了大量的珍贵文物和文化遗迹，代表了自古以来草原上的不同民族、不同文明交流的渊源历史和重要贡献。包头长城是军事防线、经济文化聚汇线；是调控中原政权与北方少数民族关系的集散地；是传承文明的纽带；是促进民族融合、传承绵延和边疆开发的重要遗址。包头长城遗址就是草原丝绸之路重要的实物载体。

关键词：包头；长城；草原；丝绸之路

包头，是蒙语"包克图"的谐音，意为"有鹿的地方"。包头位于内蒙古自治区中部，东西接沃野千里的土默川平原和河套平原，北与蒙古国接壤，南濒黄河。包头又地处我国北疆，阴山山脉横贯中部，巍巍有如一道屏障，又如伸开的臂膀，将包头揽于怀中，挡住了北方的寒流，形成一条农牧分界线，使得包头山南山北形成了特殊的差异环境和文明形态。由于地理位置的重要性，包头地区自古以来即为兵家必争之地，是农耕文明与游牧文明争锋和融合最频繁、最激烈的区域，也是两种文明交会的典型区域。这个特殊区域在交会与争锋中不断移动，长城防御的重要

---

* 作者简介：栗征华，包头博物馆副研究馆员。

性就突显出来。长城最初是在形势险要的地方为了互相防御而据险设关,防御是为了安定,安定是为了更好地交流和沟通。以长城为中心,南北文化的交流始终没有停止过。这些长城遗址是草原丝绸之路重要的实物载体。草原丝绸之路上的文化交流和商品交换的兴旺,与草原上的政治中心城市的形成有密切联系。草原丝绸之路指横贯欧亚大陆北方草原地带的交通道路。[1]包头长城的遗址延绵不断,有赵长城、秦长城、汉长城、北魏长城和金长城(金界壕),可谓是一座中国历史发展的"长城博物馆",足见包头在古代地理位置的重要性。也正是这"长城博物馆"给草原丝绸之路上的包头增添了许多浓厚的历史沉淀和传奇色彩。

古代俗称长城以北为"塞外"或"关外",出长城也叫"出塞"。一般所说"塞",是指边界上的险要处,也指筑于要隘处的小城堡,常出现在边城的要害处。草原丝绸之路东段最重要的起点是内蒙古长城沿线,这里是游牧文化与农耕文化交汇的前沿地带,是草原丝绸之路的交通要塞。包头的草原丝绸之路可作为当时游牧文化交流的动脉,西北穿越蒙古高原、南俄草原、中西亚北部,直达地中海地区。长城与草原丝绸之路交叉处不仅是战略要地,也是经济或文化集散地。包头是联络中原与蒙古,华北与西北的枢纽。包头的长城是军事防线和经济、文化聚汇线,调控了中原政权与北方少数民族的关系,把农业经济与游牧经济融合在一起,为发展生产力开拓了新路,也是传承文明的纽带,有效地促进了民族融合和边疆开发。岁月悠悠,绵延万里的草原丝绸之路一直是沟通中西文化交流的大道,辽阔的内蒙古草原,是欧亚古老文明交流的汇合地。[2]处在草原丝绸之路上交通枢纽的包头,具有很大的地理优势,堪称草原丝路上的明珠,留下了大量的珍贵文物和文化遗迹,说明了自古以来草原上的不同民族、不同文明交流的渊源历史。长城是中华民族文明悠久的象征,是我国北方民族草原文化和中原农耕文化碰撞和交融的见证;长城是我国劳动人民智慧的结晶,亦是世界人民最宝贵的文化遗产。[3]

一、赵长城与草原丝绸之路

包头的赵长城自土默特左旗陶思浩乡圪力更村北进入包头市境内,从土默特右旗美岱召镇楼房沟村东北沿大青山南麓向西,经过水涧沟(土默特右旗沟门乡北)、东河区、石拐区、青山区、昆都仑区和九原区,止于九原区哈业胡同镇西滩村,向西进入巴彦淖尔市乌拉特前旗巴彦花镇乌宝力格村,全程约230千米。我国著名的历史学家翦伯赞在登临了赵长城之后感触颇深,赋诗一首:骑射胡服捍北疆,英雄不愧武灵王。邯郸歌舞终消歇,河曲风光旧莽苍。望断云中无鹄起,飞来天外有鹰扬，两千几百年前事，只剩蓬蒿伴土墙。为了巩固新占领土，防止北方民族的侵袭，赵武灵王开始修筑长城。《史记·匈奴列传》："而赵武灵王亦变俗，胡服，习骑射，北破林胡、楼烦，筑长城，自代并阴山下，至高阙为塞。"此长城兴筑之时当在《史记·赵世家》记载的赵武灵王二十六年（前300），"攘地北至燕、代，西至云中、九原"之后。东起代之北界（约今河北省张家口北），西行入雁门（今山西北境），复沿阴山（今大青山、乌拉特山）山脉南麓迤逦向西，经九原（今包头）北止于高阙（今内蒙古乌拉山与狼山之间的缺口）。[4]赵长城建于山坡上或贴近山脚，除少数地段为石筑外，多为夯土筑，还断续绵亘于大青山、乌拉山、狼山上。保存较好的长城南侧散布有烽台、城障遗址及居住址。

赵长城为古代兵家必争之地。这段长城见证了赵武灵王"胡服骑射"改革。在"胡服骑射"改革之前，《史记·匈奴列传》中"逐水草迁徙，毋城郭常处耕田之业，然亦各有分地。"[5]意思是在河套平原匈奴过着游牧生活，哪里水草茂盛就迁移到哪里，以畜牧、狩猎为主，没有城郭和固定居住的地方，也不耕田，而家家都有自己的草地。赵武灵王的"胡服骑射"改革，不仅对中国的军事历史影响深远，更促进了中原文明与草原文明在阴山及河套地区的融合。[6]赵长城及其附属设施不仅具有军事防御功能，而且具备交通的作用。在修建长城时要发展交通，在防卫长城时要利用这些交通，在部署部队、集结兵力、运输物资、利用长城向北进击等方面，都要以通畅、便利的交通作为保障，正所谓"兵马未动，粮草先行"。所以，赵武灵王修筑赵长城的同时，在包头地区修建了九原城。"城"主要是指人口密集、商业经济发达的地方，通常也是周围地区政治、经济、文化的中心，九原城的诞生有效地保障了赵国西北部地区的平安供给，同时标志着九原城文明的成熟。2017年，内蒙古包头博物馆在举办"边关重镇丝路明珠——草原丝绸之路上的包头"展览前期工作中，我们一行人在实地考察。放眼望去，战国长城与山势景物融为一体，感受到长城的宏伟与壮观，仿佛看到了昔日赵武灵王"胡服骑射"在这里虎视强秦的阵势。包头市九原区西园乡春秋战国墓中出土的双环青铜剑、青铜削刀、联珠牌饰明显带有草原文化特点，[7]与黑海东岸以东至外贝加尔地区的欧亚草原深处常见的出土文物极为相似。由此可见，流动性较大的北方古代游牧民族在春秋战国时期与域外已有文化交流，已经形成了草原丝绸之路的雏形。正是因为有了赵长城这一辅助的交通设施，才体现出包头在草原丝绸之路上的交通要塞地位，同时也架起了中原与北方游牧民族在政治、经济、文化往来上的桥梁。

二、秦长城与草原丝绸之路

固阳秦长城西起狼山西端，东经武川县出大青山，在呼和浩特市北郊红山口东侧与战国赵长城相接，在包头境内横穿中部，蜿蜒于色尔腾山坡上。阴山横亘中国北部，东西约1000千米，是北部边塞的天然屏障，历史上中原华夏民族与漠北少数民族进行政治、经济、文化交流，乃至战争，都必须翻越阴山。阴山东段没有较平坦的峡谷，运输不便；中西段河套平原山谷虽多，但大多或山高路险，或出谷有沙漠阻梗；只有包头的昆都仑河谷（古名石门水）平坦宽阔，可通马车，是横穿阴山最理想的交通坦途。固阳县境内阴山山脉色尔腾山有昆都仑河谷通行之便利，为历史上兵家必争之地。秦长城修建于此，自然是一个绝佳的选择。

"秦已并天下，乃使蒙恬将三十万众北逐戎狄，收河南。筑长城，因地形，用制险塞，起临洮，至辽东，延袤万余里。"[8]意思是秦国兼并天下后，就派蒙恬带领三十万人的庞大军队，向北驱逐戎狄，收复黄河以南的土地。修筑长城，利用地理形势，设置要塞，筑起了西起临洮（今甘肃省岷县），东至辽东郡（今辽宁省）逶迤绵延一万余里的万里长城。由甘肃、宁夏延伸进入内蒙古巴彦淖尔市后，经由包头市固阳县西斗铺、银号、大庙乡进入武川县，经大青山向东延伸至河北省，在包头市境内的秦长城累计长度为100千米左右。[9]秦始皇三十三年（前214）取匈奴河南地，治九原郡（今包头市），辖境相当于今内蒙古后套及其以东至包头市，黄河以南鄂尔多斯市北部地。秦末地入匈奴，郡废。唐天宝、至德时又曾改丰州为九原郡。[10] "三十五年（前212），除道，道九原抵云阳，堑山堙谷，直通之。"[11]秦直道从三十五年开始修筑道路，经由九原郡（今包头市）一直修到云阳（今陕西省淳化县境内），挖掉山峰填平河谷，笔直贯通的直道，这是我国最早的"高速公路"。直道北端的九原郡恰好与昆都仑沟相连，可以进入阴山北的大片地区。当时修筑这条直道是为了抵御匈奴南侵，便于调遣军队巩固国防，但以后历朝利用它，成为南北交通的大道。始皇欲游天下，道九原，直抵甘泉，乃使蒙恬通道，自九原抵甘泉，堑山堙谷，千八百里。[12]秦始皇想巡游天下，路经九原郡，直接到达甘泉，于是派蒙恬开通道路，从九原郡到甘泉，挖山填谷，长一千八百里。秦从构筑长城抵御匈奴的同时设立九原郡，再到修筑通往北方的战略通道秦直道，说明当时秦以九原郡为核心构筑了完整的北方军事防体系，对统一的多民族国家发展，起到了十分重要的作用；促进秦汉时期草原丝绸之路进一步发展。秦长城和秦直道是"草原丝绸之路"的主要构成部分，秦长城和秦直道不仅是防御之路，在相当长时间内，都发挥着促进中原地区与北方少数民族经济文化交流的作用。龙城、诺颜山匈奴墓中出土的丝绸物品就是见证。据专家多年考证，汉代匈奴呼韩邪单于迎娶昭君去往草原单于庭所走的路线是秦直道。秦直道的起点包头市麻池一带，据著名北方历史学家、内蒙古大学林干教授考订，昭君与呼韩邪单于一行，从汉都长安出发，先过左冯翊（在长安东北），然后经北地（今甘肃庆阳县）、上郡（今陕西榆林县）、西河（今内蒙古鄂尔多斯市东胜区）、朔方（今鄂尔多斯市杭锦旗），而至五原（今内蒙古包头市）。昭君出塞的"这条路线基本上是秦朝开筑的直道。"[13]著名历史学家翦伯赞先生在《从西汉的和亲政策说到昭君出塞》一文中指出，昭君出塞不负众望，成了和平使者，表现出"华夏一统，胡汉一家，合则两利，分则两伤"，表达了中华民族凝聚力形成的深层原因。印证了这一时期包头在草原丝绸之路的重要地位。进一步说明历朝长城沿线上的每一个重要城障隘口，自然是兵家必争之地，同时也是中原通向草原的重要通道。长城的历史作用在于战争时防御，和平时通关交往。秦长城与秦直道的修筑，为和平时南北友好往来、商业贸易、文化技术交流的大道，为草原丝绸之路的发展奠定了坚实的基础，也为北方各民族的交往做出了重要贡献。说明包头一直是贯通东西南北的交通枢纽和军事重镇。

三、汉长城与草原丝绸之路

包头的汉长城位于达尔罕茂明安联合旗（以下简称达茂旗）境内，有两道长城横穿达茂旗：一道，包头汉外长城北线，东南由呼和浩特市武川县二份子村北进入达茂旗，终点位于呼莫格牧点西南，向西进入巴彦淖尔市乌拉特中旗；另一道，包头汉外长城南线，东南由呼和浩特市武川县西红山子乡土城子村进入固阳县境内，起自银号镇石兰哈达村北部的沙河西岸，延伸至蒙古。在蒙古高原上沿低缓的丘陵谷地西北行，在钦布勒牧点西北处进入巴彦淖尔市乌拉特中旗。复转南进入我国阿拉善盟，与居延塞联结，而北面在蒙古境内一直伸向阿尔泰山中。

汉长城是东西走向，汉长城东起辽东，经阴山、河西走廊，向西延伸至新疆，为东西交通要道，为东方与中亚、欧洲交往的草原丝绸之路的"台路"。在达茂旗西河乡营路村的汉长城，当地人称"台路"，即自古拉骆驼到新疆和中亚贸易的路。[14]为加强防御，在阴山以北修筑的是两道平行的外长城。汉长城（当时称为"塞"）的规模及长度都远远超出了秦代。这些汉塞一方面在战略上起到了阻断羌匈联系的作用，另一方面又为汉王朝与西域的交通、丝绸之路的安全提供了保障。"塞外长城"的起点在今乌兰察布盟武川县西部，与五原郡境的长城衔接。自此向西北伸出两道并列的墙垣，经固阳县北部、达尔罕茂明安关合旗西南，又过乌拉特中旗、乌拉特后旗北部。西汉元朔二年（前127）置。本秦九原郡地，秦亡没于匈奴。治九原县（今内蒙古包头市）改为五原郡。[15] 西汉太初元年（前104），汉武帝遣因杆将军公孙敖筑塞外受降城。[16] 塞外受降城就是汉长城外的受降城，受降城位于包头市白云区西南约30千米的巴彦淖尔市一带。因为受降城的存在，每当游牧民族南下，汉军都会有充足的时间去准备作战。西汉太初三年（前102），"遣光禄勋徐自为筑五原塞外列城，西北至庐朐，游击将军韩说将兵屯之，强弩都尉路博德筑居延。秋，匈奴入定襄、云中，杀略数千人，行坏光禄诸亭障。"[17]《汉书·地理志》："北出石门障得光禄城，又西北得支就城，又西北得头曼城，又西北得虖河城，又西得宿虏城。"[18] 围绕汉长城的东西南北都有城塞，交通和防御更加完善。西汉五原郡多在今包头市西部及乌拉特前旗境内，郡治就在包头市附近，可见武帝遣徐自为所筑"外城"的位置应从今包头地区北部开始，往西北延伸。[19] 居延塞和光禄塞构成一个完整的防御体系，共同构筑汉朝的漠南防御体系，通过外长城，汉朝把大半个漠南给保护起来。这样对漠南可以有效地掌握和控制。

《汉书·匈奴列传》记载"至孝武世，出师征伐，斥夺此地，攘之于幕北。建塞徼，起亭隧，筑外城，设屯戍以守之，然后边境得用少安。"[20] 直到孝武皇帝刘彻出军北征，把这一地区夺到手，而将匈奴赶到大漠以北，并在这一地区建立城堡，修筑道路，兴建外城，派遣军队前往屯戍守卫，然后边境才比从前稍稍安宁。包头北部阴山以外，仍可清晰地看到有两条近似平行的长城遗迹，由固阳县北面的东公此老、卜塔亥等公社和达茂旗的乌兰忽洞、古河子、新宝力格等公社，经桑根达来、巴音、乌兰、新忽热、川井巴音杭盖、思根诸公社，又经潮格旗的巴音前达宝门、宝音图和乌力吉公社，并从乌力吉公社西北穿越中蒙边界。这两条长城遗迹的位置和走向与《史记》《汉书》所记载的汉武帝"外城"一致。[21]《史记·匈奴列传》"武帝即位，明和亲约束，厚遇关市，饶给之。匈奴自单于以下皆亲汉，往来长城下"。[22] 汉武帝采取推恩令，解除了地方对中央的威胁，具有寻求和平合作、坚持平等相待、倡导开放包容、强调共赢共享方式维护多民族国家的鲜明特征，与多边主义强调的平等性、开放性、合作性等相互贯通。"初，北边自宣帝以来，数世不见烟火之警，人民炽盛，牛马布野。"[23] 竟宁元年（前33），王昭君出嫁匈奴呼韩邪单于，称宁胡阏氏。[24] 包头故地为王昭君出塞之路，从此中原的丝绸源源不断输入匈奴。《汉书·匈奴传》卷九十四下载，河平四年（前25），匈奴"正月遂入朝加赐锦绣缯帛二万匹，絮二万斤，它如竟宁时。"[25] 书奏，天子悟焉，……赐雄帛五十匹，黄金十斤。……单于又上书言："蒙天子神灵，人民盛壮，愿队五百人入朝，以明天子盛德。"上皆许之。元寿二年（前1），"单于来朝……加赐衣三百七十袭，锦绣帛三万匹，絮三万斤，它如河平时。"意思为：奏章上达，皇帝看过之后明白过来了，允许单于入朝拜见。赏赐给扬雄帛五十匹，黄金十斤。单于又上书皇帝说："承蒙天子神灵保佑，匈奴人民强壮众多，希望能允许我带五百人去朝见天子，以昭明天子的盛大仁德。"皇帝全都答应了单于的要求。元寿二年，单于来朝又加赐衣、锦绣等物资，这充分表达汉朝给予匈奴生活中的吃穿用度。[26]包头召湾汉墓出土"单于天降""四夷尽服"瓦当，其文字内容与汉代匈奴呼韩邪单于归附汉历史事件有关；"单于和亲"瓦当，应是为纪念昭君出塞而修建的纪念建筑遗物；"千秋万岁"瓦当形容岁月长久，秦汉之际被广泛应用，特别是汉代有大量"千秋万岁"的文字瓦当出现，广泛流传应该是一种社会折射现象，表露出各民族团结可以千秋万世永久长存的愿望。随着边疆地区的稳固，塞外边城的经济逐渐发展起来，军镇逐步向民镇过渡。民镇的出现就有管理、交通、商业、金融、手工业诸方面的一条龙链接发展。

汉长城除了在军事上有防御功能之外，还有预警功能、邮传功能、驻兵屯田、开发西域和保护交通大道"丝绸之路"的作用。西汉后期，边塞地区享有几十年的和平发展局面，边境开发达到了繁荣时期，成为手工业、商业、交通和贸易中心。汉代的外长城向北一直延伸至蒙古国境内，对促进中原与北方草原各民族经济文化的交流起到了积极作用，对发展西域诸属国的农牧业生产，促进社会的进步，特别是对打通与西方国家的交通，发展同欧亚各国的经贸、文化交流起了重要作用。

四、北魏长城与草原丝绸之路

包头北魏长城有两条，一条北魏长城南线，另一条北魏长城北线。南线在包头约有 40 千米，北线在包头约有 50 千米。以并列走向，两条长城相距 20 千米。包头的北魏长城位于达尔罕茂明安联合旗东南部的丘陵草原地带，均呈东北—西南走向。南线由四子王旗吉生太镇小沟子村西南部进入达尔罕茂明安联合旗境内，起自石宝镇五福堂村东南 4.5 千米处，经班不袋村东、毛忽洞村东、南茅庵村西、希腾海牧点西、毛浩日鄂日格嘎查西、乌兰敖包嘎查、巴音淖尔嘎查西北、善达嘎查、鄂黑乌苏西，始终沿着丘陵草原谷地行进，至希拉穆仁镇哈日乌苏嘎查西南 2.4 千米，为长城南线西南端点。境内全长 39 千米。北线由四子王旗吉生太镇西老龙忽洞西南进入达尔罕茂明安联合旗境内，起自达尔罕苏木农场村东北 1.9 千米处，经巴音陶勒盖、红井卜子牧点东，选择丘陵草原谷地行进；再经石宝镇公忽洞村西南、大圐圙村中、大井村西、巴拉它斯村中、羊盘壕村东南、幸福村西、石宝村西、鱼海滩村和盐房子村西，基本上是在草原与耕地交错的坡谷中蜿蜒穿行。止于石宝镇盐房子村西南

2.2 千米处，向南穿越 S104 省道柏油路，进入呼和浩特市武川县。境内全长 50 千米。[27]

　　北魏是鲜卑人拓跋珪建立的北方政权，是南北朝时期北朝第一个王朝。公元 386 年，鲜卑族拓跋珪称王，重建代国，改元登国，定都盛乐（今呼和浩特市和林格尔县），旋改国号为魏，史称北魏。[28] 北魏长城是我国历史上第一次由北方民族政权所修筑的长城。据史书记载和专家研究，北魏为防备北方草原上的柔然南下，以及南方其他割据政权的进攻，先后两次大规模修筑长城。第一次是公元 423 年。《魏书》：泰常八年"正月丙辰……蠕蠕犯塞。二月戊辰，筑长城于长川之南，起自赤城，西至五原，延袤二千余，备置戍卫"。[29] 第二次是公元 484 年。《魏书》：太和八年，中书监高闾建议："于六镇之北筑长城，以御北虏，虽有暂劳之勤，乃有永逸之益，如其一成，惠及百世。"[30] 在修筑初期起到了一定的防御作用，但作为单一的防线，无法长久地阻挡柔然，必须依托于军镇，构成统一的防御体系。于是，北魏在沃野、怀朔、武川、抚冥、柔玄、怀荒六镇设置了东西一线北魏镇戍，六镇间又修建起城墙，布局在阴山山脉以北。作为长城防线的支撑点和战略依托，形成一条点面结合的坚固防线。[31] 六镇不仅和北方长城共同构成北魏王朝抵御异族的防线，而且是北魏军队主力驻扎的主要地区之一，更是连接漠北与中原的重要关要，因此，这两条长城又称北魏六镇长城。[32] 怀朔镇古城遗址位于固阳县城东北约 35 千米处，是迄今发现的内蒙古西部地区规模较大的北魏古城遗址，也是北魏时期河套及阴山地区重要的政治军事重镇，被称为"六镇之首"。《魏书》记载，"甲辰，行幸阴山，观云川。丁未，幸阅武台，临观讲武。癸丑，幸怀朔镇。己未，幸武川镇。辛酉，幸抚冥镇。甲子，幸柔玄镇。乙丑，南还。所过皆亲见高年，问民疾苦，贫窭孤老赐以粟帛。丙寅，诏六镇及御夷城人，年八十以上而无子孙兄，……年八十以上，皆听还。"[33] 又记载，"延和初，车驾北伐，大千为前锋，大破虏军。世祖以其壮男，数有战功，兼悉北境险要，诏大千巡抚六镇，以防寇虏。"[34] 北魏接受汉化，重用汉族大臣，爱民如子，休养生息。但是北魏也一直提防着来自北方的威胁，设立六镇，修筑六镇长城。北魏皇始年间占领华北之后，一批军镇通过"盛简亲贤，拥麾作镇"路径产生。因为六镇太重要了，派往六镇的将领都是最亲近、最贤能的人，且高干子弟都要派往六镇去接受历练，只有在六镇历练之后才能回到中原为官，六镇就成为"官二代""富二代"的回翔之地、发迹之地。所以，当时在人们心目中就认为有了在六镇做官的经历，以后到中央就可以飞黄腾达。《魏书》云："九年春三月，帝北巡。使东平公元仪屯田于河北五原（包头），至于椆杨塞（怀朔镇）外。"[35] 登国九年（394）春，三月，拓跋珪到北巡视。他派东平公秦仪在黄河之北的五原（今包头）实行屯田，一直屯到椆阳塞外（今内蒙古包头市东南古城湾东）。《魏书》中记载，"命督屯田于河北，自五原至稒杨塞外，分农稼，大得人心。慕容宝之寇五原，仪蹑据朔方，要其还路。"[36] 拓跋珪命令秦仪在黄河以北督促屯田，从五原（今包头）到稒杨塞外（今内蒙古包头市东南古城湾东），分派人员实行农业生产，深得老百姓的心。慕容宝进犯五原（今包头）时，秦仪先悄悄地占领朔方（今包头固阳）拦截他的退路。垦辟土地，发展农业，自耕农民显著增加，带动农业、手工业都有发展，商业逐渐活跃起来，进一步促进北方各少数民族和汉族的融和。文化制度、社会生产等方面都向汉制靠拢。当时的五原（今包头）正是处于特殊地理位置，成为北魏政权的重要枢纽。所以北魏长城与村庄相互交错，很多村落沿长城而建。近些年有专家、学者在长城边上拾到过不同时期残损的生活用具、钱币和箭头之类的遗物，证明包头农业经济的发展为北魏统一北方奠定了坚实的经济基础。北魏长城在促进交通发展、经济文化交流、民族融合等方面发挥了独特的作用。

北魏六镇不仅和北方长城共同构成北魏王朝抵御外来的防线，而且是北魏军队主力驻扎的主要地区之一，更是连接北方与中原的重要通道。北魏通往北方有东道出喜峰口，西道出陇西，中道出包头故地五原塞。北魏时，草原丝绸之路直通西域，龟兹、疏勒、乌孙、悦般、鄯善、焉耆、车师、粟特等国都向北魏朝贡，同时将中原等地产的丝绸输往西域。在离怀朔镇不远的武川县乌兰不浪镇出土的罗马金币就是佐证。北魏时期设置的六镇中的怀朔镇在今包头市固阳县，它是连接中原与西北地区的重要通道。慢慢边境的繁荣和发展，促使北方民族与中原民族往来越来越密切，融洽到通商通婚，渐渐成为中华民族的一部分。而包头作为草原丝路中枢之地，成为多民族融合和经济文化交流的重要区域。

五、金长城（金界壕）与草原丝绸之路

包头的金长城位于达尔罕茂明安联合旗东南部，东北由乌兰察布市四子王旗红格尔苏木巴润包格代嘎查和日木进入达尔罕茂明安联合旗境内，起自达尔罕苏木哈沙图嘎查巴润苏牧点东北 0.6 千米处，经大井牧点西北、哈业忽洞、饲料地牧点西北、额尔登敖包嘎查，沿着宽阔的谷地穿行。中间经巴音布拉格、毛呼都格牧点西南、花敖包牧点西、石宝镇园房子村、坤兑滩新村西，横穿十余道起伏较小的草原谷地。再经南大井村、大阳湾村东、前白银不浪村和北鸡图村西，呈"S"形顺狭窄的地沟谷地穿越南部的低山丘陵农耕区。境内全长 58 千米。[37] 南北走向至九原区沙尔沁黄河边。1181 年，金在包头故地修南北金长城（金界壕），西为西夏占领，东为金军占领。《金史》中记载，女真建立金王朝后，为了防御北方草原另一支兴起的

游牧民族蒙古族的南进，修筑了一条军事防御长城：一部分在今内蒙古境内，东起呼伦贝尔市莫力达瓦达斡尔族自治旗，西至呼和浩特市武川县大青山北麓的长城；一部分在蒙古国境内，实际长度约 7000 千米。因长城内侧有墙，外侧有壕，又习惯称"金界壕"。[38] 金长城建筑形式既继承了历代长城因地制宜的特点，就地取土以土夯墙为主，又有别于历代其他长城，为外壕内墙，也有双壕双墙或前为副墙、后为主墙、中间是堑壕的。城墙上附筑烽燧、马面，靠墙内侧密置戍堡，布局严谨，便于防守。这种界壕、墙体、马面、边堡的建筑风格是金长城独具的特色。《金史·仆散揆传》："揆沿徼筑垒穿堑，连亘九百里，营栅相望，烽堠相应，人得恣田牧，北边遂宁"。[39] 因仆散揆是章宗承安四年（1199）二月升参知政事的，其筑垒穿堑之功当成于承安四年之前。

　　四子王旗、达茂旗境内的金长城，当年均由汪古部负责守卫。汪古，部族名，散居于阴山以北，辽、金时称为白达达。金章宗时，为金朝守净州以北边墙为汪古，因以为部名。成吉思汗侵金，汪古军为向导。[40] 汪古部首府在今敖伦苏木古城。汪古部受汉族影响较早，文化程度较高，成吉思汗统一蒙古各部并挥军准备南下时，汪古部主动归附蒙古，让开防守界壕，并帮助蒙古出征金朝、西夏、西域等地，故其首领极受成吉思汗信任，世代与成吉思汗的"黄金家族"保持通婚关系。1204 年，成吉思汗的三女儿阿剌海别吉嫁到汪古部（敖伦苏木古城）。阿剌海别吉曾为监国公主，其夫孛要合为赵武毅王，所以敖伦苏木古城谓赵王城。赵王城为当地中西经济文化交流的枢纽。在元朝统治时期，中国是当时最强大、最富庶的国家，西方各国的商人、旅行家、传教士来中国的络绎于途。[41] 包头市郊区沙尔沁阿都赖村出土的大量"乾祐元宝""天盛元宝"铁钱就证明榷场的存在。意大利人马可·波罗从威尼斯出发，经过两河流域、伊朗高原，沿丝绸之路至肃州（酒泉市）、甘州（张掖市）至天德州（土默川），进入赵王城，后沿草原丝绸之路至元上都（正蓝旗）。[42]《马可波罗行纪》记载，汪古部"并恃畜牧务农为生""有可制琉璃""微作工商""善为商贾""治此州者是基督徒"等。[43] 在敖伦苏木古城出土的大量建筑构件、石碑、石兽、景教墓顶石等文物，代表了中西文化交流的遗存，证实了《马可波罗行纪》的真实性。西辽与西夏、金有贸易往来，包头故地是金对西夏贸易的榷场，西辽贸易经草原丝绸之路至包头榷场转运至金。1985 年包头市固阳县画匠渠发现窖藏古钱币一瓮，约 500 余千克，窖藏铜钱保存良好，钱文绝大部分清晰。经清洗分类，共包括十二个朝代的 76 种年号和非年号钱。上起西汉，下迄元朝中期。其中，辽、夏、金、元四朝货币均有，品种达 9 种。[44] 说明北方少数民族除和汉族有经济贸易关系往来，各少数民族之间也有经济贸易关系往来，印证了包头的经济贸易一直特别活跃和广袤。1978年，包头达尔罕茂明安联合旗大苏吉乡明水村北侧山坡上，发现一处金元时期墓地，随葬品有金、银、铜、铁、玉石、陶瓷、桦树皮、丝织品等带有民族特色的一批精品文物。其中鹦鹉纹织锦风帽、紫色荷花纹缂丝靴套是北方民族风格服饰的式样。四合花纹"纳石失"辫线织袍，窄袖束腰，底襟、左下摆外夹层处及两个袖口为头戴王冠的人面狮身带有极强的中亚风格，"纳石失"是波斯语或阿拉伯语中"Nasich"的译音，意为"织金锦"，由此可以看到织金锦与北方乃至西北民族的联系，织金锦与西亚乃至西域的联系，反映出是丝路畅通才有这中西文化交流的产物。《辽史·天祚纪》记载："北行三日，过黑水，见白达达详稳床古儿。床古儿献马四百，驼二十，羊若干。西至可敦城，驻北庭都护府……"[45]黑水即今包头达尔罕茂明安联合旗东北艾不盖河。耶律大石经过阴山的白鞑靼（包头达尔罕茂明安联合旗汪古部）时，受到热情款待，特别是获得沙漠之舟的骆驼。历时数月，耶律大石终于抵达可敦城。后降服高昌回鹘王国、东西喀喇汗王朝、花剌子模，全盛时期，疆域东至蒙古的库拉河，西到中亚咸海，在丝绸之路上建立了强大的西辽，把中原文化传播到了中亚地区。

金界壕的防御和交通功能对北方地区至蒙古草原乃至俄罗斯、欧洲的通道起到了积极的作用，从而使丝绸、瓷器和皮毛等商品贸易向北、向西得到了拓展。辽金时期以金界壕为依托的贸易往来，说明包头故地当时是西夏对金的贸易权场。有了金长城的功能和城镇的依托，才会聚集更多的平民和商人移民北方，安居乐业。

六、弘扬丝路精神，推动文化经济繁荣

包头是北方游牧民族与中原农耕民族迥异的文化和习俗碰撞、相互交流融合的重要地区。来到包头行走在各个时期的长城之上，身临其境仿佛历史就在眼前，能深深触摸到历史脉动，感受到历史魅力。情不自禁诵读周大成《嘉峪关赋》："夫九衢同归，六气暗合，居丝路之要道，控商旅之往来。迎千乘之王侯，送万石之使节，出以银瓷、丝绸之珍器，入以玉石、奇草之异类，以播朝阙之恩德，以纳四夷之归心。"。包头处于横贯欧亚大陆的草原上，使草原丝绸之路东段得到开发和拓展。包头对开通和繁荣草原丝绸之路做出了巨大贡献。包头独特的地理位置，决定了它承载着东西方商贸、文化交流和民族融合的历史使命，为东西方文化的融会贯通做出了积极的历史贡献。包头的草原丝绸之路为多民族、多种族、多宗教、多文化的交汇融合地。在长期交往过程中，国家及地区之间形成了"团结互信、平等互利、包容互鉴，不同种族、不同信仰、不同文化背景的国家和地区可以共享和平、共同发展"的丝

绸之路精神。[46] 随着草原丝绸之路的兴起及东西方文化的交流和发展，包头在草原丝绸之路的地位日益彰显。这也是现代国际社会交往的最基本原则之一，是塑造国际政治经济新秩序的必然要求。总之，包头是一个多元文化交流、碰撞与融合的地方。所以，包头呈现出多元一体的文化发展特色，也使得包头各个时期的长城都体现出多种文化交流的特点，反映了包头这个地区宽厚、豁达和兼容并蓄的民族性格，在各个历史时期传承着中华民族历史上文化的辉煌。随着中国多边贸易以及"一带一路"的加速实施，使不同文化背景、不同宗教信仰的各国、各地区、各族人民的交流更为密切，为各种优秀文化和理念的传播提供了途径，也为跨越国界保护文化产业开辟了道路。伴随现代文明的进程，包头的古长城将作为古老的文化遗产得到更广泛的关注和保护。包头在草原丝绸之路上的作用会进一步凸显，将继续为草原丝绸之路的传播与发展做出更大的贡献。

注释

[1] 王大方：《草原访古》，呼和浩特：内蒙古大学出版社，2007 年版，第 22 页。
[2] 王大方：《草原访古》，呼和浩特：内蒙古大学出版社，2007 年版，第 28 页。
[3] 张贵：《包头史记》，呼和浩特：内蒙古人民出版社，2013 年版，第 13 页。
[4]《中国历史大辞典》，上海：上海辞书出版社，2007 年版，第 3543 页。
[5] 司马迁：《史记·匈奴列传》，北京：中华书局，2013 年版，第 2118 页。
[6] 黄瑞：《中国最古老的长城在石拐区》，《包头日报》，2020 年 12 月 7 日第 05 版。
[7] 内蒙古包头博物馆：《内蒙古包头博物馆馆藏文物集萃》，北京：文物出版社，2012 年版。
[8] 司马迁：《史记·蒙恬列传》，北京：中华书局，2013 年版，第 1764 页。
[9] 张贵：《包头史记》，呼和浩特：内蒙古人民出版社，2013 年版，第 15 页。
[10] 郑天挺等：《中国历史大辞典》，上海：上海辞书出版社，2007 年版，第 1299 页。
[11] 司马迁：《史记·秦始皇本纪》，北京：中华书局，2013 年版，162 页。
[12] 司马迁：《史记·蒙恬列传》，北京：中华书局，2013 年版，第 1766 页。
[13] 林幹：《试论王昭君艺术形象的塑造》，《内蒙古大学学报（哲学社会科学版）》，1996 年第 3 期。
[14] 张贵：《包头史记》，呼和浩特：内蒙古人民出版社，2013 年版，第 16 页。
[15] 郑天挺等：《中国历史大辞典》，上海：上海辞书出版社，2007 年版，第 2877 页。
[16] 班固：《汉书》卷六·武帝纪第六，北京：中华书局，2013 年版，第 200 页。
[17] 班固：《汉书》卷六·武帝纪第六，北京：中华书局，2013 年版，201 页。
[18] 班固：《汉书》卷二十八下·地理志，北京：中华书局，2013 年版，第 1620 页。
[19] 唐晓峰：《内蒙古西北部秦汉长城调查记》，《内蒙古大学学报（哲学社会科学版）》，1977 年第 03 期。

[20] 班固：《汉书》卷九十四下·匈奴列传第六十四下，北京：中华书局，2013 年版，第 3803 页。

[21] 唐晓峰：《内蒙古西北部秦汉长城调查记》，《包头史料会要》第一辑，内蒙古教育印刷厂，1985 年版，第 91 页。

[22] 班固：《汉书》卷九十四上·匈奴列传第六十四上，北京：中华书局，2013 年版，第 3765 页。

[23] 班固：《汉书》卷九十四下·匈奴列传第六十四下，北京：中华书局，2013 年版，第 3826 页。

[24] 郑天挺等：《中国历史大辞典》，上海：上海辞书出版社，2007 年版，第 2759 页。

[25] 班固：《汉书》卷九十四下·匈奴传第六十四下，北京：中华书局，2013 年版，第 3808 页。

[26] 班固：《汉书》卷九十四下·匈奴传第六十四下，北京：中华书局，2013 年版，第 3817 页。

[27] 苗润华：《达尔罕茂明安联合旗北魏六镇长城南北线》，内蒙古自治区文物考古研究所：《包头文化遗产》，北京：文物出版社，2014 年版，第 150 页。

[28] 郑天挺等：《中国历史大辞典》，上海：上海辞书出版社，2007 年版，第 113 页。

[29] 《魏书》卷三·太宗纪第三，北京：中华书局，2013 年版，第 63 页。

[30] 《魏书》卷五十四·列传第四十二·游雅 高闾，北京：中华书局，2013 年版，第 1201 页。

[31] 郭建中：《北魏泰常八年长城寻踪》，《包头文物考古论文集》，呼和浩特：内蒙古大学出版社，2009 年版，第 542 页。

[32] 魏坚：《北魏六镇城址的考古学观察》，《北魏六镇学术研讨会论文集》，呼和浩特：内蒙古人民出版社，2015 年版，第 16 页。

[33] 《魏书》卷七下·高祖纪第七下，北京：中华书局，2013 年版，第 174—175 页。

[34] 《魏书》卷三十·列传第十八，北京：中华书局，2013 年版，第 725 页。

[35] 《魏书》卷二·太祖帝纪第二，北京：中华书局，2013 年版，第 26 页。

[36] 《魏书》卷十七·列传第三·昭成子孙列传第三，北京：中华书局，2013 年版，第 371 页。

[37] 苗润华：《达尔罕茂明安联合旗金界壕》，内蒙古自治区文物考古研究所：《内蒙古文化遗产丛书：包头文化遗产》，北京：文物出版社，2014 年版，第 204 页。

[38] 郑天挺等：《中国历史大辞典》，上海：上海辞书出版社，2007 年版，第 1236 页。

[39] [元] 脱脱：《金史》卷九十三·列传第三十一·仆散揆，北京：中华书局，2013 年版，第 2068 页。

[40] 郑天挺等：《中国历史大辞典》，上海：上海辞书出版社，2007 年版，第 2697 页。

[41] 翦伯赞：《中国史纲要》下册，北京：人民出版社，1984 年版，第 133 页。

[42] [法] 沙海昂注，冯承钧译：《马可波罗行纪》第七十二章，北京：中华书局，2004 年版，第 263 页。

[43] [法] 沙海昂注，冯承钧译：《马可波罗行纪》第七十三章，北京：中华书局，2004 年版，第 265 页。

[44] 何林、王成俊：《固阳县画匠渠元代窑藏钱币》，包头市文物管理处编：《包头文物考古论文集》下，呼和浩特：内蒙古大学出版社，2009 年版，第 653 页。

[45] [元] 脱脱：《辽史》卷三十·本纪第三十·天祚皇帝四，北京：中华书局，2017 年版，第 355 页。

[46] 易华：《长城意识与丝路精神》，魏坚、武燕：《北魏六镇学术研讨会论文集》，呼和浩特：内蒙古人民出版社，2015 年版，第 159 页。

秦代修筑阴山北长城有关问题研究

方金良 *

摘要： 秦始皇三十三至三十四年（前214—前213）使将军蒙恬发兵三十万人北击胡，略取河南地，又渡河取高阙、阳山、北假中。蒙恬出兵占据这一区域，使秦国疆域进一步扩大，在原万里长城的基础上向北推进了约35千米。为了巩固新开辟的疆土，秦朝在阴山北麓新修筑长城，成为其北部疆域的界线。秦国这道长城建成后，成为其守护屯田的坚固防线，原来一直沿用的赵武灵王长城，已经远离边界线，失去了疆界的功能。目前，学者对秦代阴山北长城的研究较少。本文通过对阴山北长城的基本情况、史料、动用劳动力，以及必要性等方面分析，对阴山北长城的有关问题进行了探索，对学者进一步深入研究秦代阴山北长城具有一定的意义。

关键词： 秦长城；阴山北长城；长城研究

一、秦代阴山北长城的基本情况

蒙恬修筑的阴山北麓秦长城，全长450千米，东端在今呼和浩特市郊的坡根村与赵长城衔接，向北偏西方向翻越阴山武川的什尔登古城，沿大青山北麓至固阳春坤山、阿塔山北麓，再沿色尔腾山北麓西行，在乌拉特中旗海流图沿狼山南支的北麓而西，直到临河市北石兰计山口，从而在阴山北麓形成一道新的防线。

---

* 作者简介：方金良，包头市文化旅游广电局二级调研员。

其中现遗存最好的为包头市固阳县境内。固阳秦长城横穿固阳县中部，位于县城正北 7 千米处的色腾山坡上，东起银号镇长发城村东北的陈家村，西至西斗铺镇王如地村，总计长 96 千米，有烽燧 169 座，马面 4 座，障城 7 座。如此密集的防御工事在秦长城遗迹中是绝无仅有的，向世人展示了这段长城曾经的历史意义和价值。这 7 座障城由东向西分别是，长发城障城、坝根底障城、草地沟障城、碾坊障城、三份子障城、账房湾障城、赵碾坊障城。这是以长城墙体为主脉，烽燧亭障城塞为前哨，郡县布防为后盾的完整的军事防御体系。

固阳段秦长城墙体多以黑褐色厚石片垒砌，建于山峦的阴面半坡上，在石料丰富的山地一般为石筑，在低山、坡势较缓地带采用石土混筑方法，两侧垒砌石头，中间填以土石，山隘谷口及平川地带采用夯土建筑。现存长城墙体剖面呈梯形，外（北）高内（南）低。固阳秦长城基本包括了秦长城所有建筑类型，专家称之为"秦长城博物馆"。固阳秦长城保存较为完好的有：银号镇天盛城长城、金山镇康图沟长城、西斗铺段长城。长城墙体雄伟，烽燧高大，气势磅礴。其中，康图沟秦长城城墙外侧 5 米高，内侧 2 米高，顶宽 2.8 米，底宽 3.1 米。我国著名建筑学家、长城专家罗哲文先生曾说："我们确认该长城是公元前 214 年秦始皇派大将蒙恬修筑的，而且是我国现存至今秦代长城中保存最完好的一段。……固阳秦长城是我国早期长城的典型代表，是中华民族灿烂文化的一个亮点。"

二、史料分析证明秦新筑了阴山北长城

我们能收集到的最原始记载战国时期秦国和秦朝修筑长城的主要文献有《史记·秦始皇本纪》《史记·蒙恬列传》《汉书·匈奴传》《水经注》等，现列如下：

1. 秦昭王时，《史记·匈奴列传》：

> 义渠戎王与宣太后乱，有二子。宣太后诈而杀义渠戎王於甘泉，遂起兵伐残义渠。於是秦有陇西、北地、上郡，筑长城以拒胡。[1]

2. 秦始皇二十六年（前 221），《史记·秦始皇本纪》：

> 东至海暨朝鲜，西至临洮、羌中，南至北向户，北据河为塞，并阴山至辽东。[2]

3. 秦始皇二十六年，《史记·蒙恬列传》：

> 秦已并天下，乃使蒙恬将三十万众，北逐戎狄，收河南。筑长城，因地形，

用制险塞，起临洮，至辽东，延袤万余里。[3]

4. 秦始皇三十二年（前 215），《史记·秦始皇本纪》：

燕人卢生使入海还，以鬼神事，因奏录图书，曰"亡秦者胡也"。始皇及使将军蒙恬发兵三十万人北击胡，略取河南地。

5. 秦始皇三十三年，《史记·秦始皇本纪》：

西北斥逐匈奴，自榆中并河以东，属之阴山，以为三十四县，城河上为塞。又使蒙恬渡河取高阙、阳山、北假中，筑亭障以逐戎人。西谪实之初县。

6. 秦始皇三十三年，《汉书·匈奴传》：

后秦灭六国，而始皇帝使蒙恬将十万之众北击胡，悉收河南地，因河为塞，筑四十四县城临河，徙適戍以充之。而通直道，自九原至云阳，因边山险堑溪谷可缮者治之，起临洮至辽东万余里。又度河据阳山北假中。[4]

7. 秦始皇三十四年，《史记·秦始皇本纪》：

適治狱吏不直者，筑长城及南越地。

8. 汉武帝元朔二年（前 127），《汉书·匈奴传》：

汉武帝遣车骑将军卫青"出云中以西……于是汉遂取河南地，筑朔方，复缮故秦时蒙恬所为塞，因河而为固"。

从以上八条最原始的史料来看，秦国以及秦朝共三次修筑长城，后来汉武帝时期重新修缮。一是秦昭王时在陇西、北地、上郡一带修筑了长城，这是战国秦长城，西起临洮东至今内蒙古托克托附近的黄河之滨，这是秦国的西北外边，后秦朝因边境的开拓，遂转为内边；二是秦始皇二十六年统一天下后修筑的万里长城，也是中国历史上第一条万里长城，即"筑长城，因地形，用制险塞，起临洮，至辽东，延袤万余里"，这条长城主要修复并连接了战国时秦、赵、燕三国的长城；三是秦始皇三十三至三十四年使将军蒙恬发兵三十万人北击胡，略取河南地后新筑的长城，"又使蒙恬渡河取高阙、阳山、北假中，筑亭障以逐戎人"，这就是横亘于巴彦淖尔市境内狼山和包头市固阳县境内色尔腾山的长城。这里的"亭障"即代指长城，已为史界共识，不再赘叙。

三、从动用劳动力分析，秦完全有修筑这段长城的可能

阴山北长城，地形复杂，且多行于崇山峻岭，因而任务十分艰巨。据《秦代军事史》作者统计，当时修建长城的军队大约有50万，从内地征发的民夫也大约有50万，总计投入修筑长城的直接人力不少于100万人。

动用如此多劳力，感觉有点不切实际。但司马迁曾亲身游历秦代长城，在《史记·蒙恬列传》的结语中说："吾适北边，自直道归，行观蒙恬为秦筑长城亭障，堑山堙谷，通直道，固轻百姓力矣。"意思是说，我到北方边境，从直道返回，沿途实地观察了蒙恬为国家修筑的长城和边塞堡垒，挖掘山脉，填塞深谷，贯通直道，本来就是不重视百姓的人力物力啊。

《水经注·河水》中，引晋杨泉《物理论》说："始皇使蒙恬筑长城，死者相属，民歌曰：'生男慎勿举，生女哺用脯，不见长城下，尸骸相支柱'"[5]。意思是生了男孩也不要养活他了，生了女孩用（男人的）干肉喂她就行了，你看那长城下面，都是用白骨作的支撑呀！深刻地反映了秦代人民反对征戍徭役的激愤情绪。也由此可知，秦代劳动人民为了修建万里长城，付出了巨大的牺牲和代价，这也是秦王朝灭亡短命的重要原因吧。蒙恬自杀时也说"我的罪过本来该当死罪啊。起自临洮接连到辽东，筑长城、挖壕沟一万余里，这中间能没有截断大地脉络的地方吗？这就是我的罪过了。"于是吞下毒药自杀了。这些记述应该是指秦修筑万里长城的情景，但"又使蒙恬渡河取高阙、阳山、北假中，筑亭障以逐戎人"，没有更多的史料记载。本文从《汉书·匈奴列传》"而始皇帝使蒙恬将十万之众北击胡""又度河据阳山北假中"的记述估计，这次修筑阴山北长城动用十万人力是可能的。

《魏书·高闾传》对北魏时期修长城的工程量有过统计，认为，"计六镇东西不过千里，若一夫一月之功，当三步之地，三百人三里，三千人三十里，三万人三百里，则千里之地，强弱相兼，计十万人一月必就"[6]。意思是，六镇重镇的防线，东西不超过一千里，如果一人一月能筑三步长的城墙，一百人就是三里长，一千人三十里，一万人三百里，那么千里的长度，强弱互助，估计十万人一个月时间就能建成。

修筑秦长城难度远大于北魏长城，但秦新筑仅450千米。关于垒砌秦长城的用工问题，笔者走访了固阳秦长城修复的工人，他们说：垒石方，两人合作最好，一天能垒16立方米，一个人垒8立方米没问题，也就是说每天每人垒砌石头长城2米左右。阴山北长城东西约为90万米，就按10万人力来计算，每人修筑9米。按工人说的5天左右就完工了。但山地修筑长城，难度较大，再加上修筑烽燧、障城等，同时考虑生产工具落后等因素，这段长城最多也有三个月的时间就大功告成了。尽

管《史记·秦始皇本纪》记载，秦始皇三十四年"适治狱吏不直者，筑长城及南越地"，我们看出秦始皇三十四年还在修长城，但从动用劳动力角度考量，修筑阴山北长城主题工程在秦始皇三十三年已经基本完成了。

四、从必要性分析，秦必须修筑阴山北长城

一是开拓疆土的需要。秦始皇三十三至三十四年使将军蒙恬发兵三十万人北击胡，略取河南地后新筑长城，"又使蒙恬渡河取高阙、阳山、北假中，筑亭障以逐戎人"，蒙恬出兵占据这一区域，使秦国疆域进一步扩大，在原万里长城的基础上向北推进了约35千米。在阴山北麓修筑长城，成为其北部疆域的界线。这道长城建成后，秦人原来一直沿用的赵武灵王长城，已经远离边界线，失去了疆界的功能。二是巩固疆土的需要。秦万里长城西段是秦昭王时在陇西、北地、上郡一带修筑的长城，属战国秦长城，西起临洮东至今内蒙古托克托附近的黄河之滨，这是当时秦国的西北外边，后秦朝因边境的开拓，遂转为内边。同时，其时匈奴主力依然盘踞于阴山一线，黄河北岸、阴山北线的边防线上既无险可守，更没有防御工事，北边防线暴露于匈奴主力铁骑之下，秦朝非常有必要修筑新的防线守护北边。三是军事屯田的需要。阴山北长城沿线及阴山南麓为河套地区和黄河流域，具有优越的农业生产条件。战国时赵武灵王时期曾"命吏大夫奴迁于九原"实行屯垦。秦朝军队利用河套和阴山南麓优越的农业生产条件，膏壤植谷，实行屯田，就地筹粮，减省转运之费，解决边防驻军的粮食供给问题，从而增强了边防战备的军事力量。而秦修筑长城成为其守护屯田的坚固防线。

注释

[1] 司马迁：《史记·匈奴列传》，北京：中华书局，1982年版。
[2] 司马迁：《史记·秦始皇本纪》，北京：中华书局，1982年版。
[3] 司马迁：《史记·蒙恬列传》，北京：中华书局，1982年版。
[4] 班固：《汉书·匈奴传》，北京：中华书局，2005年版。
[5] 陈桥驿译注，王东补注：《水经注》，北京：中华书局，2009年版。
[6] 魏收：《魏书·高闾传》，北京：中华书局，2018年版。

从赵长城到宁武关

刘淮南[*]

摘要：从文献记载来看，赵国的北长城有二，分别为赵肃侯时期和赵武灵王时期所筑。尽管一些学者否认赵北长城的存在，但是对一些文献的无视显然是令人遗憾的。至于内长城线上的宁武关，因为其战略地位，从建关以后在整个明代发挥了重要的作用。

关键词：赵北长城；宁武关；阳方口；管涔山

一

关于赵长城是否存在于如今的恒山、雁门关、宁武、岚县一带，学术界一直存在着争议。就此方面的相关观点来看，认为雁门关、宁武、岚县一带有赵长城的依据往往是地方志、民间传说等。比如，乾隆版《宁武府志》就有记载："在楼子山上有古长城遗迹，明正德中兵备张凤翅立石山下，曰：'紫塞长城'。或疑为六国赵时所筑之旧。"[1] 在另一处又提到："战国赵肃侯筑长城，尽赵北界。"[2] 而且，在谈到五寨时也说："五寨县有东西紫砦村，称'紫塞长城'。山上有筑凿处，人莫知其。自《岢岚州志》云：州北一里许俗呼其地为长城梁，传是秦蒙恬筑，一云

---

[*] 作者简介：刘淮南，忻州师范学院中文系教授，从事文学理论和中国古代文化研究。

赵武灵王筑。明嘉靖间……掘地得石刻，其文曰：'隋开皇元年赞皇县丁夫筑'。以此按之，则五寨县长城旧址当亦隋时所筑也。"[3] 虽然，就后一记载看，五寨、岢岚的长城应该是隋代所筑，但是，为什么民间又有着赵长城的说法呢？很可能是周边也有过赵长城，以至于一些人张冠李戴、移花接木，将本地的隋长城也与周边的赵长城联系起来，从而说明其历史悠久。

不过，大家都知道，现在我们看到的地方志，基本完成于明清期间，其中不少内容往往采用民间传说或者是推测，可靠性难免受到怀疑，自然，有的学者认为恒山、雁门关、宁武、岚县一带并没有赵长城。比如，刘溢海《雁门关恒山一线真的有战国赵长城吗？》一文就根据"最权威"的《中国历史地图集》、长城专家罗哲文的《长城》、高旺的《内蒙古长城史话》等著作，认为雁门关恒山一线不存在赵长城[4]。

确实，如果仅仅依据地方志的有关记载，证明恒山、雁门关、宁武、岚县一带有过赵长城是难以服人的。同样，依据现代人的一些著作否认恒山、雁门关、宁武、岚县一带有过赵长城也不见得就可以说明问题。也就是说，更早的、更需要注意的文献显然是离不开的。

这里，我们可以先拿出明人尹耕在《九宫私记》中的说法："余尝至雁门，抵岢、石，见诸山往往有铲削处，逶迤而东，隐见不常。大约自雁门抵应州、蔚州、东山三涧口，诸处亦然。问之父老，则云古长城迹也。夫长城始于燕昭、赵武灵，而极于秦始皇。燕昭所筑自造阳至襄平，赵武灵所筑自代并阴山高阙，始皇所筑起临洮历九原、云中至辽东，皆非雁门、岢、石、应、蔚之迹也。及读史，显王三十六年，有赵肃侯筑长城事。乃悟盖是时三胡尚强，楼烦未斥，赵之境守，东为蔚应，西则雁门耳。故肃侯所筑以之。则父老所谓长城者，乃肃侯之城，非始皇之城也。迨武灵既破胡，则并阴山下至高阙为塞。始皇既并天下，则起临洮至辽东，延袤万余里所保者大，则所城者愈远也。"对于尹耕的观点，顾炎武的解释是："盖赵肃侯尝备三胡筑长城矣。岚州紫塞，此长城殆赵肃侯所修筑与？"[5] 就此口气来看，既没有肯定，但也没有否定。可是，在另一处再次提到岚州紫塞时，顾炎武的说法却是："赵肃侯备三胡，筑长城矣。岚州之塞，或肃侯之故，而汉所谓武州塞也。"[6] 这里，显然又是肯定了赵肃侯在北方修筑长城的事实。

不过，尹耕和顾炎武为明人或者明清人，而且，肉眼所见加上想象推测的时间也未必确切。就此，我们还可以再拿出产生于西汉时期桓宽《盐铁论·险固篇》的说法："魏滨洛筑城，阻山带河，以保晋国。赵结飞狐、句注、孟门以存邢、代。"[7] 需要说明的是，"飞狐"口，在今河北省蔚县南涞源县北。而"句注"，即雁门。孟门山，在今河南省辉县西。邢，在今山西省河津市。显然，赵国为了保卫它的领土而利用几处天险修筑了军事工程，自然，客观上也说明这些军事工程具有一定的、初步的长城性质。而"飞狐、句注"恰恰就是恒山、雁门关一线。同时，这些长城当然又并不是赵武灵王修筑的。至于这个修筑长城的领导人，应该就是赵肃侯了。如果说，"魏滨洛筑城，阻山带河"与《史记·秦本纪》中的"魏筑长城，自郑滨洛以北"[8]相符而值得相信的话，那么，"赵结飞狐、句注、孟门"同样也是对当时事实的叙述而需要承认。而飞狐、句注再向西延伸，就是宁武、岚县了。当然，这个延伸是否存在？《盐铁论·险固篇》没有说，我们也就只能是推测而已。

到此，还需要提到《史记》的有关记载。《赵世家》介绍：赵敬侯八年（前379），"拔魏黄城"。[9]赵肃侯十七年（前333），"围魏黄，不克。筑长城"。其中两次涉及的"黄"为魏国的城邑。至于所筑长城，张守节《正义》的解释是"赵长城从蔚县北西至岚县北，尽赵界。又疑此长城在漳水之北，赵南界。"[10]显然，考虑到赵国与魏国当时的位置，这一长城应该在赵国的南部。不过，《正义》中的前一句客观上又恰恰透露出了赵国的另一条长城，即从蔚县北西至岚县北赵国的北长城。而这在实际上也正好是对上面所提《盐铁论·险固篇》中"赵结飞狐、句注"的肯定和具体化。至于《宁武府志》中"战国赵肃侯筑长城，尽赵北界"的说法显然是对张守节《正义》中意思的复述。到了赵武灵王时，经过胡服骑射，赵国的军事实力大大增强，不仅消灭了中山国，"迁其王于肤施"[11]，而且，"北破林胡、楼烦。筑长城，自代并阴山下，至高阙为塞。而置云中、雁门、代郡。"（《史记·匈奴列传》）[12]而这里所说的"长城"究竟是上述的"从蔚县北西至岚县北"一线？还是从河北宣化经过山西大同再内蒙兴和一线？或者是其他？学术界依然存在争议。另外，《史记正义》曾经引用《括地志》云："赵武灵王长城在朔州鄯阳县北。案：《水经》云：'白道长城北山上有长垣，若颓毁焉，沿溪亘岭，东西无极，盖赵灵王所筑也。'"[13]可见，这段长城同样不在今大同以北。如果按照《史记正义》的说法，北部的赵长城应该有两条线路：赵肃侯时期修筑的和赵武灵王时期修筑的。另外，就是联系到后来李牧镇守雁门郡和代郡的实际来看，同样难以定论。李牧的活动轨迹主要在赵孝成王和赵悼襄王时期，距离赵武灵王"北破林胡、楼烦。筑长城"已近百年。司马迁在叙述李牧如何防御匈奴直到最后大破匈奴的过程中，仅有"谨烽火"一词与今天的长城体系有关，而在其他篇目中多次出现的"长城"字样并没有出现在对李牧的介绍中。这样说的意思是，如果当年赵武灵王修筑的长城在河北宣化经过山西大同再到内蒙兴和一线，那么，李牧的防御体系中应该很好地利用这一重要的军事工程，司马迁的叙述中也应该对之有所提及，然而，我们却始终看不到对这方面内容的涉及。显然，这一带的长城当时应该是不存在的，或者说，除了传递军情的烽火台外，作为防御性质的长城墙体是没有的。而且，李牧在大破匈奴的同时，还"灭襜褴，破东胡，降林胡"（《史记·廉颇蔺相如列传》）[14]，换句话说，当年被赵武灵王打败的林胡，部分逃跑到了更北的内蒙古一带，到李牧时期，才算是彻底投降了。可见，赵国的北长城很可能是在"从蔚县北西至岚县北"一线，如尹耕所说，是赵肃侯为了防备三胡所修筑。自然，说宁武和岚县一带有过赵长城并非毫无根据。

还应该看到，宁武的战略地位是客观存在的，是由大同、朔州进入忻定盆地和太原盆地的重要通道。再后来阳方口、大水口一带长城的设施和宁武关的创建充分说明了这一点。由此反推当年赵肃侯和赵武灵王修筑的长城是在这一带，也不是没有道理。

更重要的是，就笔者所见，在否认"从蔚县北西至岚县北"一线存在赵长城的说法中，始终没有提及《盐铁论》中"赵结飞狐、句注"的说法，这显然是难以说明问题的。比如，上述刘溢海《雁门关恒山一线真的有战国赵长城吗？》一文曾经间接援引了叶小燕《中国早期长城的探索与存疑》的有关内容，并以此作为"赵肃侯北长城实际上是根本不存在的"证据。然而，认真拜读叶小燕的原文，作者在谈到赵北长城时，根据文献、考古和人们的争议，觉得"这就给长城考古提出了甄别任务：在这一地带曾否筑有赵长城？它和明内长城的关系如何？"[15]文中不仅没有下否定赵肃侯北长城的结论，显然也没有提到《盐铁论》中的说法。而由此作为"赵肃侯北长城实际上是根本不存在的"的证据，实在难以成立。换句话说，依据并不全面的材料不可能得出符合实际的结论，至于将别人的观点予以修改从而迎合自己的取向，这种不够实事求是的做法只会导致越来越混杂的局面。

至于借助考古回答赵肃侯北长城是否存在，还面临一个问题：这个赵肃侯北长城是否存在着能够被考古的可能？或者说，时间的久远是否使得今人能够找到当年考古的对象？甚至可以说，当年规模不大、无法与再后来的长城相比的赵肃侯北长城（应该是以夯土为主）是否早就被自然和人类消磨得不留痕迹了？这些同样是存在的问题。

二

大家知道，"长城"一词在战国时期的青铜器和竹简上就已经出现。不过，更早期的关于长城的说法同样存在。比如，《淮南子·时则训》中就提到：在"立冬之日，……天子始裘，命百官谨盖藏。命司徒行积聚，修城郭，警门闾，修楗闭；

慎管禽，固封玺，修边境，完要塞，绝蹊径"[16]。到十二月，"颛顼、玄冥之所司"的北方之极，因为属于"冻寒积冰、雪雹霜霰、漂润群水之野"，所以颛顼"其令曰：申群禁，固闭藏；修障塞，缮关梁；禁外徙，断罚刑"[17]。这里，作为传说中的五帝之一也是人文始祖之一的颛顼，由于分管北方，而北方又处于农耕民族与游牧民族的相交地带，在一定时期自然需要"修边境，完要塞"，需要"修障塞，缮关梁"。而这里的"塞"作为边界，作为关口，在其上面修筑一定的防御设施，一方面阻隔游牧民族的内徙，另一方面也防止中原农耕民族的外迁，所以，完全可以将之看作长城的早期形态，或者说，后来的长城正是在此雏形的基础上逐步发展和完善起来的。虽然，颛顼之令我们不必信以为真，很可能是《淮南子》的作者假托的。但是，早于战国时期，人们就有了防范意识，就在自己的势力范围内构筑"院墙"，是完全可能的。这样，也就有了《周易·坎·象》的"王公设险以守其国"。就此方面，我们还可以举出其他例子。比如，《墨子·亲士》中有"怨结于民心，谄谀在侧，善议障塞，则国危矣"。[18]此处的"障塞"只是限于言路方面，与军事防御无关。而《管子·幼官》："障塞不审，不过八日而外贼得闲"[19]就已经与军事防御相关了。桓宽《盐铁论·本议》："先帝哀边人之久患，苦为虏所系获也；故修障塞，饬烽燧，屯戍以备之边。"[20]则完全指的是军事防御。到了《史记·匈奴列传》中又有这样的记载：太初四年（前101），"汉使光禄徐自为出五原塞数百里，远者千余里，筑城障列亭，至庐朐，而使游击将军韩说、长平侯卫伉屯其旁，使强弩都尉路博德筑居延泽上"。同一年的秋天，"匈奴大入定襄、云中，杀略数千人，败数二千石而去，行破坏光禄所筑城列亭鄣"。[21]《新唐书·列传·突厥上》也有："《易》称：'王侯设险以固其国。'筑长城，修障塞，所以设险也。赵简子起长城备胡、燕，秦亦筑长城限中外，益理城堑，城全国灭，人归咎焉。"[22]将"修障塞"与"筑长城"并列，也说明"障塞"是长城之始祖。

可以说，正是有了颛顼时期的"障塞"和春秋战国时期列国的"院墙"，才有了后来气势宏伟的秦汉长城，有了其他朝代不断修筑的长城，也有了再后来更为完善、牢固的明代长城。而山西省的外三关作为长城线上的明珠，也就显得分外耀眼。其中的宁武关又不能不使人予以重视。她不仅是赵长城的后代，也是明代太原镇中路防卫的重要关口。

在谈到宁武关之前，还需要提一下楼烦关。《隋书·炀帝纪》说到：大业三年北巡，"癸巳，入楼烦关。壬寅，次太原。"[23]而《元和郡县志·河东道三》介绍"静乐县"时说："楼烦关，在县北一百五十里。"从其所说的具体位置看，应该就是今天宁武的阳方口一带。或者说，明代边墙巍峨、城堡完备的阳方口即隋朝楼烦关的所在地。

只不过，因为当时的具体形势，并没有使得它如明代时那样重要并显赫。

这里还应该谈到北朝时期修筑的长城。北朝立国初期，尔朱羽健因为战功突出被封于秀容（今岚县），由于尔朱羽健觉得秀容离首都平城（今大同）有些远，拓跋皇帝就将秀容的地盘划到朔州一带，这样也就有了南、北秀容。在这个时间段，汾河流域是安定的。而北朝的东魏和北齐虽然存在时间短暂，但是在修筑长城方面却又不遗余力。据《北齐书·神武下》记载：东魏武定元年（543），"八月辛未，魏帝诏神武为相国、录尚书事、大行台，余如故。固辞乃止。是月，神武命于肆州北山筑城，西自马陵戍，东至土隥，四十日罢。"[24] 这里的"神武"即后来的北齐高祖神武皇帝高欢。"马陵戍"在今五寨县东部、静乐县北部的管涔山北麓，"土隥"即后来的土隥寨，在今原平市崞阳镇北。《宋史·地理志》：崞县"有楼板、阳武、石峡、土隥四砦。"[25] 可见，这一长城经过了宁武县和原平市（原崞县）境内。不过，从其现存遗址来看，经过宁武县时是在西南的余庄乡一带，离宁武关城还有不到10千米。

而到了北齐，更是前后兴工7次，共修筑了5道长城。其中，天保五年（554）"十二月庚申，车驾北巡，至达速岭，亲览山川险要，将起长城。"[26] 可以说，这是为了后来的筑长城进行考察和准备。就"达速岭"来说，一般认为在今朔州平鲁区（原平鲁县）西北，可是《神池县志》在"黄花岭堡"的说明中写到："位于县城南6.5千米黄花岭上。黄花岭又名摩天岭、达速岭。北齐天保五年修筑。"[27] 另外，《宁武府志》也说："黄花岭一名摩天岭，高齐之世所称达速岭也。"[28] 如果按照这一说法，则达速岭在今朔州平鲁区（原平鲁县）西南。而不管是西北还是西南，"黄花岭堡"肯定是那个时间段所筑。到了天保六年（555），"发夫一百八十万人筑长城，自幽州北夏口至恒州九百余里。"[29] 显然，这段长城没有修到今天的神池。但是，就上面《神池县志》中"黄花岭堡"的介绍而言，当年北齐长城虽然没有修筑到神池一带，却也修筑了城堡，说明这一带的战略地位同样引起了重视。到隋朝出现的"楼烦关"，同样印证了这一点。而天保七年（556）开始修筑的长城与后来的内长城有关。这一年，"库莫奚、契丹遣使朝贡。修广三台宫殿。先是，自西河总秦戍筑长城东至海。前后所筑，东西凡三千余里，六十里一戍，其要害置州镇凡二十五所。"[30] 不难想到，这一道三千余里的长城并不是一次性就完成的，天保七年完成的只是一部分。而且，这一长城不仅利用了北魏"畿上塞围"的西段，也利用了上述东魏的肆州长城。其中，"西河总秦戍"之"西河"应该是北魏"西河郡"之沿袭，郡治在今山西汾阳。而"总秦戍"的位置，在山西兴县西北、保德西南一带的黄河岸边。所以，由黄河边的"总秦戍"出发，这道长城经过岚县、岢岚、五寨、宁武、原平、山阴、代县、应县、浑源、广灵进入河北省蔚县、涿鹿县最后进入了北京门头沟、昌平地区。也就是说，这段长城依然在宁武关城的南面。这样再来看尹耕《九宫私记》所说的赵武灵王长城，如果存在过，也正好被利用了。或者说，当年可能有过的赵北长城的具体线路客观上成为这一北齐长城的借鉴和选择。

到了隋代，同样前后修筑过长城7次，隋文帝4次，隋炀帝3次。大业三年（607）秋七月："发丁男百余万筑长城，西距榆林，东至紫河，一旬而罢，死者十五六。"[31] 从"西距榆林，东至紫河"的"紫河"来说，发源于朔州。由此可见，这段长城尽管"绵亘千里"，可是在朔州就停止了。也就是说，虽然朔州一带作为宁武的外围屏障一直受到人们的重视，但是宁武关所在地的重要性在隋朝依然不是那么凸显。尽管如此，隋炀帝既然几次到天池又到汾阳宫，楼烦关（阳方口）的存在和那一带的防范还是不容忽视的。至于宋代，宁武的分水岭（天池一带）成为宋辽的分界线，阳方口和宁武关一带又为辽朝所据。此时，宁化军的设置使得宁化的重要性突出。

金元之际，宁化依然是各方看重的地方。金大定二十二年（1182），升宁化军为宁化州。元成宗大德五年（1301），在宁武、山阴一带屯田。特别需要注意的是，元文宗天历元年（1328），"治险阻，自雁门、崞及岚、武大涧诸处，皆穿堑垒石以为阨塞，调丁壮守之。"[32] 一般认为，元朝没有必要修筑长城，因为他们没有防范的对象。但是上述的"穿堑垒石以为阨塞，调丁壮守之"，显然又是明显的军事防御工程。

三

宁武关战略地位的凸显主要是在明代。我们知道，明朝虽然将元朝打出了中原，但是，逃到内蒙古一带的元朝势力依然存在，而且他们并不甘心自己的失败，经常组织部队入侵。同时，在管涔山（五寨、岢岚一带）还有元朝宗室四大王的残余势力盘踞。不过，明朝势力也在逐步增强。洪武二年（1369），都督汪兴祖等取得武、朔二州。同年，筑宁化守御千户所，并且筑偏头关长城，从老营丫角墩至老牛湾，由总兵王玺经纪之。洪武三年（1370），四大王寇武州，被太原指挥程贵等打败并且擒其三大王。洪武五年（1372），增筑宁化城。同年，延安侯唐宗胜帅千户唐成等剿灭四大王的余部。洪武七年（1374），设镇西卫于岢岚。洪武十一年（1378），立宁化所守御千户都指挥。

到此，应该提到顾炎武《天下郡国利病书》中对管涔山战略地位的介绍："芦芽一山，崔嵬挺拔，高出云霄，尖似芦芽，而磅礴纡回，雄踞中原。宁武、朔州处北麓，忻州、崞县处东麓，岢岚、五寨处西麓，岚县、静乐处南麓。而山之左与盘道梁等山襟带相连。曩时林木参差，干宵蔽日，遮障胡虏，俨然天险长城。……追惟达置之初，堪破全晋之形胜，以为中有宁武关，东有雁门关，西有偏头关，皆通贼路口、中外咽喉之地，故设兵御备屯军戍守，有如山木荡然而屏翰尽撤，则白登以南、并州以北，何处非胡马长驱之路？"[33]正因为管涔山如此的地位，康基田在《晋乘蒐略》中称之为："全晋第一崇山。"[34]

至于宁化所，开始隶属山西都司，后来隶属宁武。同时，宁化堡有四：石壩、榆会、川湖和大峪屯。此外，还有十四个兵寨：马镇山、吴家沟、小横沟、牛心、三岔、定河、葱园、杨房、子房、石佛、细窑、灰窑、石家、贺家屯。这些堡寨均为宁化所的羽翼。由此也不难看出宁化在当时的重要性，因为此地正好遏制着管涔山中元朝残余势力的出入。

我们知道，在明朝设立的九边重镇中，大同镇和太原镇均在山西省内。其中，大同镇主要防范云中和朔州，太原镇主要面对东胜和河套。洪武二十三年（1390），改筑偏头关，置守备守关。宣德四年（1429），置镇守总兵，驻偏头关（或曰"偏头关总兵官"），提督军务，都督李谦上任，领左右中三营，每营兵三千，共设兵一万多人。成化十八年（1482），罢总兵，置分守参将。弘治十四年（1501），罢参将，置协守副总兵官，行事视镇守总兵。到嘉靖二十年（1541），又将副总兵重新升格为总兵，并移驻宁武关，以老营参将驻偏头关。

对于宁武关城的创建时间，有两种说法：一说是洪武二年，一说是成化二年（1466）。两种说法可能均来源于《宁武府志》。前者说："洪武二年……置偏头关后置宁武关。"[35]后者又说：成化二年，"设宁武关，筑偏头长城，起老营丫角墩至老牛湾二百四十里，号为二边，总兵王玺经纪之。"[36]这里，我们无法确定《宁武府志》的两种说法为什么不能前后一致。

其实，就宁武关的创建时间，《明史·地理志二》介绍"崞县"时说得很清楚："又西北有宁武关，有宁武守御千户所，景泰元年置。又有八角守御千户所，嘉靖三年八月置。又西南有芦板寨巡检司。又西北有杨武峪、吊桥岭、胡峪北口三巡检司。"[37]顾祖禹《读史方舆纪要》在"宁武关"条下也说："景泰元年创筑今关，东去代州百七十里，西去岚县百六十里。成化中增修。"[38]景泰元年是1450年，在成化二年之前。宁武关据于雁门关和偏头关中间，旧有宁文堡。到景泰元年筑城，说明了当时对此地边防守卫的重视。初建的宁武关：城方四里，高三仞，厚二仞，门楼三，至成化元年讫土。隆庆四年（1570）时又加筑宁武关城："周九里十三步，高三丈六尺，据险扼吭，屹为保障。"就设立宁武关，巡抚都御使李侃曾经建言："宁武北临云、朔，西带偏、保，最为冲要。请设关置守备。"[39] 于是，沿用了辽朝宁武军的旧名而命名为宁武关。后来，在弘治年间巡抚都御使侯恂的建议下又设置守御所。守御所共辖堡十二：东为大河、阳房、朔宁；北为神池、大水口、利民；西北为黄花岭、土棚、义井；西为宁文、二马营；西南为西镇。新筑的宁武关城与原来的宁文堡互为犄角，扼守着西部山区的险要。这样，宁武关与雁门关、偏头关作为外长城的三个重要关口，成为拱卫太原的门户。到了成化中期，在代州设立雁门道，督理三关等地的防务。嘉靖年间，因为三关之间距离遥远，管控不便，又设立偏宁道，后又将偏宁道改为岢岚道，驻偏头关，再后来又设立宁武道。正德八年（1513），"筑长城，东起浑源，西至宁武，因山为险，凡四百余里。第二年，复筑长城，起老营之石庙至石梯墩七十里，号为三边。布政陆奎、兵备张凤羾等主之，凡三关增堡十八，增墩三十有九，增料甲士民兵至两万人。"[40] 嘉靖十三年（1534），都御使任洛自雕窝梁至达达墩筑边八里二百二十步，均以石砌。尽管如此，从阳方口而里，藩篱还是不够。由于阳方口处于朔州大川的冲要，是通往忻定盆底和静乐、岚县等地的要路。嘉靖十八年（1539），在都御使陈讲看来，旧有的长城不足以作为屏障，何况其中不少地方已经毁坏，于是，"寻王野梁废绩修复之，东起阳房，经温岭、大小水口、神池、荞麦川，至八角堡，悉筑长城，凡百八十里，且筑且剧，土石相半，外为壕堑。二十三年，都御使曾铣谓边墙高厚弗称雁门，乃复增筑之。盖三关中路之备，于是称壮焉"。[41]

不难看出，到嘉靖二十三年（1544），整个阳方口一带的长城达到了最为辉煌的时期，这也意味着，整个宁武关的防御体系在三关中毫不逊色，山西镇中路的防备确实可以称得上"壮焉"。

而胡松的《阳方堡筑城记》就整个工程的申报原因、民工来源、施工过程等方面做了叙述："西蜀陈公讲既受上命，提督三关兼巡抚山西地方，乃言于朝曰：'山西雁门、宁武、偏头诸关，为国重镇，东起代之平型岭，西暨保德河曲地，东西延袤，千有余里。而宁武关之阳方口，东西长可八十里，适当朔州大川之冲，平衍夷漫，虽数十万骑，皆可成列以进。臣查山西诸路民壮，可得万余。忻、代、五台诸郡邑，榷金岁得数千，不足则取诸太原所部吏民赎锾。费不伤乎正额，老不及于齐民，齐筑之便。'上下齐奏兵部，兵部议如公无异。乃以雁门兵备副使王镐察奸经费，都司署都指挥同知王松、太原府同知邢伦总督工程，其下文武百执事，并选廉慎而有干者使摄之。经使嘉靖十九年之春三月，毕工明年之夏六月。起阳方口，迄八角堡之野猪沟，老营堡之丫角墩，土筑惟半，余则斩山之崖为之，计长三万三千一十余丈，可百八十里。无论土石，并高二丈有奇，下一丈五尺，上广七尺，加四尺为女墙，可骑以驰，可敌以击。墙外壕堑，深广之度，略如，墙中增敌台四十三座，暖铺五十五间，暗门五座，重楼三座，护水堤台称之，包筑流水沟洞百十二处。后中丞刘公臬代，奉廷议属予与参政张君子立规计工事，补筑东路三百里，按察使金事赵君瀛补筑西路黄河堧百五十里。"[42] 就此方面，明代曾任山西布政司右参政的张子立还有《阳方口堡》诗一首："龙沙北望接三关，十万旌干虎豹闲。隰地风烟临晋水，连营烽火动燕山。行边总镇劳推毂，成算朝廷重转圜。黠虏早闻牧马去，将军新自射熊还。"

可以说，宁武关的完成和阳方口长城的完善，不仅使得太原镇中路的防御体系更上层楼，也使得长城外三关步入了一个相对辉煌的时期。尽管如此，蒙古人的入侵依然不断，阳方口、宁武关并未成为牢不可破的铜墙铁壁。比如：

嘉靖二十一年（1542），谙达入代州，三关不支，纵略太原、潞安。

嘉靖二十八年（1549），敌由朔州入至王野梁，副总兵丁璋、游击周宇战殁，随后深入太原。

嘉靖二十九年（1550），谙达掠兴、岚。此时的河套之地已经为蒙古人占据，过河就是兴、岚，而偏头关更是其出入门户。

嘉靖三十一年（1552），谙达数万骑突入神池、利民诸堡，总兵李涞率游击李良臣、丘升等迎战于野猪沟，驱之出境。

同年，罢各地马市。八月，谙达犯偏头关，至宁武、雁门尽略而还。

嘉靖三十二年（1553），谙达大举入寇，掠代州、朔州以及宁武、岢岚，所至骚然。

嘉靖三十九年（1560），谙达自阳方口入犯忻州、原平、石岭关，复由此地出。

直到隆庆议和之后，明朝与蒙古差不多二百年的对峙状态才算结束。不过，虽然明朝与蒙古的对峙结束了，而明朝修筑长城的步伐却并没有停止，外三关一带同样。比如，万历二年（1574），改筑偏关城，兵备道移驻偏头关。万历三年（1575），在洪武七年的基础上修筑广武陉。万历四年（1576），增修神池堡。等等。

而到万历二十年（1592），蒙古河套部又来入犯，被明朝军队击退。面对河套部入侵的复发，当时朝廷命令兵部尚书郑洛经略山西和陕西的边防事物，并派大员视察。尤其是赵彦任岢岚兵备道后，遍历所部，掌握了山川险易、防守要领，同时调整将领，修理城堡，准备粮草，加强备战。因为有了上述积极备战，边境一时间算是安定下来。

再后来，因为天灾，更因为李自成农民军在陕西省的起事，不仅山西省，全国也陷入了混乱。而到清朝建立后，长城的作用已经基本不存在，宁武关城也不再是明朝那样的防御性城堡，而成为了清朝宁武府的所在地。

注释

[1]《宁武府志》,《中国地方志集成·山西府县志辑（11）》,南京：凤凰出版社,2005年版,第135页。

[2]《宁武府志》,《中国地方志集成·山西府县志辑（11）》,南京：凤凰出版社,2005年版,第139页。

[3]《宁武府志》,《中国地方志集成·山西府县志辑（11）》,南京：凤凰出版社,2005年版,第158页。

[4] 刘溢海：《雁门关恒山一线真的有战国赵长城吗？》,《山西长城》,2021年总第30期,第10—14页。

[5] 顾炎武：《天下郡国利病书》,上海：上海古籍出版社,2012年版,第1815、1961页。

[6] 顾炎武：《天下郡国利病书》,上海：上海古籍出版社,2012年版,第1822页。

[7]《诸子集成》8,上海：上海书店,1986年版,第52页。

[8] 司马迁：《史记》,北京：中华书局,1982年版,第202页。

[9] 司马迁：《史记》,北京：中华书局,1982年版,第1798页。

[10] 司马迁：《史记》,北京：中华书局,1982年版,第1802页。

[11] 司马迁：《史记》,北京：中华书局,1982年版,第1813页。

[12] 司马迁：《史记》,北京：中华书局,1982年版,第2885页。

[13] 司马迁：《史记》,北京：中华书局,1982年版,第2886页。

[14] 司马迁：《史记》,北京：中华书局,1982年版,第2450页。

[15] 叶小燕：《中国早期长城的探索与存疑》,《文物》,1987年第7期,第41—49页。

[16]《诸子集成》7,上海：上海书店,1986年版,第81页。

[17]《诸子集成》7,上海：上海书店,1986年版,第85页。

[18]《诸子集成》4,上海：上海书店,1986年版,第11页。

[19]《诸子集成》5,上海：上海书店,1986年版,第44页。

[20]《诸子集成》8,上海：上海书店,1986年版,第1页。

[21] 司马迁：《史记》,北京：中华书局,1982年版,第2916页。

[22] 欧阳修、宋祁等：《新唐书》,北京：中华书局,1975年版,第6023页。

[23] 魏征等：《隋书》,北京：中华书局,1973年版,第70页。

[24] 李延寿：《北齐书》,中华书局,1983年版,第22页。

[25] 脱脱等：《宋史》,北京：中华书局,1977年版,第2133页。

[26] 李延寿：《北史》,北京：中华书局,2003年版,第252页。

[27] 杨向东：《神池县志》,北京：中华书局,2018年版,第1053页。

[28]《宁武府志》,《中国地方志集成·山西府县志辑（11）》,南京：凤凰出版社,2005年版,第49页。

[29] 李延寿：《北史》,北京：中华书局,2003年版,第253页。

[30] 李延寿：《北史》，北京：中华书局，2003 年版，第 254 页。
[31] 魏征等：《隋书》，北京：中华书局，1973 年版，第 70 页。
[32]《宁武府志》，《中国地方志集成·山西府县志辑（11）》，南京：凤凰出版社，2005 年版，第 142 页。
[33] 顾炎武：《天下郡国利病书》，上海：上海古籍出版社，2012 年版，第 1866 页。
[34] 康基田：《晋乘蒐略》，太原：山西古籍出版社，2006 年版，第 2012 页。
[35]《宁武府志》，《中国地方志集成·山西府县志辑（11）》，南京：凤凰出版社，2005 年版，第 34 页。
[36]《宁武府志》，《中国地方志集成·山西府县志辑（11）》，南京：凤凰出版社，2005 年版，第 144 页。
[37] 张廷玉等：《明史》，北京：中华书局，1974 年版，第 961 页。
[38] 顾祖禹：《读史方舆纪要》，北京：中华书局，2005 年版，第 1859 页。
[39] 康基田：《晋乘蒐略》，太原：山西古籍出版社，2006 年版，第 2152 页。
[40]《宁武府志》，《中国地方志集成·山西府县志辑（11）》，南京：凤凰出版社，2005 年版，第 144 页。
[41] 康基田：《晋乘蒐略》，太原：山西古籍出版社，2006 年版，第 2200 页。
[42] 康基田：《晋乘蒐略》，太原：山西古籍出版社，2006 年版，第 2309—2310 页。

长城建筑与文物研究

文物保护区划划定技术探索

——以《河北省明长城保护规划》保护范围及建设控制地带区划标绘方法为例

张建勋[*]

摘要： 在编制《河北省明长城保护规划》过程中，以长城资源调查数据库为基础，通过与测绘部门协作获取最新的地理信息数据，应用现代测绘技术，在对原公布的保护区划进行研究的基础上，依据现有长城资源调查和认定工作成果，针对河北省明长城的文物本体分布状况、价值和特色及遗存可能分布区等特点，适应新时代城镇化和社会经济发展需求，对已划定和公布的长城保护区划进行调整，以保护明长城遗产环境的真实性、完整性及延续性。

关键词： 长城；保护区划；地理信息数据；标绘方法

河北省明长城线路绵长，种类齐全，布局严整，建筑精美，是长城中最重要、最壮观、最精华、最具典型性和代表性的地段。明长城空间分布主要有两条：一条从山海关老龙头开始，依燕山山脉，先向东北，在抚宁县锥子山与辽东镇长城交汇后折而向西，经秦皇岛、唐山，过天津市境，再经承德，过北京市境后，经张家口

---

[*] 作者简介：张建勋，河北省文物与古建筑保护研究院院长，国家文物局重点科研基地（清华大学）河北工作站站长。

与山西省、内蒙古自治区接边；另一条从怀来县的陈家堡起始，依太行山脉自北向南，经张家口东南部、保定、石家庄、邢台至邯郸，纵贯冀西山区，进入山西境内。这两条长城分别属于明长城九镇即所谓"九边"之中最重要的两镇：蓟镇和宣府镇〔包括嘉靖三十年（1551）于蓟镇管理范围内增设的昌镇和真保镇〕，在中国长城体系中占有举足轻重的地位，关堡、单体建筑数量居全国首位，包砖长城墙体居全国第一，墙体长度名列全国第二。

中华人民共和国成立以来，河北省委、省政府对辖区长城一直非常重视，20 世纪 80 年代，省文物局曾组织专门队伍对明蓟镇、宣府镇长城重点地段进行过较为全面的调查，但由于长城规模大、时间跨度长、空间分布广、类型多样、地理环境僻远、保存状况复杂、保存条件恶劣，明长城资源总体情况一直不太清楚。2005 年，经国务院批准，国家文物局正式启动长城保护工程。2006—2010 年，河北省全面开展长城资源调查工作，彻底摸清了省内明长城家底，建立了长城资源调查数据库，并通过国家文物局认定。

一、河北省明长城保护区划现状及问题

（一）现状

河北省明长城共涉及秦皇岛、唐山、承德、张家口、保定、石家庄、邢台、邯郸等 8 个设区市 40 个县（市、区），明长城资源由四种类型构成[1]，其中长城墙体 1123 段，空间量测长度 1338.63 千米（平面投影长度为 1246.905 千米），单体建筑（敌台、烽火台、马面等）5352 座，关堡 273 座，相关遗存 159 处。

为贯彻《中华人民共和国文物保护法》等法律、法规的要求，落实长城保护责任，进一步加强

河北省明长城分布图

长城的保护和管理工作，1991年12月，河北省政府公布了长城保护范围及建设控制地带[2]。其中，保护范围划定标准为：城墙均以城墙基外缘为基线，向两侧各外扩 50 米；独体设施（如烽燧、敌楼、战台、关隘等）均以其基础外缘为基线，四周各外扩 50 米。建设控制地带划定标准为：城墙均以保护范围边线为基础，向两侧各外扩 100 米；独体设施（如烽燧、敌楼、战台、关隘等）均以其基础外缘为基线，四周各外扩 100 米。

截至 2012 年底，河北省明长城所涉及的 40 个县（市、区）中，只有 10 个县（市、区）按照省政府通知公布并划定了保护区划，分别为山海关区、抚宁县、卢龙县、青龙县、迁西县、遵化市、兴隆县、宽城县、宣化县和易县，其余 30 个县（市、区）未全面落实保护区划的公布和划定工作。

（二）存在的主要问题

虽然河北省部分县（市、区）划定了长城保护区划，但是在长城遗产构成、时空范围、价值与特色、本体保存现状及与环境关系均没有搞清楚的前提下，公布的保护范围及建设控制地带较为笼统和概念化，仅仅是一种临时性的管控措施，与长城遗产本体与环境实际情况不符。

明长城涉及的 40 个县（市、区）保护区划尚未全面划定和公布，已划定和公布的 10 个县（市、区）保护区划也达不到保护遗产真实性和完整性的要求，不适应新时代保护管理和社会发展的实际需要，不利于长城本体与环境的整体保护，因此需要对已公布和划定的保护范围及建设控制地带进行调整。

二、河北省明长城保护区划标绘方法新探索

为有效保护河北明长城遗产的真实性、完整性和延续性，科学、合理、适度地发挥明长城遗产在城镇发展和现代化建设中的积极作用，根据国务院批准的《长城保护工作工程（2005—2014 年）总体工作方案》[3]中关于编制长城保护规划工作的要求和《长城保护条例》[4]实行保护规划制度的规定，河北省从 2012 年开始编制《河北省明长城保护规划》。在编制过程中，根据已划定和公布的保护区划存在的问题，结合长城遗产本体与环境的价值和特点，对已划定和公布的保护区划进行了调整，以保证保护区划的科学性及可操作性。

河北省长城原有的保护区划由文物部门划定，划定方法比较机械、单一，没有结合地形地貌特点采取灵活的标绘方法。为解决这个问题，河北省古代建筑保护研

究所与河北省地理信息局协作开展保护区划标绘方法的研究工作。结合基础地理信息数据，叠加测绘专业处理技术，双方通过外业调绘与内业判读相结合的工作方案，完成了长城遗产本体及环境的空间认定，在此基础上，结合地理要素等地形地貌特点实现了区划标绘。主要工作内容包括：资料收集、地理环境分析、区划标绘、控制点测绘等。

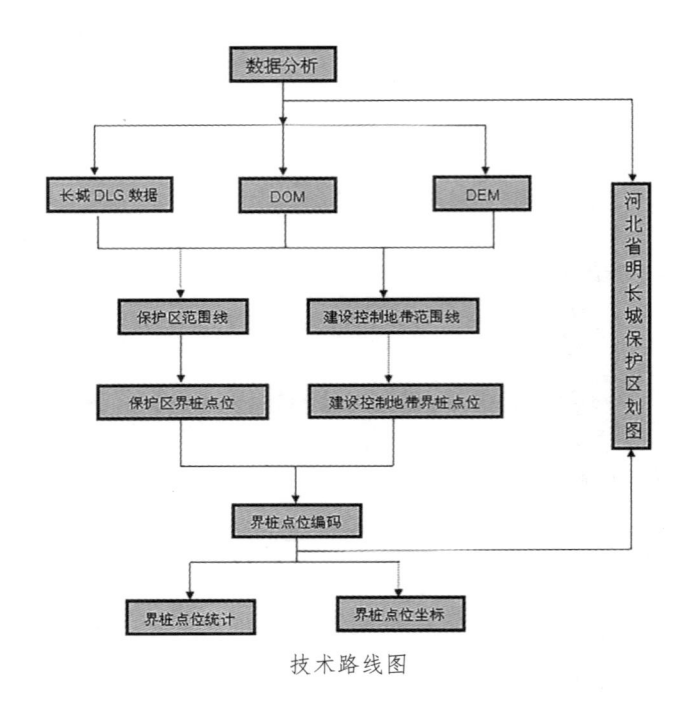

技术路线图

（一）获取基础地理信息数据

根据河北省地理信息局已有的基础地理信息数据，明长城分布图以2010年生产的分辨率为0.5米的航拍影像为主要数据源，以2014年分辨率为2米的卫星影像为辅助数据源，共涉及1∶10000分幅数字正射影像图700余幅[5]。

（二）按照现代测绘技术确定技术路线

在已有的航摄影像基础上，通过数字正射影像图和数字高程模型的叠加，恢复立体量测模型，查看长城的墙体、城堡、关隘、烽火台、敌楼等所在位置，在三维模型上通过山体阴影来初步判断地形的变化，再用数字正射影像图来细划分保护范围及建设控制地带。在保护范围及建设控制地带范围线上挑选相应的点位作为界桩点[6、7]，并对界桩点进行规则编号，生成相应的坐标信息表。

（三）文物专家定性与测绘专业人员定量相结合

长城测量 DLG（数字线划图）是保护规划的基础底图。根据河北省明长城空间分布广、类型构成多样、保存状况复杂等特点，河北省古代建筑保护研究所专业人员与省地理信息局专业人员进行了专业协作和分工，采取文物专家定性与测绘人员定量相结合的技术路线，古建专业人员将外业长城资源调查的卫星定位数据、长城属性整理及审核后，提交测绘专业人员认定，在此基础上，编制完成长城测量 DLG 原始数据。

1. 长城 DLG（数字线划图）数据坐标转换

将原有的长城测量 DLG 原始数据成果进行坐标转换，由西安 1980 坐标系转换为 2000 国家大地坐标系。

2. 划定长城保护范围线

以保证遗产本体和环境的真实性、完整性和安全性为原则，根据地形地貌特征对河北省明长城的保护范围进行了调整。长城本体周边环境无地上建筑物、构筑物的地段，保护范围原则上按照外扩 50 米划定，如有房屋应尽可能避让；位于山脊或山头上的长城墙体、单体建筑、关堡及相关遗存，保护范围原则上按照外扩 50 米划定。

（1）长城墙体等线状主体保护范围的划定

山区：墙体到山脚的距离一般在 2 千米左右的，以长城主线到山脚为界，作为保护范围（山脚有路的应尽量沿路）；如果超过 2 千米且山体连绵不断，则沿长城主线外扩 50 米作为保护范围。

平缓地区：如果没有其他建筑物，一般沿长城主线外扩 50 米作为保护范围，

长城墙体保护范围图

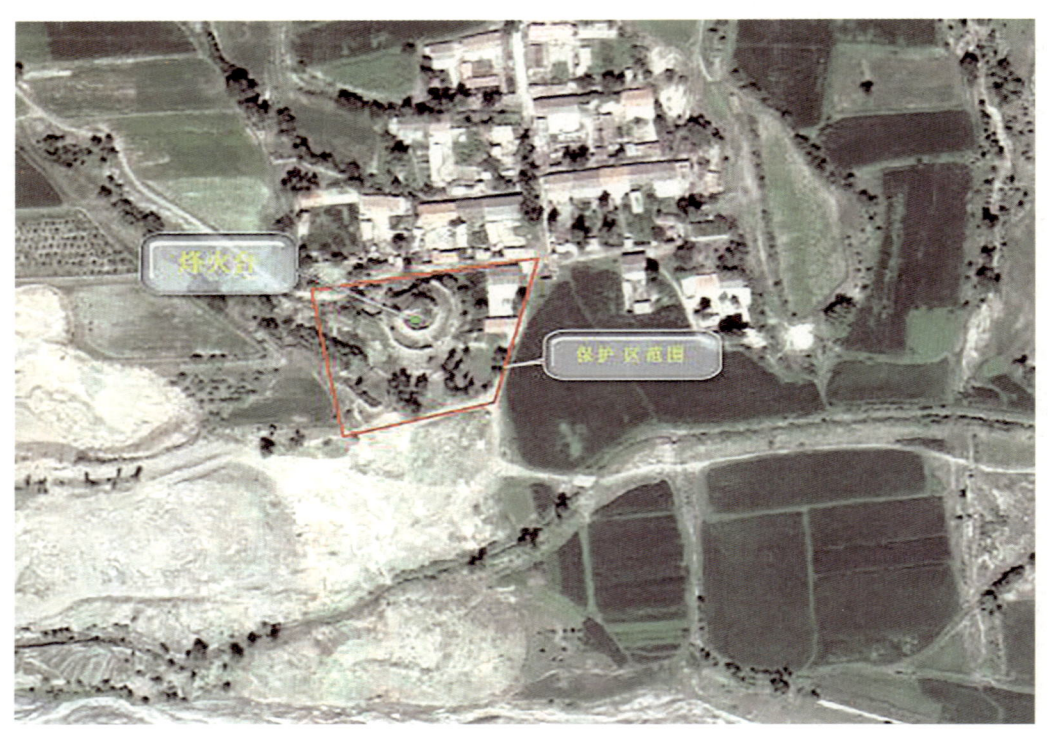

单体建筑保护范围图

关堡保护范围图

如果有路的尽量沿道路的边缘划线。如果墙体主线附近有房屋建筑的，尽量沿街道划定保护范围，且保护范围应尽量避让房屋。

（2）单体建筑保护范围的划定

山区：如果山体较小，则以山脚为界，包围整个山体；如果山体较大，则沿单体建筑外扩50米为界作为保护范围，保护范围界线应尽量平行于山体。

平缓地区：如果四周没有其他建筑的，则以单体建筑外扩50米为界；如果附近有路，则以路为边界，保护范围边界尽量与路平行；如果附近有村庄，尽量外扩50米后选择距离较近的街道为保护范围边界。

（3）关堡保护范围的划定

如果城墙附近是房屋建筑的，则找到距城墙较近的街道，沿该街道划定保护范围界线，尽量避让房屋。如果城墙附近无其他建筑，则外扩50米作为保护范围；如外扩50米附近有河流和道路的，应沿道路边线或河流边线划定保护范围界线。

（4）其他特殊情况

墙体和烽火台距离较近或烽火台依墙而建的，应将两类资源打包划定保护范围界线。保护范围界线选取原则与墙体等线状本体保护范围界线要求一致。

3. 划定建设控制地带范围线

以充分尊重遗产价值和本体环境为原则，根据地形地貌特征重新调整建设控制地带范围线。长城本体周边环境无地上建筑物的地段，建设控制地带范围原则上应在保护范围的基础上外扩100米，如有路则沿道路划定，如有房屋应尽量避让房屋（方法同上）；位于山脊或山头上的长城墙体、单体建筑、关堡及相关遗存，原则上以长城所处山体脚线为建设控制地带范围线，保证遗产载体及环境的真实性和完整性。

（四）长城保护范围及建设控制地带范围界桩点位的选取与编号

在保护范围及建设控制地带范围线上，沿范围线设置控制点。控制点一般选在拐角处或有特征起伏的地方。编码依据如图：

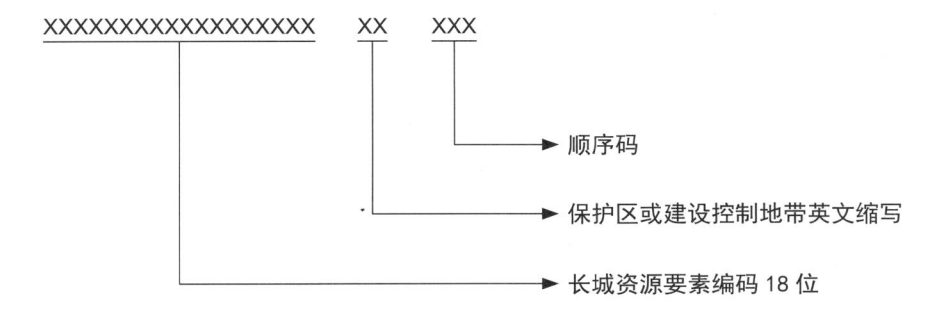

```
XXXXXXXXXXXXXXXXXX  XX  XXX
                         │
                         └─► 顺序码
                     └─────► 保护区或建设控制地带英文缩写
└──────────────────────────► 长城资源要素编码18位
```

长城保护范围及建设控制地带范围编码图

秦皇岛市明长城保护区划图

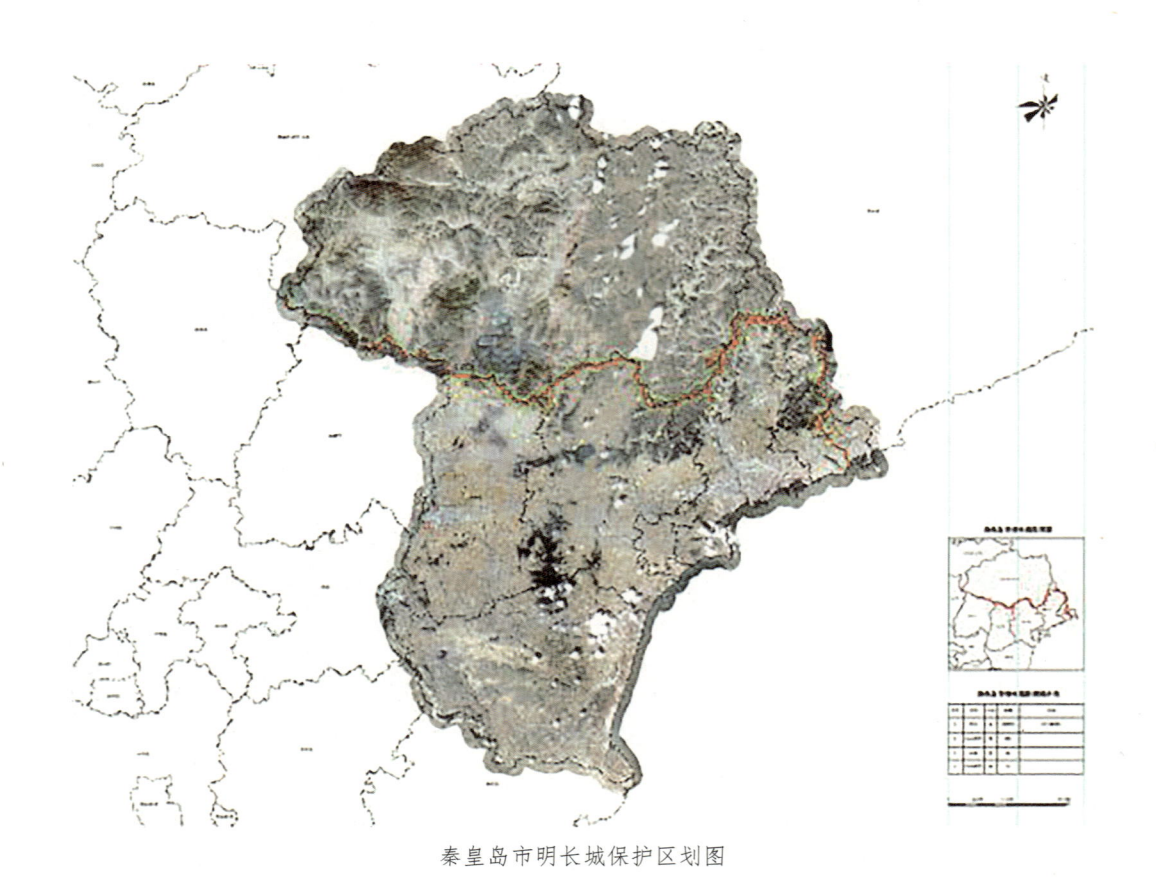

（五）绘制保护区划图

河北省明长城保护区划图包含省、市、县、重点地段共四级，由明长城资源统计表、分布图及保护区划图三个部分组成。

首先，根据已有的全省 DOM，依市界及县界外扩 2000 米裁切，产生新的 DOM；其次，根据已有的长城资源统计表，填写保护区划图上的长城资源统计表；再依据原始的长城 DLG 数据制作出明长城分布图；最后，结合原始数据及现有成果，生成明长城保护区划图。

（六）保护界桩点位统计表及坐标点位

以省、市、县（区）为单位，分别统计界桩点位个数，并计算 X、Y 坐标。经过两个单位通力合作，完成了上述工作，获得了如下数据成果：

1. 长城图幅对应情况。

2. 河北省明长城资源统计表。

3. 河北省明长城界桩点位统计表。

4. 河北省明长城界桩点位坐标信息表。

5. 河北省明长城保护区划图。

区划图以省、市、县（区）、重点地段为单位制作。图上内容包含图名、图号、图例、图廓线、明长城资源统计表、明长城分布图、保护范围线颜色、建设控制地带范围线颜色、原始长城资料等。河北省明长城保护区划图成果共112幅，其中省级1幅，市级8幅，县（区）级40幅，重点地段或代表性地段63幅。

三、河北省明长城保护区划调整成果特点

通过河北省明长城保护规划编制，我们在长城资源调查数据库的基础上，通过与测绘部门协作获取最新的地理信息数据，应用现代测绘技术完成了已划定和公布的保护区划调整工作。区划调整成果具有以下几个方面特点：

1. 规划底图数据源最新，精度高，清晰度高，延展性好。

2. 区划调整与划定工作与省地理信息局深度合作，在编制过程中，广泛征询了文物保护专家以及住建、测绘、环境等方面的专家或学者的意见，邀请了中国建筑科学研究院历史所、天津大学建筑学院等相关单位的专家与学者进行了专题研讨，共同研究和制定了区划调整技术路线。

3. 突破了文物保护规划区划划定的传统思路和方法，充分结合长城本体及环境地理要素，三维划定保护范围及建设控制地带范围线。

4. 区划划定具有前瞻性，区划成果为今后的文物保护与管理工作提供了数据平台和支撑。数据可以周期性更新，为后期监控、多部门合作、动态检测等管理工作奠定了基础。

5. 以地理的视角划定区划范围，数据真实，未来使用广泛、便捷，规划一经批准，可进入政府公共信息平台，可以为政府决策及公众提供咨询或检索服务。

注释

[1] 国家文物局、国家测绘局：《长城资源调查工作手册》，2007年。

[2] 河北省政府：《关于印发〈河北省国家级、省级文物保护单位保护范围及建设控制地带〉的通知：冀政〔1992〕9号》，1992年。

[3] 国家文物局：《长城保护工程（2005—2014 年）总体工作方案》，2005 年。

[4] 国务院：《长城保护条例》，2006 年。

[5] 中华人民共和国国家质量监督检验检疫总局、中国国家标准化管理委员会：《国家基本比例尺地形图分幅和编号：GB/T 13989-2012》，北京：中国质检出版社，2012 年版。

[6] 中华人民共和国国家质量监督检验检疫总局、中国国家标准化管理委员会：《数字测绘成果质量检查与验收：GB/T 24356-2009》，北京：中国标准出版社，2009 年版。

[7] 中华人民共和国国家质量监督检验检疫总局、中国国家标准化管理委员会：《地理空间数据交换格式：GB/T17798-2007》，北京：中国标准出版社，2007 年版。

见微知著

——长城新知钩沉民族精神与智慧[*]

李哲　张梦迪　伍小敏　张玉坤　李严[**]

摘要：长城是中华民族的精神图腾，但多年以来，对长城的价值诠释主要依靠历史文献梳理以及政策、经济、人文领域等的阐述与辩论。针对建筑遗存研究不够细化，使得空间载体与价值诠释脱钩，前者对后者的支撑作用不显著；对细节的研究不足也导致长城形象的扁平化、单调化，地域特色蒙尘。当前在全线图像连续采集和"图像+三维数据"的支撑下，明长城的各类防御设施及其尺度、材质、构造、形态等特征得到量化统计和跨地域比较、家族化梳理，从而可以更深入探求明代长城选址规划、设计建设、修缮戍守的鲜活原貌、历史场景，并从中抽取内含的民族精神、技艺智慧、雄韬伟略。此种针对实物遗存细节"见微知著"的研究新视角能够将长城资源掌控、内涵价值认知推向深入，并有利于解决长城形象扁平化、扎堆重复建设、破坏性修缮等普遍性问题。

关键词：长城细节；全线图像；跨地域统计；资源挖掘；价值阐释

---

[*] 课题项目：国家自然科学基金项目（51878439、51878437、51908179）；文化和旅游部重点实验室课题（20180508）；教育部人文社科青年基金课题（17YJCZH095）；河北省社科基金课题（HB19YS036）。

[**] 作者简介：李哲，天津大学建筑学院特聘研究员、博士生导师、文化和旅游部重点实验室副主任。张梦迪，天津大学建筑学院博士研究生。伍小敏，武汉大学城市设计学院硕士研究生。张玉坤，天津大学建筑学院教授、博士生导师、文化和旅游部重点实验室主任。李严，天津大学建筑学院副教授、博士生导师、文化和旅游部重点实验室副主任。

一、长城价值阐释的增长点与实施瓶颈分析

"不到长城非好汉"——毛泽东《清平乐·六盘山》（1935）。自长征时期开始，长城就已经作为鼓励指战员斗争精神的地标性文化遗产。红一方面军历经爬雪山、过草地等艰难困苦，在翻越高峻的六盘山之后就到达国民党政权统治力量较弱、相对安全的沿长城耕牧交错带。长城的烽燧、城池、墙体高耸山巅，作为最明显的地理、方位标志物，是引领部队行军的天然标记，也是抵御外侮的精神象征，所以成为革命精神和价值意义的实物载体。这种价值在解放战争、国家建设等不同阶段都起到相近的精神寄托与民族图腾作用。所以长城在各地遗产中是最早被作为外交活动空间载体（1954）、最早公布为全国重点文物保护单位（1961）、第一批列入世界文化遗产名录（1987）。

长城的地位是近代以来举世公认的，但是近百年以来的长城价值阐释主要依靠历史等学科的研究资料与成果，阐释形式主要依靠文字描述宏观时空层面的历史过程；长城实物遗存与历史叙事内容的关联并不紧密，究竟有哪些长城实物遗存，分别反映怎样的智慧与精神其实一直是不清晰的，这一问题集中体现在2012年以前。当时长城总长度、长城资源总量还是未知数，对长城实物遗存的信息掌控长期以来处在模糊、非量化的阶段，当然难以从考古、文物建筑等领域对时空叙事起到应有的支撑作用。国家长城资源调查工程开启了长城全线、全域实物遗存研究的新阶段，已经量化掌握历代长城长度、走向、坐标、基本保存状态等资料。

长城的魅力不仅在于超长的尺度，长城审美也不仅依赖山体的巍峨或夕阳的晕染，当前必须在全线资源掌控的基础上对长城本体的认知走向深入。中国人只有阐释长城更丰富的细节及其内涵，才能在长城国家文化公园建设乃至文化强国建设中提供新的支撑材料，满足公众日益增长的长城游学与认知需求，避免长城形象的扁平化、沦为公众攀爬健身场所。

国家长城资源调查工程已经搞清楚了长城的基本家底，已经满足遗产管理的基本需求，当前最主要的缺环在于梳理长城细节并将其内涵直观阐释，尤其明代长城600多年的历史并非久远且构造细腻，尚存丰富的、绵延数千千米的多类设施及建筑细节。这些长城细节不仅可以折射长城建造、修缮、戍守场景，并揭示其中蕴含的智慧、精神与价值，还是以下多项工作的增长潜力点：

打造游学认知对象——挖掘多种多样的建筑细节可以复现长城修筑戍守的鲜活场景，并以图文并茂、实物对照的方式向公众传播，扭转长城以往扁平、单调、缺乏变化的印象，显著增强长城的吸引力。

推进全线价值实现——有限几个知名长城景区吸引了绝大多数公众，导致游客游览、文保资源双重扎堆等问题。其实大量内涵丰富的细节并不集中于现有若干景区，反而是赋存于各地非知名区段，这是将现有局部景点串联成完整长城国家文化公园的关键资源与抓手。

改进修缮保护方法——当前的修缮工作主要目标还是防止主体结构倒塌，所以在设计施工过程中很难保证原物细节无损。从长远来看，这必然导致长城仍在，但各种宝贵细节信息无存，即所谓"破坏性修缮"很难避免，所以对各类长城细节的整理既是不可忽视的抢救工程，也是引导长城修缮与保护的有力工具、必要资料。

明长城与其他朝代长城相比，其文物建筑（而非遗迹）的属性更强，针对各类细节的发现梳理是进一步支撑长城精神挖掘、价值阐释、文化传播的"潜力股"。但是仅明代一朝的长城人工墙体总长度就已超过6000千米，不论国家长城资源调查、文物普查等工程，都不可能无遗漏地记录、拍摄、测绘全部建筑细节，更难以对其形态特征、构造做法开展跨地域比较、家族式梳理。

在长城全线视野下缺乏更为细腻的现状资料支撑，这是当前长城研究实现新突破的最主要瓶颈。

二、基于遗存细节的长城内涵提取与利用框架

针对上述遗存现状翔实资料的缺环，尝试建立如下研究框架（图1）：

首先制定全线连续高清图像采集方案。一般3名操作人员为一小组控制3机并

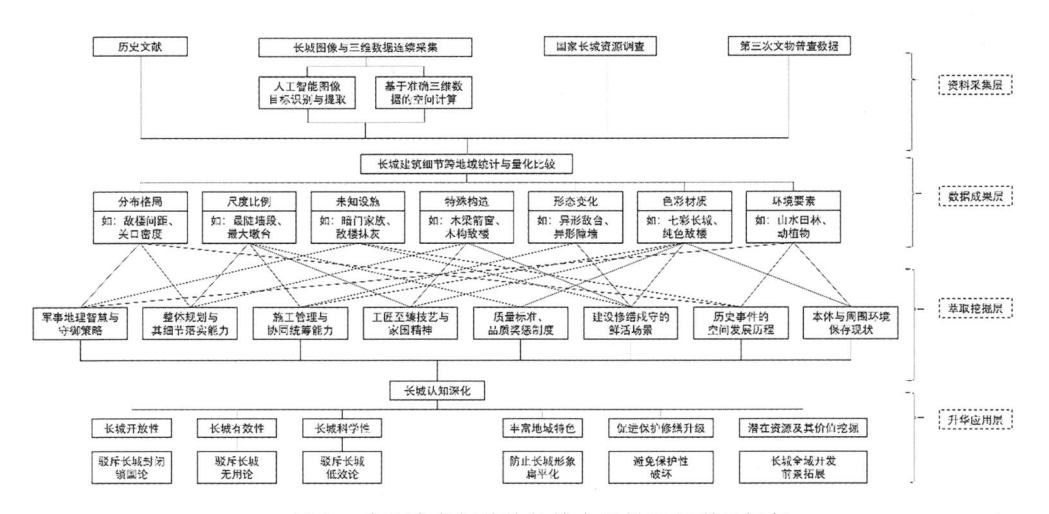

图1 基于遗存细节的长城内涵提取与利用框架

飞，在距地 30～50 米高度沿长城墙体以顶部、内侧、外侧三条航线扫描式慢速飞行拍摄（约 15 千米/小时），获得厘米级分辨率的连续图像，相邻图像的画面重叠率为 70% 以上，可通过摄影测量软件生成墙体及两侧地形的三维数据。针对沿线间隔分布的空心敌楼等建筑单体，还增加 360 度环绕的航线，以完整拍摄各个表面。在外业采集的基础上，内业尝试建立明长城全线高清图像与三维数据库，并利用人工智能目标识别、对象提取、三维空间计算等技术，获得长城各类设施、多种构件细节的分布格局、尺度比例、未知类型、特殊构造、形态变化、色彩材质、环境要素，共计 7 项特征，由此达到掌控明长城建筑遗存细节的目的。

综合利用国家长城资源调查数据、第三次文物普查数据、历史文献，可对这些建筑细部特征的成因、设计意图、建设场景等进行综合分析，目标是支撑军事地理智慧与守御策略、工匠至臻技艺与家国精神等八类价值阐释成果的提炼，能够显著加深公众对长城建筑的认知，并服务于长城文化、长城精神的传播：一方面，这些细节反映的古代智慧、能力、策略，可以更有力驳斥长城"封闭论""无用论""低效论"，用实物证明长城的开放性、有效性、科学性；另一方面，基于多种类细节的价值阐释成果能够丰富长城的形象与地域特色，可以在长城修缮重建之前挽救大量有价值的信息，可以支撑长城国家文化公园的全线遗产资源充分挖掘和有效利用。

这一工作框架的主要特点包括：

全线连续高清图像及三维数据建立后，作为实物遗存的核心资料，串联起了其他三种已有资料体系，隐含的细节资源难以"遁形"，实现在案头对赋存于山巅荒漠的长城开展各区段、多种细节跨地域的分析比较。

七大类细节信息的梳理看似非常零散，但其实相互之间是紧密关联的，相应的各类细节信息必须是交叉支撑八类价值的挖掘、萃取和实证。例如异形的敌楼大多有非常特殊的细节、公众未知的防御设施，并且特殊形态背后是特定的成因与意图。异形敌楼的位置、朝向、空间分布又揭示了长城与军事地理环境的互动机理。再如通过检索色彩丰富的长城墙体可以发现特殊的长城材料及其地理地质环境，连带发现某些色彩还与特殊气候生态环境条件存在耦合关系，以及明代不同时期不同地区的质量控制标准与等级评价方法等。

没有哪个细节是个体独立检视的，都是放在明长城全线比较的视野下开展跨地域对比和家族式梳理，这是细节研究能够与长城精神、智慧、价值等宏观研究挂钩的最重要保证。

三、初步应用案例及其阐释效益分析

在上述工作框架下,实验室团队于2019—2021三年间横跨10个省区,共拍摄约300万张照片,覆盖明长城全线约5000千米的现存人工墙体(图2),总图像存储量约30TB。除了通过图像观察各类建筑构件细节,由于相邻图像重叠率超过70%,还可利用摄影测量软件内业处理生成三维数据以从尺度层面开展跨地域比较。

图2 墙体图像采集模式与当前全线覆盖度

主要依靠这一新型长城数据库,并结合文物普查成果、历史文献资料综合分析,目前已获得多种类型的内涵挖掘成果,本文遴选几项列举以说明从实物遗存入手这一途径的可行性。

案例1(未知设施):明长城全线暗门家族化挖掘与梳理

以往认为缘边分布的"关"和"口"两级通关设施支撑起了长城内外人员、物质、信息交换。有限的关口数量与闭关政策,结合连续边墙给人的隔离感,使得海外利用长城描摹中国古代"闭关锁国"或"故步自封"的形象。但以明长城为例,在各处主关口之间还存在"毛细血管"层级的重要通关孔道——暗门。被长期遗落的暗门此前仅能以局部个例示人,直到利用明长城全线图像资料确定100多处实物遗存,并构建暗门家族图谱,发现其不仅数量众多、沿线分布广泛,且因地形环境、通关需求的变化衍生出丰富类型与多样功能。其中以突门挖掘为所有暗门类型中的典型案例,目前找到明长城全线唯一的突门遗存(图3),使得墨子时代的军事智慧有了实物传承,2000多年的记忆断层得到一定程度的延续。这种依据实测现状三维数据,结合史料以复原图等(图4)形式"见微知著"地展示了明代长城缘边军民屯戍成战斗的社会历史图景。

长城暗门体现了中国古代朴素辩证的思维传统和深厚的历史渊源,暗门家族不

图 3　根据唯一发现的墨子"突门"类型遗物绘制的复原图

图 4　山海关北水关战场暗门用途复原图

仅折射各防区规划和戍守策略，原真性解读中华古代军事工程技术、战争智慧，也在长城内外互动中扮演多面角色，深度参与缘边基层社会的发展，影响长城内外政治经济关系的走向。

对暗门的体系化揭示在一定程度上突破了对长城封闭性的传统认知，有利于挖掘和保护长城全线遗产资源，重塑民族文化话语权。暗门也为人们开启了关于积极防御的新认知，在一定程度上打破了以往长城被动保守封闭的印象。缘边广泛分布、功能丰富、式样完备的暗门家族及其背后的各种设计巧思表明：即使是在这种宏大繁巨的军事工程体系建设中，古代中国人仍执着于对政治局势、战争规律、防卫环境的细腻把握，并将其贯彻于精密的工程设计之中，展现出惊人的统筹能力和缜密策划的军事指挥能力。

除了暗门，利用全线图像库还发现了其他多种未知的构件或做法，例如发现明代蓟镇防区内大量空心敌楼顶部尚存抹灰的残迹，证实了戚继光以敌楼顶部抹灰明示其烽火台作用的记述，填补了明代中后期东部地区烽传遗存的缺环。与之相似的例子还有很多，长城隐藏的诸多秘密尚待进一步揭示。

案例 2（分布格局）：空心敌楼密度全线比较与成因分析

空心敌楼是中国长城的标志，也是保障边军火器全天候防御的核心军事据点，其群体数量、应援间距、分布密度与敌楼所在地形冲要程度及视野视距、武器射程、交锋态势、战事历史等因素均密切相关。空心敌楼也是构造最复杂、资源消耗最高的建筑单体，建造成本仅人力资源一项约为实心敌台的 5 倍，实际建成数量不及最初策划的一半（戚谭二人原奏议为 3000 座，实际仅 1340 座），因此有限资源的空间投放，即空心敌楼的区段富集度可谓明代中后期北境军事地理研究的重要标志物，也是古代边防相地规划的高水平之作,但之前很难获得全线量化比较的结果。

依据全线图像库获得的结论是颠覆性的,例如明长城沿线究竟哪两个独立空心敌楼最近,一般推测应在群楼林立的著名景区或地形平缓难守的区段,但统计结果却与之相反:秦皇岛抚宁祖山东麓的柳观峪山峰峭壁之上隐藏着全线现存最近的两个独立敌楼(图5),两楼最近箭窗间距仅27米、外墙净间距仅25米,显著短于以往最小间距约为50米的认知。通过三维数据视域分析推测多朝向监视、高山小道封堵是两个最重要的原因与建设目的,两楼分别监视南、北两侧山谷,如果改为单一楼座,则南北无法兼顾(图6)。此例有力地证实了明代空心敌楼选址的严谨,如戚继光所述:"但就其湾环远对之状,各有相宜之势,当必建;不可已之处,即不合丈尺,亦当建筑,不可移之而必就于合式之地。"即使峭壁地形成本高昂,如防御需要,绝不做权宜之计,在总量严格控制条件下从敌楼的疏密有间充分体现长城防御设施规划的科学性与将领及工匠的务实精神。

图5 柳观峪1、2号空心敌楼照片　　　　图6 两敌楼视域计算结果

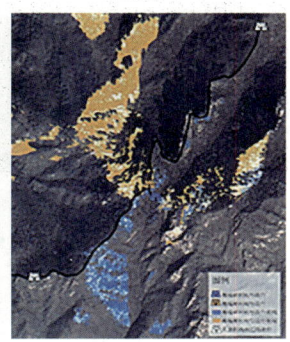

除了敌楼密度、暗门等各种设施的分布能够反映防御策略,材料类型分布图能够反映地域建材,病害类型地图能够反映赋存环境影响,甚至连箭窗宽度的分布都能折射不同敌楼瞭望预警监视任务的权重……全线分布的可视化用途非常广泛,能够以古代帝王将相的宏观视角揭示线性遗产各种细节特征的核心内涵。

案例3(尺度比例):最陡峭墙体段量化比较

蜿蜒在山脊之上的长城是"巍峨险峻"的形象代言,其修筑难度及对应的工匠技艺智慧、民族精神品质一直是长城价值的中坚,但是这一伟大工程的尺度极值是多少,一直没有量化、可靠的答案。以陡峭墙体为例,沿线各地给陡峭段都起了"鹰飞倒仰""倒挂长城"等名称加以渲染,却始终没有准确的角度数据,更无法全线比较。

全线图像与三维数据提供的最陡峭段再一次刷新了公众认知,现存最陡峭的人工墙体既不是各地"倒挂长城",也不是箭扣的"鹰飞倒仰",而是北京怀柔大榛峪口,其最陡的一段坡度达到了惊人的 72 度,远超人们的一般印象(图 7)。此种坡度的墙体的确不是由山崖承重,而是像现代高层建筑一样由墙体向下传递,施工难度绝非一般墙体可比拟,能够经历数百年自然灾害与人为破坏留存至今,足见古代工程技术水平之高。

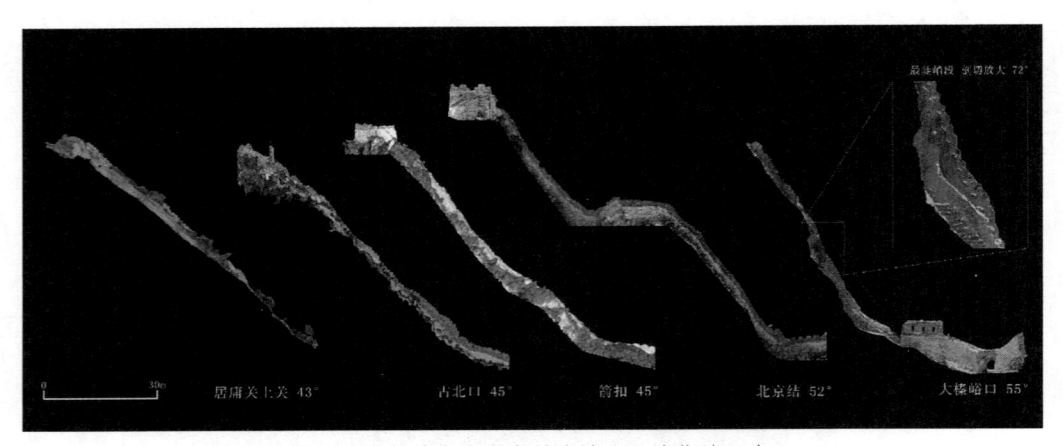

图 7　明长城全线现存最陡峭人工墙体前五名

不仅最陡峭墙体,在检索明长城最大实心敌台、最大空心敌楼、最长马面、最宽箭窗、最宽砖拱券结构等的过程中,每一种尺度比例的探寻,都能发现具有特色的内在规律,都是长城科学内涵的"朝圣之旅"。

案例 4(色彩材质):七彩长城及其成因揭示

长城专业研究领域对长城材料色彩及其背后的隐含价值都知之甚少。色彩是世界各国建筑遗产魅力展示的重要手段和民族文化传播的媒介,然而长城作为军事遗产却被视为"不善此道",因其低饱和度单色调特征,甚至出现"长城灰"这样的专有名词作为 2008 北京奥运的色彩符号之一。其实长城的富彩特征只是受地形阻隔、故址淹没,在实测资料匮乏、宣传不足的情况下不为当今世界所知。通过建立明长城全线图像库首次量化掌握全域色彩分布、绘制全线色彩地图,有力证实明代长城在色彩层面的巅峰成就与全域游览开发潜力;并在此基础上完成样品采集与化学测试和生物分析,与材料的物性及地域性赋存规律做匹配研究,并延及材料本体及其附生物的整体景观保护问题；再结合相关历史文献，窥见长城构造做法、工程管理、质量标准、匠作技艺及其凝结的民族精神、大国风貌，说明七彩长城在价值阐释方面的体系化贡献。

长城的表面色彩既与地方建材天然类型、色泽、赋存比例有紧密耦合关系，而且不同时期修建的设施色彩还受当时工程质量要求、品质奖惩制度的强烈影响，有些区段的色彩甚至还是由当地的生态气候、污染程度决定的，所以呈现缤纷多彩的遗存现状。表观可见的主体色彩可归纳为红色、粉色、金色、土黄色、蓝色、白色、灰色七种主要色调，其中还可细分为深红、紫红、玫瑰、蓝紫、灰绿、淡黄等有着细微差异的色彩（图8）。在世界范围内，尚未见其他古代军事遗产有如此丰富的材料色彩遗存，也未有明代中后期如此严谨的材料色彩使用规定，所以明长城在色彩方面也达到了农耕文明时期的巅峰水平，以"艺术级"的品质折射当时至臻的品质追求。

校色过的正射影像图	主色块颜色	校色过的正射影像图	主色块颜色
	(225,171,109)		(140,130,117)
	(115,128,144)		(240,232,193)
	(154,105,88)		(243,230,219)

图8 严谨的敌楼石材色彩秩序（仅部分色彩样例，非全部，且墙体比敌楼色彩更丰富）

四、通过全线细节揭示的长城内涵价值

限于篇幅不能将所有钩沉细节尽数，在这4个案例之外其实还有非常丰富的内

容。这些看似零散的发现，其实都是在统一的长城规划思路、戍守防御策略、最佳效费比等原则下因客观条件的不同所展现的多彩形式。这些有趣的个体现象既反映了民众创造性的自由发挥，也证明了作为国家的整体策略划一，彰显了民族智慧与素养。例如：

1. 开放包容——暗门的全线家族化揭示，提供了长城内外沟通的"毛细血管"实物载体，再次定义了长城在外交、贸易等方面持续不断的开放性以及军事的主动性。不仅如此，长城建设过程也充分体现了民族的包容性思想，虽然建筑统一规制，但在各种细节层面上又丰富多彩；既要重视军事工程的整齐划一、质量为先，又完全放开工匠的自由创作能力，这是我们如今在乡村建设等领域都需要学习的。其实不是只有现在的年轻人懂得个性张扬，我们的先人就理解并充分尊重、鼓励这一点，从长城角度再次诠释了"和而不同"。

2. 科学务实——绝大多数的长城细节形态、构造、尺度等特征，都集中反映了其科学性，即在各种不同的环境条件下达到最优的戍守效益。科学务实的结论是对长城建筑细节挖掘的首要成果。

3. 至臻匠意——细节中反映的工匠等长城建设者对现实难题的巧妙解决，对建筑品质和艺术效果的追求，都集中反映了中国古代的工匠精神。

4. 家国一体——士兵日夜戍守、往返巡逻的要塞，也是其耕作、居住的家园，从建筑细节的至臻追求说明建设者认为建设长城就是建设家园，守卫家园与守卫疆土是吻合的，所谓家国一体。

5. 礼乐相成、刚柔相济——敌楼色彩变化如此之多，但单一敌楼的用料色彩如此严谨统一，代表着国门的一种"礼"，也就是大国风范的标志，通过长城的色彩秩序既彰显大国国力，反映对长城两侧有序交流的诉求，又不失怀柔与礼节。

以上是基于长城细节中文化特征的直接总结，如果跳出长城视角来看中华民族精神，无一不在长城上得到充分体现：

1. 伟大梦想精神——规划数千千米长城及其包含层级堡寨城池、驿站烽燧的复杂防御体系，且能够严谨落实到每一个单体建筑、每一处构件，这是一种伟大的梦想精神。

2. 伟大创造精神——历代长城既有稳定连续的传承，又可明显感受到在材料、做法、建筑与武器的同步创造等方面历久而弥新，有与时俱进的防御策略以及新型的各类设施，即使在明代一朝，也能够在长城设计修建中感受到不断的创新要求。

3. 伟大奋斗精神——能够在近乎垂直的山体上修筑长城墙体，并于其上长期攀爬戍守，充分体现了民族的伟大奋斗精神。

4. 伟大团结精神——天下兴亡，匹夫有责，若没有主人翁的责任感，不可能有高质量的细节跨越几百年留存至今；没有跨区段的团结策略，不可能有如此紧密的防区协作机制。

在建筑实物遗存支撑的基础上，长城精神的阐释更可信、更鲜活、更具有公众感染力。针对明长城建筑细节的研究，是在两千年＋两万千米的宏大时空叙事中，揭示长城巅峰时期最华彩的新篇章。

板厂峪明早期长城修建历史与攻防体系研究

谢战军　谢奋全　徐春晓　高欢　张鹤云　姜耀俭　吉羊*

摘要：明长城板厂峪段大致呈"旗形"分布在侏罗纪末期形成的火山岩体之上，因其具有较好的保存状态、丰富的建筑形制、完善的攻防体系和大量的长城砖窑等特点而入选首批83个国家级长城重要点段名单。目前，对其南线和东线部分明早期长城的形制特征、修筑历史和攻防体系等问题还存在若干争议。本文通过细致的野外调查研究，认为这段石砌长城是明洪武至嘉靖年间在前朝长城基础上修筑而成的，其遵循了先易后难的修建策略、继往开来的选址思想和用险制塞的修建原则，利用更新换代的施工技术和化腐朽为神奇的附属防御工事，构筑了典型的长城防御体系，被称为明早期长城的标本。这些认识进一步厘清了板厂峪长城的修筑历史与攻防体系，对弘扬长城文化、传播长城精神和促进文旅融合等工作具有重要意义。

关键词：板厂峪明长城；火山长城；长城砖窑；长谷口关；长城文化

一、引言

以军事角度而言，长城等军事防御工事是人们对自然空间的改造，其选址、设

---

* 作者简介：谢战军，河北农业大学海洋学院讲师、博士。谢奋全，东北石油大学秦皇岛校区讲师、博士。徐春晓，秦皇岛市海港区市政设施管护中心高级政工师。高欢，秦皇岛柳江地质文化研究会助理研究员。张鹤云，中国长城研究院研究员。姜耀俭，东北石油大学秦皇岛校区教授。吉羊，东北大学秦皇岛分校教授。

计、修建、攻防和兴衰等过程都反映了所处时代的军事伦理、战略意图和生产力水平[1]。秦皇岛市海港区板厂峪村有着丰富的明长城遗址，因其较好的保存状态、丰富的建筑形制、完善的攻防体系和发掘了大量的长城砖窑而越来越受到长城学界的关注[2-7]，并于2020年11月入选国家文物局公布的首批83个国家级长城重要点段名单。详细研究其建筑形制、修建历史和攻防体系，对本地弘扬长城文化、传播长城精神和促进文旅融合等工作具有重要意义。

板厂峪明长城，主要分布在燕山山脉东段的一个古火山口附近。崎岖陡峻的火山地貌与盘桓其上的巍巍长城相得益彰，形成了火山长城、倒挂长城、长城日出、长城云海和长城春花秋色等极具知名度的壮丽奇观，让人流连忘返，成为京东长城"四大最美摄影基地"之一。

从地图上看（图1），板厂峪长城整体布局像一面旗帜[6]：西线长城是旗杆；南线、东线、北线和西北角长城构成了旗面；旗面的右上角长城往平顶峪延伸，恰如一条长长的飘带。而根据其形制特征和修建顺序，板厂峪长城又可分为前明期石块干砌式、明早期石灰勾缝石砌式、明中后期砖筑敌楼石砌墙式、明后期砖筑式和明末期砖筑石筑混合式五种形制。

目前，基于对文献记载和碑刻砖刻资料的研究成果，对于明中后期至明末期以砖筑形制为主的西线、西北角和北线长城部分的修建时间、演化历史和攻防体系等问题已取得了较为一致的认识[3-6]。但因缺少相应资料佐证，对明早期石筑形制的南线和东线长城部分的形制特征、修筑历史和攻防体系等问题还存在若干争议[7, 8]。为此，笔者围绕这些争议进行了多次野外调查和文献资料查阅，进一步厘清了板厂

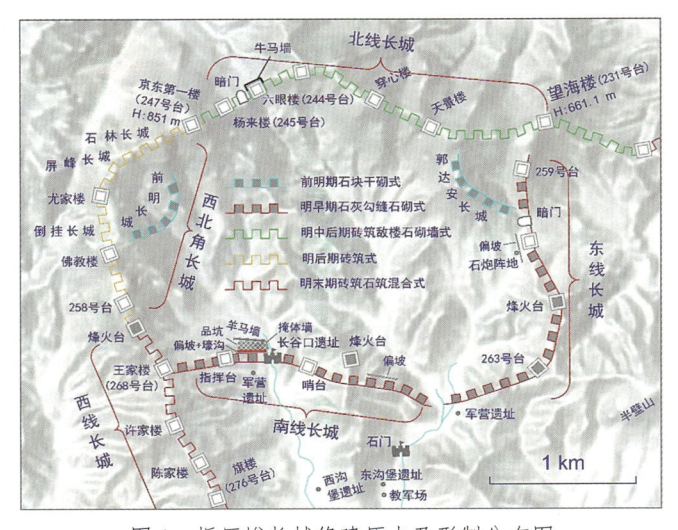

图1 板厂峪长城修建历史及形制分布图

峪明早期长城的修建历史和攻防体系。

二、板厂峪明早期长城形制特征

板厂峪明早期石灰勾缝石砌长城，即板厂峪"旗帜长城"的南线与东线部分，当地人称"老边"，自西线烽火台南侧的268号敌楼向东延伸，依次跨越板厂峪西沟和东沟两条山谷，然后经半壁山西侧呈弧形蜿蜒向北，直抵北线长城231号敌楼所在的海拔661米的制高点南侧悬崖之下，总长度约为6千米。

1. 长城选址体现了用险制塞的修建原则

板厂峪西沟溪流切过南线长城的位置，即长谷口关遗址。该段长城横亘的山脊海拔高度在270～350米之间，与东沟交汇处甚至低至220米。可长谷口关为什么要修在这里呢？是因为此处特殊的火山岩地质背景创造了众多易守难攻的地形条件，环顾长谷口所处的地形可以发现，西沟是一条狭长的沟谷，南线长城所在的山脊是从北方越过高大弧形山峰后，面对的第一道天然屏障。整体看，长谷口西接险

图2 长谷口西侧（左图）与东侧（右图）地形

峻山脉，东临小型悬崖（图2），西、北、东三面陡峭山脉绵延，形成了一个天然的"口袋阵"，长谷口正是"口袋阵"收口的地方。由此看出，即使在有限条件下，修建长城也坚持了"用险制塞"的原则。

与南线长城相比，东线长城所在的地势较为险峻，海拔高度多超过350米。如图3和图11所示，东线长城存在多处城墙直抵悬崖之下的现象，使长城之雄壮与悬

图3　东线长城中段及烽火台所处的地形特征

崖之巍峨完美地融为一体，形成了严肃生动有趣"火山长城喜相逢"的震撼画面，体现了长城"用险制塞"的修建原则。

长城选址尽管受到地缘政治、社会经济、军事态势、攻防策略、施工技术等多种条件的制约，但仔细分析南线与东线长城所处位置，仍可以发现其处处体现着"因地形，用险制塞"的修建原则，最大程度地发挥了地形地貌的军事攻防价值。

2. 建筑形制体现了更新换代的施工技术

为了节约人力、物力和财力，历代修建长城都遵循了"就地取材"的施工原则[9]。在原料条件、防御要求和施工水平等因素共同作用下，形成了土夯、石砌和砖包三种城墙建筑方式。南线与东线长城坐落在火山岩形成的山脉之上，此类岩石质地坚硬，是修建城墙的理想材料。因此，可以发现其墙体所用石材绝大部分是各种火山角砾岩、火山凝灰岩等火山岩石块（图4左），仅局部可见少量石灰岩、砂岩等沉积岩石块。

（1）城墙形制特征

明代之前的长城墙体多为石块干砌形制，且石块大小不一、形状各异，墙体表面凹凸不平。随着社会不断发展，修筑长城的材料和施工技术也逐步更新换代。明长城的石块体积更大，墙面更规整美观，且普遍用石灰勾缝，使城墙更加坚固，增强了防御能力（图4）。

图4　南线明早期长城（左图）与东线明朝以前长城（右图）砌墙方式对比

与南线长城相比，东线长城的城墙保留得更为完整，现存墙体高3～4米，宽约3米。暗门南侧长约100米的城墙具有厚度均匀的上、中、下三层结构，每层都是由大块火山岩垒砌，两层之间以暗色的较薄石块隔开，成为东线长城的一个特色（图5）。这种垒砌方式不但看起来整齐美观，而且每层都有平整的底面，使得城

图5　东线明早期长城262号墙台北侧的墙体呈三层特征

墙更加坚固，显示了高超的施工技术。

在明朝中后期，随着长城砖制作技术越来越成熟，逐渐将原来的石砌长城重修为砖砌形制，或直接在石砌城墙两侧外包一层长城砖，使得墙面更加规整美观（图6）。

（2）女墙形制特征

女墙和敌台是长城最典型的特征，它们的位置和修建形制都是为了更好地保护自己和攻击敌人。一般来说，女墙都会设置在面向敌方的一侧（双边女墙除外），墙台、敌台或马面的凸出位置也是在面向敌方的一侧。虽然明早期长城上的女墙和墙台破损严重，但根据其残留的痕迹，仍然可以确定南线和东线长城的女墙和墙台凸出位置分别在北侧和西侧（图7和图8），这说明它们防御的方向是西北方向。

图6 西线长城的砖砌外墙倒塌后露出了前期石砌墙面

在长谷口西侧城墙的坍塌横截面上，还可以看到"战墙"的存在（图7）。战墙，

图7 南线长城的女墙位于北侧，部分横截面可见战墙存在

是修建长城时的一堵横墙，连接内外城墙的两个边沿，再加上后方已经修好的长城横截面，形成一个个长条形格子，用以充填土石，形成巨大合力，对高坡上方的城

图8 东线长城暗门、女墙、墙台及偏坡位置

墙起着支撑作用。有戗墙的长城多保留较好，说明戗墙增加了城墙的坚固程度。

如图8所示，在东线长城北段，除了城墙和敌台/烽火台等常见组成部分外，还有一狭窄小门，这就是长城暗门。它是长城沿线除了公开的关口城门，还常在战略位置重要且不易被敌人发现的隐蔽之处修建的狭窄通道，其建筑形制也常常大小高低不同，大致分为直通拱券式和非直通暗道式，多为砖石结构，且设有门闩孔以安装门扇[10]。此处暗门的门闩位置是靠近西侧板厂峪的，这指示了它的防御方向。

（3）墙台/烽火台形制特征

据沈朝阳编著的《秦皇岛长城》[7]一书记载，南线与东线长城共有实心墙台9座，它们多已全毁或大部毁坏，仅有3座较为完整。现存墙台残高多与城墙平齐，台基和台体均为毛石垒砌。据笔者实地调查，编号为262墙台建在东线长城内侧的一个制高点上，视野开阔，易守难攻（图9）。其台基长宽均为7米且与东线长城之间有约两米的距离，残高约5米，北侧还保留着两个垛口。从其形制和位置判断，这个墙台应为烽火台，至少是兼具敌台和烽火台的功能，与西线长城上的烽火台一起

图9 北望东线长城中段制高点上的262号墙台（烽火台）

传递敌情信息。

（4）偏坡形制特征

长城外侧还存在着一系列附属防御工事，它们因地制宜的设置有效地克服了不利地形因素带来的防守劣势。其中，偏坡是长城重要的附属防御工事之一。如图10所示，南线长城北侧普遍存在1～2道铲削山体形成的偏坡。在东线长城的西侧，也修筑了较大规模的偏坡。但与南线长城偏坡不同，此处的偏坡不但对山体进行了铲削，还用石块垒砌成长约500米的石墙，在墙台和沟谷等重点防御部位还使用石

图10 南线长城北侧普遍修建了1～2道偏坡

灰勾缝，使得偏坡更加稳固（图8），形成了长城外侧的一道前沿防线。

三、板厂峪明早期长城修建历史

据《明太祖实录》记载："洪武十四年（1381）春正月丁亥朔…徐达发燕山等卫屯兵万五千一百人，修永平、界岭等三十二关……（当年九月初三日）置北平山海卫指挥使司"。这一段实录提到的永平、界岭、山海都在今秦皇岛市境内，即说明秦皇岛明长城是首先由徐达主持修建的。史书虽未详细列出这三十二关名单，但板厂峪这一段位置极为重要的明早期长城理应包括在内。

若单纯从满足军事需要出发，徐达应直接选择在北线长城所在位置修建长城。然而，元末明初的连年争战使得民不聊生，而退回到漠北的元朝残余势力如瓦剌、鞑靼诸部不断南下骚扰抢掠，使得明朝急需在北方边境建立一条长城防线，而现实却是国库空虚，财力物力极端匮乏。史料记载表明，明朝初期修建长城是以关隘为重点，后经明朝中期的大规模兴筑和后期的重建与改线，才逐步建成了稳固的长城防线。这种先易后难、由点到线、由线到面的修建顺序无疑是一种理性的修建策略。

1. "郭达安长城"体现了继往开来的选址思想

在东线长城北段西侧山脊上，存在着一条由干砌石墙倒塌后形成的石陇，它与

图11 东线北端新老长城呈"Y"字形分布

东线长城组成了一个"Y"字形（图11）。当地的村民把这段坍塌的石砌墙叫作"郭达安长城"，因为这里流传着一个"郭达安因修错长城被秦始皇杀头"的故事[6]。

显然，传说不能作为讨论问题的证据。那么，这个"Y"字形长城产生的真实原因是什么呢？翻遍了文史资料，也找不到有关这段长城的修建记录，我们只能从实物考证的角度分析这个问题了。对于长城选址，古人可以说是苦心孤诣。面对两段不同的长城，首先，需要分析其所处的地形条件。如图11所示，从局部地形条件来说，"Y"字形的两个分支各有优劣，都符合"因地形，用险制塞"的原则，都是修建长城的理想位置。然后，根据形制特点和施工技术判断其修建时代顺序。如图4右所示，"Y"字形西侧长城所用石块小而薄，基本是未经雕琢的天然毛石，且采用做工粗糙的干砌方式修建，现多已坍塌；而东侧明长城所用石块大而厚，墙面整齐，有石灰勾缝，施工技术成熟，具有典型的明早期长城形制特征。据此可以推测：西侧长城修建时间应早于东侧明长城，即西侧分支为明朝之前的长城，可称之为"前明长城"。而之所以在这里明早期长城和前明长城呈"Y"字形，是因为在其交汇点往南的整个东线和南线长城，二者都是重合的，只是从这里开始，弃旧创新，将长城走向调整到了现在的位置，目的是更好地利用海拔661米制高点南侧的悬崖山险，达到更好的防御效果。至于这段"郭达安长城"的具体修建年代，还需要进一步的研究。

因此，"郭达安长城"故事只是演绎了"Y"字形长城的来历，其真正的成因是明长城在前朝长城的基础上调整线路的结果。这也反映了中国长城的修建历史是一个不断优化线路、改良建材和施工技术的过程，逐渐形成了严密得当的长城防御体系。

2. 城墙石刻记录了长城分段承包的施工原则

我们在长谷口遗址西侧南墙上新发现了一块距地面约1.5米高的石刻（图12）。虽然石刻字迹已模糊不清，但根据拓片细辨，可知其内容为："西界田三、王千生、徐农修完边城十二丈。"落款时间为"嘉靖二十四年（1545）三月廿三。"从字迹可以看出，其虽刻在硬度比石灰岩更高的火山岩上，但仍不失遒劲有力之感。从内容看，该石刻记录了这段长城修建的长度、时间及责任人等信息，是明长城上常见的石刻内容，体现了修建长城普遍采用的分段承包施工原则[11]。

虽然该石刻的镶嵌方式及所选石材与北线明后期长城上常见形状规整的石碑不同，但从其内容和语言风格方面仍然可以判断，本段长城于明代嘉靖年间有一次修建或修缮。这意味着，直到嘉靖年间，这段长城仍然起着重要的防御作用。

图12　长谷口西侧城墙上石刻及其拓片（反色）

四、板厂峪明早期长城攻防体系

由于现实原因，在前明长城的基础上重建的南线和东线长城，通过改良施工技术、优化长城选址、合理布局防御工事等努力，构筑了系统的防御体系，在一定程度上化解了不利地形因素带来的防守劣势，成为明早期长城的典型代表。

1. 长谷口关——固若金汤的关口防御体系

南线长城，特别是长谷口关附近，最明显的防御劣势是其外侧低缓的山坡和开阔的地形。我们通过详细勘查古战场的蛛丝马迹，发现这里从北向南，明朝守军依次修建了羊马墙—品坑阵—掩体墙/石—壕沟/偏坡—城墙/墙台/哨台—烽火台—军营等组成的一整套防御工事（图13）。现以北方骑兵进攻的角度，可以清楚地看到这些防御工事是如何将骑兵的快速机动优势消弭于无形之中的。

图13 长谷口防御工事分布图

（1）羊马墙

当北方骑兵费尽九牛二虎之力翻过崎岖的北部高山，从狭长的板厂峪西沟向南进攻，走到长谷口西北的平坦地带，首先遇到一堵干砌石墙（图14）。这道石墙距南线长城约80米，已处于长城守军弓箭的有效射程之内。石墙尚存约长36米，厚约1.1米，高约1.4米。如果把身后的长城比作一匹大马，这堵石墙就是一只小羊，故称为"羊马墙"，也称"挡马墙"。

图14 依然屹立不倒的羊马墙

修建羊马墙是为了阻挡骑兵，让行进在较为开阔的山地上的骑兵遇到障碍，向两边拥挤碰撞，减缓速度，成为守城将士的靶子。这种防御工事是古代城市防守体系的重要组成部分，通常修建在护城河内侧，也称为"羊马城"或"羊马垣"。而长谷口守军灵活地将其应用在长城关口防御之中，应该说是一种创举。

（2）品字形石坑阵

越过羊马墙，在距南线长城 50～80 米的区域，又遇到约 300 多个呈"品"字形排列的石砌坑的阻拦，这便是古代防御体系中的"品坑阵"，曾在其中发掘出俗称"扎马钉"的铁蒺藜（图 15）。虽然现在大多品坑已被碎石和腐土掩埋，但仍然可通过石砌边缘看出其形状和分布规模。这些石砌坑排列间距约为 0.5 米，呈不规则圆形和四边形，坑壁由石块干砌而成，墙厚 0.8～1 米，内部直径/边长 1.5～4 米，深度约 0.8 米，面积为 4～10 平方米。

图 15　品字形石坑阵局部及出土的铁蒺藜

修建品坑阵的目的是为了遏制骑兵的机动灵活性。据明朝史书记载，大规模的品坑防御工事主要布置在宁夏镇、山西镇防区，如《弘治宁夏新志》载："品坑，河东墙外，共四万四千余坑，都御史张祯叔、王珣相机置挖。"现在，它们多数已被风沙掩埋，仅在某些地段保留着清晰可辨的遗迹[12]。明朝蓟镇防区内见于记载的品坑相对较少，据《四镇三关志》记载，古北口品坑二万处，山海关一千二十八处等。可惜这些品坑也多消失于历史的烟尘之中，在长谷口关外有幸保存完好的品坑阵，为我们呈现了古代长城沿线沙场攻防的经典场景。

（3）掩体墙与掩体石

因为在品坑阵的中部和东部区域存在很多巨大的石块，长城守军巧妙地利用这些巨石修建了掩体墙与掩体石（图16）。如果北方骑兵进入品坑阵，还会遇到埋伏在巨石后侧守军的攻击。现在仍然可以看到在这些巨石的东南面大都有人工开凿的椭圆形石穴，其开口直径约18厘米，内部直径约35厘米，深度可达42厘米，可作为存储箭镞等武器之用。

通过羊马墙、品坑陷马阵和掩体墙与掩体石这三道防线，基本将北方骑兵想快速进攻的计划打乱，逼迫大规模兵力只能从狭长的西沟河谷向长谷口城门发起攻击。虽然城门外的河谷地势平坦，但若要攻破高达15米的长谷口关绝非易事。另外，可以想象长城守军也会在城门外摆放若干道拒马、鹿角木、铁蒺藜等古代常用于挫伤战骑、迟滞骑兵进攻速度的防线（虽已无遗迹可寻），这样可使得长城上的守军有更多的时间进行防守反击。

图16 品坑陷马阵中掩体石（左图）与由巨石规则排列而成的掩体墙（右图）

（4）偏坡与壕沟

当北方骑兵越过前面三道防线，进攻到南线长城脚下时，是否就可以轻易跨过了呢？答案显然是否定的，因为南线长城北侧靠近城墙的山坡上普遍被"悉斫削陡峻，以绝虏骑（《明史·明英宗实录》）"，至今仍可看到 1～2 条平行于城墙的人造陡坡，这些即偏坡（图 17）。

图 17　南线长城北侧普遍存在 1～2 道铲削偏坡

明朝在修建长城时，为了增加从关外进攻的难度，常把靠近城墙的山坡铲削成了悬崖，仅长谷口关当时所属的蓟镇石门路就有"铲偏坡九千五百九十七丈"（约 28.8 千米，《卢龙塞略》）。蓟镇总兵戚继光认为偏坡的重要性在于"墙垣乃疆圉之藩篱，而偏坡又墙垣之障蔽。有偏坡则虏虽众不敢仰视于上，马虽强不敢驰骤于下，钩竿不可到，云梯不可安"。偏坡有效降低了敌人骑兵和步兵的机动灵活性，增加了敌人靠近边墙的难度，提高了长城的防御能力。在东线长城的敌楼、沟谷等关键位置外侧，其山坡不但被铲削过，还在铲削的基础上修筑了石砌墙，使得山坡更为陡峻，进一步提高了进攻的难度。

在修建长城时，除了铲削山坡形成偏坡以外，在地形平缓的地方还会挖掘深壕，即壕沟（图 17）。壕沟的作用与偏坡类似。通过削坡、挖沟，不仅提高了长城外的险峻程度，还为修建城墙提供了土石材料，可谓一举两得。

（5）墙台、哨台与烽火台

南线长城原本是一道前明长城，明代早期在徐达主持之下进行重修，发挥了重要的作用。戚继光主持蓟镇军务时，这道城墙已不再是居于重要位置的长城了，其墙台没有改建成骑墙空心敌楼，而是保留了原来的墙台。墙台也没有改为砖筑，依然由毛石垒砌而成。根据台基判断，南线长城修有四座墙台，台体均向北凸出，现多已坍塌损毁。从长谷口关沿长城向西约 300 米可见一座墙台遗址，残高比城墙高约 1.5 米，台体向北凸出，在其东侧有凸出城墙的方形平台（图 18），外侧可见石砌偏坡。站在此处向东北望去，居高临下，城门外侧情景尽收眼底，在战争时期能将敌军的部署和动向一览无余，此处应是守军的瞭望台或指挥台。

图 18　长谷口西侧墙台 + 指挥台（左图）和东侧哨台遗址（右图）

从长谷口关沿长城向东约 50 米可达悬崖最高处，在长城内侧可见一方形基座圆形台身的石砌高台，其台面比北侧城墙高出约 1 米（图 18），站在此处也可将城门外侧的敌军动向一览无余。根据其形制和所处位置，推测该石砌高台应为哨台位置。长谷口东西两侧的这两个制高点可全面监控关外敌军动向，起到预警和指挥的作用。

板厂峪西沟与东沟的中间有一道南北向的山梁，在其靠近南线长城的北侧有一座仅残留地基的古建筑遗址（图 19）。该建筑基座大致呈正方形，条石地基和墙体都是由附近采集的火山碎屑岩石块干砌而成，没有发现石灰勾缝的痕迹，据此可以推测，该建筑的修建时代应该早于普遍使用石灰的南线长城。那么这座修在长城外侧的建筑是做什么用的呢？登上该遗址举目远眺，可见这里视野开阔，背靠南线长城，对西、北、东三个方向的地势一览无余，可将长城外侧的敌情畅通无阻地传递给长城守军，是一个修建烽火台的绝佳位置。但随着明朝在西线和东线长城更险要的位置上修建了新的烽火台，改进了对敌情的监控预警系统，这个前朝遗留的古烽火台被逐步废弃和拆除。

图 19　板厂峪早期长城三个烽火台组成的监控预警系统

（6）守军军营

在长谷口关西南侧平坦山岗上，可见数座石砌房屋遗址。和明代早期长城一样，石墙上石块用石灰勾缝，应为守关将士驻扎的军营（图20）。这种就近部署的小规模军事设施应是特意为守护长谷口关而设置的。此处还发现了蓄养猪、羊、鸡等家畜家禽的圈舍和种植蔬菜的痕迹，可以见到山葱、山蒜、韭菜等还在顽强地成片生长。附近还有西沟堡、板厂峪堡和东沟堡三个较大规模的军营，为快速有效应对敌情提供了充足的兵力和后勤保障。

图 20　长谷口关西南侧守军军营遗址

因此，通过认真分析长谷口古战场防御工事遗迹，可以看出这里是由羊马墙、品坑、掩体墙/掩体石、偏坡/壕沟等化腐朽为神奇的附属防御工事，配合以坚固的城墙、城楼、敌台/墙台和烽火台等长城本体建筑，组成了环环相扣的强大防御体系，使得长谷口关"固若金汤"。这种面状工事布局体现了长城纵深防御的战略思想，成为明早期长城关口防御体系的典型代表。

2. 东线长城——攻防兼备的城墙防御体系

与南线长城相比，东线长城所处地形更加崎岖险峻，且没有重要关口需要防守（图3和图11），其主要使命只是防御西侧敌人向平顶峪方向的进攻（图21）。尽管这段长城的防守压力相对较少，但仍没有放松对其攻防体系的构建，除了设置墙台/哨台和烽火台外，还修建了更为坚固的石砌偏坡和以攻为守的长城暗门，以及大量极具杀伤力的石炮石雷等共同构成了东线长城的防御体系（图21）。特别是此处暗门的修建可谓独具匠心，其往南可拱卫板厂峪东沟长城关口和东沟堡，往西北沿着山坡蜿蜒的羊肠古道直通六眼楼所在的垭口。在战争时期，此处暗门可作奇兵突袭出入之门，成为长城守军以攻为守的重要通道；在和平时期，此处暗门也成为平顶峪长城内外粮食、布匹、茶叶等农副产品和生产生活物资交流的通道之一。因此，暗门的修建极大地提高了东线长城防御的主动性，形成了攻防兼备的长城城墙防御体系。

图21 东线长城北段的防御工事分布图

五、结论

通过以上调查分析，进一步厘清了板厂峪明早期长城的来龙去脉，使我们在游览长城时不仅感叹大自然鬼斧神工，更会感悟到古人修建长城时坚忍不拔的毅力和巧妙利用自然环境的智慧。首先，其沿用和改良了前朝长城选址体现着用险制塞的修建原则及继往开来的选址思想；其次，建筑形制由前朝石块干砌墙、明早期石灰勾缝石砌墙到明中后期砖砌墙的演化，体现了修建长城施工技术的不断进步；第三，城墙石刻的发现佐证了该段长城的修建时间和分段承包的施工原则；第四，环环相扣的长谷口关与东线长城防御工事面状布局，体现了长城纵深防御和攻防兼备的防御体系。这些认识对弘扬长城文化、传播长城精神和促进文旅融合等工作提供了学术支撑。

注释

[1] 贾珺、考舸：《明代以来喜峰口长城自然空间与文化空间的消长探析》，《学术研究》，2019年第08期，第123—128页。

[2] 孙瀰娜：《河北秦皇岛发现长城砖窑遗址200余座》，《中国文物报》，2008年08月01日。

[3] 陈厉辞：《"从乡贤到神祇"：长城后裔民间信仰的衍变——板厂峪新发现碑刻研究之三》，秦飞、董劭伟、柴冰：《中华历史与传统文化论丛》，北京：中国社会科学出版社，2020年版，第285—306页。

[4] 陈厉辞、董劭伟：《秦皇岛板厂峪明长城〈万历元年鼎建碑〉残碑复原》，柴冰、董劭伟：《中华历史与传统文化论丛》，北京：中国社会科学出版社，2018年第四辑，第435—444页。

[5] 陈厉辞、王莲英：《板厂峪明长城新出土碑刻及相关史料探究》，董劭伟、柴冰：《中华历史与传统文化研究论丛》，2017年版，第350—358页。

[6] 吉羊、姜耀俭、张鹤云、谢战军、谢奋全等：《话说板厂峪长城》，秦皇岛：燕山大学出版社，2021年版。

[7] 沈朝阳：《秦皇岛长城》，北京：方志出版社，2002年版。

[8] 景爱：《长城》，北京：学苑出版社，2008年版。

[9] 董耀会：《就地取材——长城修建的施工原则》，《中国文物报》。

[10] 李哲、拓晓龙、景一帆、李严、姚旺：《蓟镇暗门考实——分布、形制、功能》，《建筑学报》，2020年第1期，第141—146页。

[11] 陈海燕、董耀会：《中国长城志》，南京：江苏凤凰科学技术出版社，2016年版。

[12] 李小明：《考古学视野下明代北部边防设施遗存研究》，陕西师范大学硕士论文，2019年。

明清嘉峪关修建与工程管理

张晓东*

摘要： 本文运用史料，对嘉峪关的来历、建造和维修做了详细的解读，对施工过程中质量管理从人员、设计、造价以及质量检测等方面进行了阐释，认为嘉峪关的修建注重工程管理，确保质量。

关键词： 明清；嘉峪关；修建；工程管理

一、嘉峪关之名

明洪武五年（1372），征虏大将军冯胜平定河西，明朝为维持安定局面，控制河西走廊切断蒙藏联系，开始经营河西防务，在文殊山西麓的嘉峪塬上修筑嘉峪关。地质调查认为，嘉峪塬是文殊山向西北延伸的岗峦，即嘉峪塬是文殊山的西麓。文殊山应为史书所说的嘉峪山，史籍记载："嘉峪关在州西六十里，嘉峪山西麓，明初置。"[1] 嘉峪关的名称取自山名，是以山名关的结果。

"嘉峪"二字最早出现在《有元重修文殊寺碑铭》中，碑文这样记载："且肃州西南三十里嘉谷山者，乃一切贤圣栖神化远之归心。"嘉者，善也，美也；峪者，山谷也。"峪"即"谷"，"嘉谷"者即是"嘉峪"，"嘉峪"大意是美丽的山谷。今酒泉西南文殊山东端有一石峡，今名文殊山口或曰文殊沟，美丽的山谷应指文殊

---

* 作者简介：张晓东，研究馆员，中国历史研究院田澍工作室研究员，从事长城文化、地域文化研究。

沟。碑文又载：文殊沟"林源秀美，涧壑寂寞，神光现于长空，石室藏于畔侧。"说明元代之前的文殊沟沟壑深幽、清泉流水、林木葱郁，沟侧壁有梵寺、道观、石窟、石径、天桥，自然景物和人文建筑相映，构成一处天然美丽的峡谷，自古称之为"嘉峪"，其山被称为嘉峪山。元泰定三年（1326），元太子喃答失重修文殊寺，并立碑记事，文殊菩萨殿影响大增，肃州周边数百里之内男女官民咸来朝拜，久而久之，至明代末年，人民群众已习惯地改称山寺为文殊寺，山沟为文殊沟，其山为文殊山。山的本名嘉峪山逐渐湮没忘记，后人公认为其山西北部的岗峦丘陵为嘉峪山，而不知文殊山正是嘉峪山的主体。

嘉峪关的设置实乃石关峡古关的延续，其沿革是：汉武帝元封四年（前107），西汉政权在黑山石关峡设立了最早的玉门关，大约汉武帝太初三、四年（前102、前101）之际玉门关西迁敦煌西北，由于石关峡重要的交通地位，这里改置玉石障。五代宋初，石关峡被人们重新利用设玉门关，为敦煌归义军政权与甘州回鹘政权的分疆之处和东西交通之要口。宋仁宗景祐三年（1036），西夏占领整个河西走廊后，玉门关就从史籍上销声匿迹了，但石关峡仍是交通要道。元朝时期，蒙古大军西征，开辟了新道，多走石关峡以南的捷径，昔日之旧道废弃，军旅不再绕道石关峡。明初，冯胜筑关于石关峡以南的嘉峪冈峦上，是因为道路改移，而将其关南移改置为嘉峪关。可以说，古玉门关是嘉峪关的前身，嘉峪关是古玉门关的延续。

二、嘉峪关的修建

嘉峪关周边地形险要，自古以来为军事要地和交通要冲。关城南面是高耸入云的祁连山及其支脉文殊山，关城北偏西方是北山支脉黑山，关城北偏东方是茫茫戈壁，南北两山相夹，宽仅 15 千米，文殊山又延伸至关城北坡下与黑山邻接，形成河西走廊仅有的"锁钥之地"。而且，关城南面有自西向东在峡谷中奔流的讨赖河，与文殊山构成天然屏障，关城西边的大草滩，地面开阔，素为古战场，关城内地势平坦，水足草茂，利于牧马，关下有"九眼泉"，冬夏澄清，终年不竭，可供人马饮用、灌溉农田，是戍守将士及军马必备之物。

明洪武五年，冯胜以嘉峪塬为河西走廊狭窄之处，自汉以来据西域前沿，扼丝路咽喉，为兵家必争之地，遂于其上建造关隘，名曰"嘉峪关"。《重修肃州新志》载："洪武五年，冯胜下河西，以嘉峪关为中外巨防，西域入贡，路必由此。筑土城，周二百二十丈。"又《肃州新志》载："嘉峪关城，宋元以前有关无城。聊备稽查。明初宋国公冯胜略定河西，截敦煌以西悉弃之，以此关为限，遂为西北极边，筑以土城，周围二百二十丈，高二丈余，阔厚丈余。址倚冈坡，不能凿池。"[2]

嘉峪关从选址建关到最终成为坚固的军事堡垒，经历了一百多年的时间。嘉峪关初建之时仅筑一座土城，甚是简陋，但它结束了嘉峪关一带有关无城的历史。此后近百年间，虽有鞑靼数次犯边，由于洪武、永乐、宣德朝的强大，加之关西七卫的屏护，则相安无事。弘治年间，关西七卫内部纷争，羁縻卫所危机重重，嘉峪关防务日趋重要。弘治七年（1494），明政府以嘉峪关为肃州重要门户，守备薄弱，乃谕令肃州兵备道副使李端澄主持改修嘉峪关。《明孝宗实录》载："弘治七年正月辛亥，改作陕西肃州嘉峪关，易土以甄。扁曰镇西楼。"[3]《敦煌杂钞》卷下《嘉峪关》载："弘治七年，以土鲁番叛，闭嘉峪关，绝西域贡。八年，巡抚许进出嘉峪关，入哈密，土鲁番遁去。兵备道李端澄构大楼以壮观，望之四达。"又《重修肃州新志》载："嘉峪关楼，在关城西门上，副使李端澄建。"嘉峪关楼建于罗城之上，说明罗城也是当时修建的。嘉峪关楼的修建结束了嘉峪关有城无楼的历史，关楼对于瞭望敌情有重要作用；而罗城构成嘉峪关西侧外城，使关城西端增加了一层防护墙，形成重城并守之势。

正德元年（1506），李端澄按照嘉峪关楼的样式构筑内城东西二楼（柔远楼、光化楼），同时修建了玄帝庙、官厅、夷厂、仓库等附属建筑，次年二月落成。嘉靖十八年（1539）尚书翟銮巡视边防，见嘉峪关年久失修，城墙损缺，遂决定维修城墙。《明世宗实录》载"嘉靖十八年九月丙申，行边使兵部尚书翟銮言，嘉峪关最临边境，为河西第一隘，而兵力寡弱，墙濠淤损，乞益兵五百防守并修浚其淤损者，仍于濠内添筑边墙一道，每五里设墩台一座以为保障。上从其议。"[4]嘉靖二十八年（1549），巡抚杨博、兵备副使王仪展筑城垣，添筑敌楼、角楼、墩台等，还夯筑了外城墙，在外城墙外开挖护城壕。《重修肃州新志》载："嘉峪关堡，城西七十里，与永定、下古城、新城、金佛寺、清水、乱古堆、塔儿湾、临水、河清站九堡，俱接筑七、八尺与五、六尺不等，连旧城墙共高三丈五尺，俱阔厚，又帮添筑敌角、墩台、悬角楼共一百二十六座，城壕、外壕、壕墙、远墙各一道"。至此，嘉峪关从洪武五年正式建关到嘉靖二十八年建成一座完整的关隘，经历了178年的时间，成为河西所有关隘中修建最早，建造时间最长的关隘。

嘉峪关建成之后，明清两代多次进行维修并增建附属建筑。隆庆二年（1568）四月甲午，巡抚甘肃都御史石茂华条陈边事，建言修筑了嘉峪关、石关儿、野麻湾等处岁久就圮之关门墙堑。万历九年（1581）至万历十年（1582）重修了武安王庙。乾隆二十六年（1761）二月，甘肃巡抚明德奏请维修嘉峪关南北边墙坍塌并城门楼券洞以及西门瓮城券洞崩裂沉坠处所，乾隆二十八年（1763）完工。乾隆四十二年

（1777），修建了嘉峪关巡检衙署。乾隆五十四年（1789）七月，钦差侍郎德成等奏："惟查嘉峪关系西陲门户，为外藩朝贺来往通衢，旧有门楼等项，局面狭小，并有齣朽闪裂之处，应请另行修建等语。……至嘉峪关为外藩朝贺必经之地，该侍郎等因旧有城楼等项，规模狭小，年久未免齣朽闪裂，请另行修筑，估需工价，不过五万余两，为数无多，著即如所请办理，以昭整肃而壮观瞻。将此谕令知之。"[5]乾隆五十五年（1790）四月开工，乾隆五十六年（1791）十月，改建完工了关城正楼、东西城门楼，并关门券台、城堡、正门西月城马道，补修了城顶海墁、砖包墙垣、庙宇。文昌阁东稍门楼并东月城券台于乾隆五十七年（1792）完工。戏台亦于乾隆五十七年重建，现存戏台梁架题记："大清乾隆五十七年岁次壬子五月吉日，嘉峪关游击袋什衣、中军千总曹良臣、左哨把总秦兴成、右哨把总黄义、经制额外外委、士庶军民等重建。"乾隆五十五年二月，陕甘总督勒保疏称修建药局、马棚、库房及草料房，"肃州镇属金塔协、嘉峪关营、高台营、布隆吉尔营药局十二间，马棚三十三间，库房及草料房十二间……请动项建盖。从之。"[6]嘉庆十一年（1806）至嘉庆十三年（1808）重修了关帝庙。道光二年（1822）重建了文昌阁。文昌阁梁架题记："分署嘉峪关营游击金城张怀辅、驻嘉峪关巡检西蜀郭利恒重建，大清道光贰年岁次壬午秋八月廿四日卯时"。咸丰三年（1853）至咸丰四年（1854），重修嘉峪关。同治四年（1865）到同治六年（1867），嘉峪关营游击路林补葺嘉峪关城堞，加筑外城围墙，挑壕筑垒。同治十三年（1874），肃州知州（州牧）李宗笏维修嘉峪关边墙。

三、嘉峪关的工程管理

明清建筑工程的管理有专门的机构工部，工部掌管建筑设计、预算、征工征料与施工组织管理，主持营造或派员督造，制定工程法式、法规、条例。明代工部设营缮司，管理工程营造事务，下有营缮所，皆以诸将作之精于本艺者充任。清代继承明制，工部设营缮司。雍正十二年（1734），工部颁布《工程做法则例》规定各类建筑的规模、形式和设计施工，作为清代官式建筑通行的一部标准设计规范。嘉峪关的建造和维修是明清朝廷的一件大事，为了保障工程质量，严格遵循工部工程管理的相关规定，从人员、总体设计、造价以及质量检测等方面加强管理。

（一）人员管理

明清政府依据建筑种类不同设定工程监督管理官员，工程施工中不同人员的工作也形成不同形式的分工。其中，工匠是建筑活动的主体，是古代建筑工程管理的核心力，在具体的施工过程中，从事工程组织与管理的是技术高超的工匠。[7] 工匠是传承建筑技术和管理经验的载体，明清两代政府有完善的工官制度对工匠进行管理。

明代沿袭元代的匠籍制度，将手工业者一律编入专门户籍，称为"匠户"，隶属于官府，世代相袭，为国家服役。匠籍制度规定匠不离局、匠役永充，凡被编入匠籍的工匠，世代不得脱籍。匠户分为住坐和轮班两种，轮班匠需定期前往指定地点服役，住坐匠除在固定地点应役外，尚需轮流承担繁重的解运任务。清代顺治二年（1645），清政府废除匠藉制度，工匠人获得自由身份，但仍有工匠管理规范。

政府高度重视嘉峪关的修建，从工匠和力工上大力支持。工匠从来源可分为三类：第一类是在"籍"的"匠户"，主要是技术工人，按时赴役或常驻官府供役；第二类是按役法摊派的丁役，主要充当力工；第三类是军役。《肃镇华夷志》记载了三支军队修筑肃州西长城的情况："明年，平崖公简命辽东，太仆卿翟公以前议修边一事经公未成，遂以平崖公改陕西左参政，任肃，以总理长城之事。于是，李公与分守参将崔麒画地经营，乃调凉州卫指挥蔡纪、山丹卫指挥纪纲、肃州卫指挥梅景，三人分计工程，各督乃事。平崖公时犒赏之，三军踊跃而边墙遂成矣。南自讨赖河，北尽石关儿，其延三十里。"[8] 从工种来看，嘉峪关建筑中土木结构占主导地位，其工种相对应要多，有壕寨、土作、石作、砖作、木作、瓦作、泥作、铁作、油作、画作、雕作、裱作等十余种工种。

原关城内存有《嘉峪关碣记》碑一块，碑高 0.43 米，宽 0.29 米，厚 0.06 米，详细记载了李端澄构筑光化楼、柔远楼二楼和附属建筑之事及工程监督管理官员、施工人员和工种等情况。碑文如下：

> 正面，额刻：嘉峪关碣记，下为：建修玄帝庙碣记
>
> 皇明肃州卫嘉峪山关内，居中第，旧有玄帝庙，岁戍官军百余，西域往来使旅祈仰，无不感应。正德改元，丙寅秋八月，钦差整饬肃州等处兵备副宪李公端澄，遵成命起盖关东西二楼，暨官厅、夷厂、仓库，推委镇董工，今年丁卯春二月落成。惕睹高真，祠居下隘，恭虔叩请，三卜俱吉。遂协心捐资，移建于关南城上，向北筑基，重建庙一所。中塑玄天上帝，两壁绘诸天神将，金饰辉煌，神威炫耀，凡有祈事必应。因立碣以记其颠末。
>
> 大明正德二年丁卯春二月望日，委修肃州嘉峪关承信校尉王镇立碣撰书。

背面，额刻：肃州卫，下为（从右至左）：

西楼壹座，伍间传柒。仓库玖间。

玄帝庙壹所，官厅壹所，壹拾肆间，门楼壹座。

管人夫指挥佥事丁玺

掌印指挥佥事夏忠　管理人夫百户邢表

领操把总都指挥芮宁

领操把总都指挥芮纲　董工总提督监造百户王镇

管屯指挥同知李杲　收执木瓦百户孙纲

防守指挥同知李玉

守关指挥佥事卢清

东楼一座，三间转伍。夷厂叁拾陆间。

关城周围贰百丈。

铁匠　王表

油匠　宗海

画匠　冉惠

总作木匠　赵升　武德　高谦

石匠　李旌玉

瓦匠　崔伏

石匠　柴宣

书写　司达

碑右侧诗一首：

承委边关创立修，庙宇官厅可完周。

磨砖砌就鱼鳞瓦，五彩装成碧玉楼。

东通山海名威显，西阻羌戎第一州。

感蒙圣朝从此建，永镇诸夷几万秋。

（二）设计管理

　　为了保障古代建筑的整体质量，施工前期需要制定严格的建筑工程施工建设设计图纸。这种综合性的古代建筑工程图纸多采用人工手绘和设计建筑模型作为古代建筑设计管理的参考图。[9] 目前没有发现嘉峪关建造时的施工图纸，但从天津大学张龙博士、吴葱教授、刘若芳教授于台北故宫博物院发现的清代奏折中，我们可以窥见施工前对嘉峪关的修缮原则与思路。奏折为乾隆五十四年（1789）闰五月十八日，工部侍郎德成会同陕甘总督勒保对嘉峪关及附近边墙、壕沟进行初步勘查后所上奏，名为《奏为查勘嘉峪关边墙情形奏闻请旨事》，另附奏片两张，一是改建嘉峪关关门图，二是嘉峪关边墙图。如下：

奏折提出嘉峪关存在的问题及修缮方案。

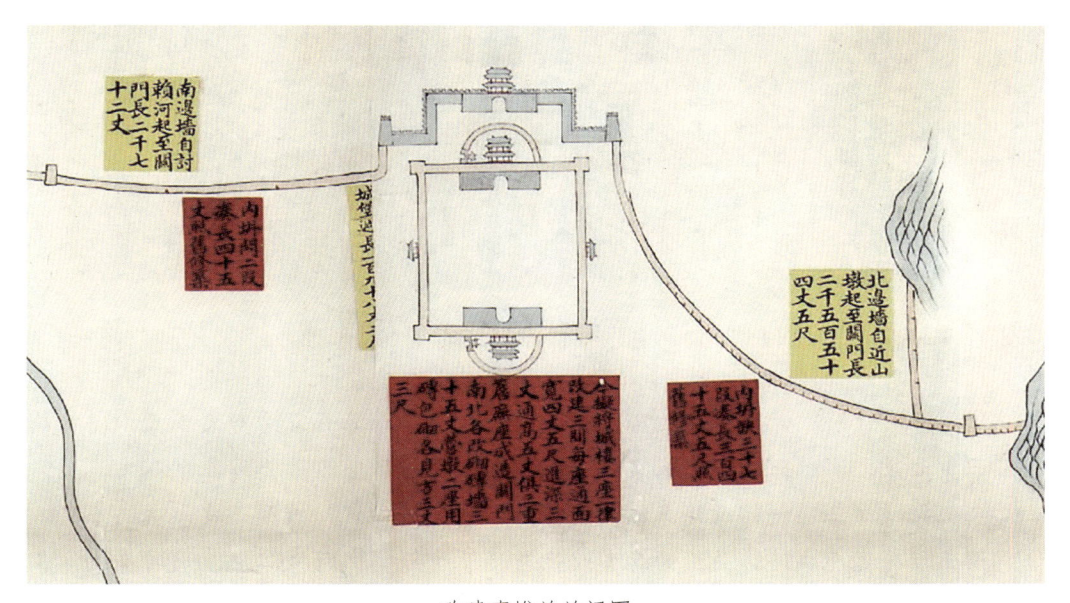

改建嘉峪关关门图

  惟查嘉峪关系西陲门户，为外藩朝贺来往通衢，非规模宏整不足以壮观瞻。今查得原设关楼仅止一间，局面甚为狭小，且现在木植糟朽，城台券洞闪裂。今拟量为加高展宽，以资壮丽。

  其关门正面墙垣，南北计凑长七十丈，若依旧筑土连排，垛高不过一丈三尺，未免不能相称。查关之南北转角处各有土墩一座，今拟将此正面墙垣并土墩一律包砖成砌，南北均以墩台为准。其墩台以后，南则自东转而迤南，北亦自东转而迤北，皆瞻视不及之所，其间坍塌段落，酌量补筑，亦称完善。

  至关内城堡一座，旧有东西两门，西门楼座系重檐三间，东门楼座仅止一间，大小悬殊，未能齐整，今亦糟坏应修。拟将东面楼座即照西面一律兴修，以归画一。

  改建嘉峪关关门图文字说明提示问题及修缮方案。

  南边墙自讨赖河起至关门，长二千七十二丈，内坍闪两段，凑长四十五

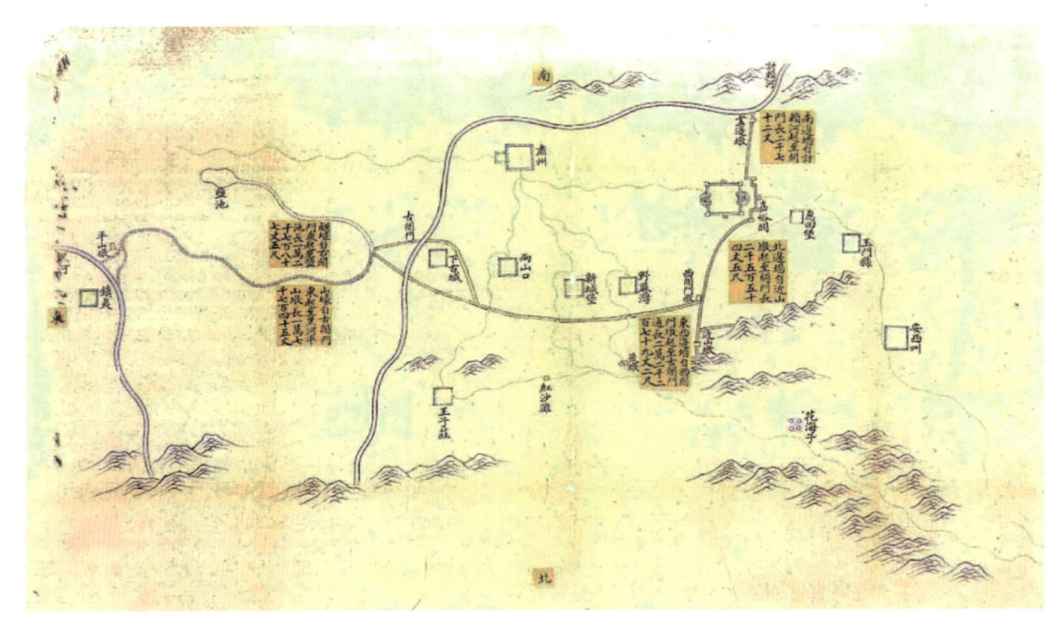

嘉峪关边墙图

丈，照旧修筑；北边墙自近山墩起至关门，长二千五百五十四丈五尺；内坍缺三十七段，凑长三百四十五丈五尺，照旧修筑；城堡边长一百九十八丈二尺，今拟将城楼三座一律改建三间，每座通面宽四丈五尺，进深三丈，通高五丈，俱三重檐庑座成造。关门南北各改砌砖墙三十五丈，营墩二座，用砖包砌，各见方三丈三尺。

这份奏折和附图为我们了解嘉峪关维修前的设计提供了实物资料。

（三）造价管理

嘉峪关建筑工程的造价上有严格的控制管理，建造和维修前对建筑施工中所需建筑材料、运费、人工等作施工预算，对施工时间有严格的施工管理要求，工程竣工后，对工程费用进行核销，核查预算与实际支出的出入。2019年笔者在中国第一历史档案馆发现的清代有关嘉峪关的奏折中可以明确地说明造价管理情况。

陕甘总督勒尔谨上奏《为题请核估直隶肃州嘉峪关建修巡检衙署需用工料银两事》中记载：

兹准安肃道陈之铨移据署直隶肃州知州宋学淳，将嘉峪关所设巡检应需衙署，按照体制造具估册取具，同委员高台县知县万人凤亲勘确估，无浮印结，一并由道加结，请转到司覆查，直隶肃州册造建修嘉峪关巡检衙署一所，内大门三间，仪门三间，大堂三间，两边厢房六间，住宅五间，住宅前两旁厢房六间，以上共计房二十六间。通共估需工料银一千五百四十九两四钱五分四厘，案册核算，均属相符，至估需工料银两应请在於司库归并备贮款内照敷动支建修，俟工竣之日，将实在用过工料银两照例据实造报请销，所有造到估计册结并委员勘估，无浮各印结，相应一并请核题等情，呈详到臣。

乾隆四十二年（1777）三月十二日，勒尔谨上奏修建嘉峪关巡检衙署获批复，共计建房二十六间，预算造价工料银一千五百四十九两四钱五分四厘。工程自乾隆四十二年四月十六日兴工建修，至本年九月初四日全行修理完竣。工程完工后，乾隆四十三年（1778）二月二十四日，勒尔谨上奏《为题请核销甘肃肃州建修嘉峪关巡检衙署用过工料银两事》，上报预算与实际费用使用情况。

> 据甘肃布政使司布政使王廷赞，呈蒙陕甘总督勒部院案验，乾隆四十二年九月初一日，准工部咨，营缮司案呈，工科抄出本部等部题前事内开……今工竣，器具变价银五两九钱五分，又节省银四两四钱四厘外，止实用过银一千五百三十九两一钱，按册核算均属相符，既据该道同委员结报覆勘无浮，应请准其于司库归并备贮款内，作正开销，其节省等银，俟奉准之日在於未领银内迭留归款，所有造到，奏销册结及委勘，无浮各印结，相应一并详请核题。再此案例限以乾隆四十二年九月初四日工竣之日起，照例扣限四个月，又自肃州至兰州计程一千四百五十里，每日以五十里计算，该扣程二十九日连正限统扣至四十三年三月初三日为满，今於限内详齐，合并声明等情，呈详到臣，该臣查得前准部咨，令将直隶肃州建修嘉峪关巡检衙署一所，转饬作速，撙节办理。

又乾隆三十年（1765）七月十四日，署理工部尚书托恩多奏《为核议陕甘总督题请核销肃州补修嘉峪关边墙城楼等项用过工料银两事》中记载：

> 兹据兰州布政使王检详称，查肃州补修嘉峪关南北边墙并城楼瓮城门洞等项，原估共需银两六千二百三十六两七钱一分零，实用过银六千二百一两九钱零，较之原估节省三十四两八钱一分零，又器具变价百四两四分，应请将用过工料银两，在于原请运粮解审内作正开销，至节省并器具变价银一百三十八两八钱五分零，统俟部准销，催令肃州照数完，甘肃道库查归款等情造具册结，呈赍前来，臣覆核无异，除册结送部外，臣谨各词具题等因前来。查肃州补修嘉峪关边墙工程用过工料银两，臣部查册开，修筑城身、瓮城并未开明通长、高、

厚丈尺，修理城楼亦不将上下檐各高丈尺以及挑山尺寸分晰开明，包砌台帮墙脚又未开明各高厚丈尺，用砖瓦亦未将各斤重数目开载，均难查核，相应将直驳各款于副册内注明钤印，发还该督，转饬详细查明，据实分晰，另造正副妥册题销，将节省及器具变价共银一百三十八两八钱五分零，先行催追，完交归款，可也。

乾隆二十八年（1763），补修嘉峪关南北边墙并城楼瓮城门洞等项工程，预算需银两六千二百三十六两七钱一分零，实用过银六千二百一两九钱零，较预算节省三十四两八钱一分零，又器具变价百四两四分，节省并器具变价银一百三十八两八钱五百分零。但由于未详细列出修筑城身、瓮城的长、高、厚丈尺，城楼上下檐各高丈尺以及挑山尺寸，包砌台帮墙脚各高厚丈尺，用砖瓦亦未将各斤重数目开载，均难查核。因此，要求严肃追查，另造正副妥册题销。可见，对工程造价的管理是比较严格的。

（四）质量管理

在嘉峪关建造过程中，对质量有硬性要求，同时有质量问题追究措施。嘉靖年间，西长城工程施工，有统一的指挥机构，由各卫官员分别监管，分片分段包修，组织严密，分工细致。兵部尚书张瓒等条上边备六事："其嘉峪关限隔华夷，前行边使翟銮奏允修筑，宜令专官督理，务期坚固，以图经久。"[10] 1975年在肃州西长城墙体顶部夯土中发现了一块小石碑，被称为"长城工牌"。工牌为青石质，碑体较规整，高19厘米，宽11.5厘米，厚2厘米。两面阴刻楷书文字，字体端庄有力，形态秀美，共58字。正面竖刻两行，共22字，正中刻"弟一工起"四个大字，右边刻"嘉靖十九年（1540）七月初一日起初十日止第一工"一行小字；背面文字分上下两部分，共36字，上部刻"蔡止梅起"四个大字，下部竖刻六行32个小字："一工李清队起，二工梅喜队，三工王元队，四工侯勋队，五工位宗队，六工张昙队止。"从工牌的内容可以看出，当年修筑肃州西长城时，工程采用分工段逐级承包方式修筑，即把工程分为几个大工段，每一大工段又分为若干小工段，每个小工段由一个施工队承建。依工牌的内容及工牌出土的地段到肃州西长城北端一千米余可以推断，第一大工段约300丈，分为六个小工段，由六个施工队，在十天的时间内完成。这种由大到小的多层管理施工方式，分工明确，责任到人，在很大程度上确保了修筑长城的工程进度。工牌上刻有六个施工队队长姓名，并被夯打在城墙顶部夯土中，表明工牌是一个责任牌，为跟踪工程质量之用，并为以后追查责任确定依据。

长城工牌

由于措施有力，质量得到保证。《肃镇华夷志》记载："嘉靖二十二年七月十四日夜，套房潜至关西，欲袭肃州，指挥李玉守关，病失探备，致房掘长城，而斧斤不入，后钻地穴以入内境。及明，四野知觉，而人入城大半矣。使非长城之限，钻掘之难，肃郡人民殆亦几无孑遗矣。……今几数十载矣，而城无倾损崩圮者，指挥蔡纪之辈可谓忠于事矣。故并志云。"[11] 从记载可见，夯土墙相当坚实，用斧子等利器也掘不开墙体，滞缓了敌人的入侵。

不仅西长城在建造过程中采用分片分段包修的施工方法，而且在维修过程中也采用此种方法。以乾隆年间维修城台等工程为例，嘉峪关归肃州直隶州管辖，维修工程就由肃州直隶州统一指挥，肃州直隶州下辖肃州和高台县，工程分包给两地，由两地地方官领导各自施工队分别实施。这一施工情形是有证可查的，光化门门额题款有"乾隆岁次辛亥孟夏月吉旦，知直隶肃州涂跃龙立"，乾隆岁次辛亥年是乾隆五十六年，孟夏月指农历四月，吉旦指农历每月初一，意即乾隆五十六年四月初一，公元1791年5月3日，肃州直隶州知州涂跃龙立。柔远门门额题款有"乾隆五十六年季夏，直隶肃州高台县知县和龄承修"，季夏指农历六月，意即乾隆五十六年六月，公元1791年7月，肃州直隶州高台县知县和龄承修。门额题款说明光化门城台包砖、城楼维修等工程由肃州直隶州知州涂跃龙承担完成，柔远门城台包砖、城楼维修等工程由高台县知县和龄承担完成。

明清两代，中央和地方政府及各级官员非常重视嘉峪关的修建，在嘉峪关的建造和维修过程中，严格遵循工部工程管理的相关规定，从人员、设计、造价和质量检测等方面加强管理，狠抓工程质量，确保了嘉峪关六百余年坚固永续。

注释

[1]［清］黄文炜：《重修肃州新志》，酒泉：甘肃省酒泉县博物馆翻印，1984年，第44页。

[2]［清］吴人寿、何衍庆主修，吴生贵、王世雄校注：《肃州新志校注》，北京：中华书局，2006年版，第130页。

[3]《明孝宗实录》卷84，弘治七年正月辛亥条，"中央研究院"历史语言研究所，1962年版，第1578—1579页。

[4]《明世宗实录》卷229，嘉靖十八年九月丙申条，"中央研究院"历史语言研究所，1962年版，第4731页。

[5]《清高宗实录》25册，卷1334，乾隆五十四年秋七月丙戌条，中华书局影印，1985年，第1066页。

[6]《清高宗实录》26册，卷1348，乾隆五十五年二月乙丑条，中华书局影印，1985年，第43页。

[7]张颖、沈杰：《工匠在中国古代建筑工程管理历史中的地位》，《华中建筑》第24卷，2006年第11期，第50页。

[8]［明］李应魁撰，高启安、邰惠莉校注：《肃镇华夷志校注》，兰州：甘肃人民出版社，2006年版，第114页。

[9]陈柏文：《古代建筑工程管理体系中对管理的研究》，《建筑工程技术与设计》，2016年第7期下，第2181页。

[10]《明世宗实录》卷245，嘉靖二十年正月壬子条，"中央研究院"历史语言研究所，1962年，第4930页。

[11]［明］李应魁撰，高启安、邰惠莉校注：《肃镇华夷志校注》，兰州：甘肃人民出版社，2006年版，第114页。

内蒙古地区古代长城工程管窥

王大方[*]

绪论：内蒙古自治区长城资源丰富，在全国占有着重要的地位，主要体现在三个方面：一是长度最长。全国长城总长度21196千米，全区调查长城总长度7570千米，约占35%多。二是朝代最多。现存长城有11个历史时期（战国赵、战国燕、战国秦、秦代、西汉、东汉、北魏、北宋、西夏、金代、明代）。三是范围最广。长城分布于全区12个盟市、76个旗县（市、区）。

由于"作而不述"是古代匠人的传统，加之长城修筑苦不堪言，参与者也没有兴趣记载长城工程技术。因此，古代长城工程资料少有保留。为了内蒙古地区长城保护工作的需要，通过坚持对于历代长城的实地考察，结合实际开展的长城保护工程，我们了解到内蒙古长城古代工程的一些情况，总结概述一二，故曰"管窥"。

一、长城工程的施工过程

古人修筑长城，先要进行规划设计而后才进行施工。在长城施工时，由于长城工程工地很长，而且蒙古高原人烟稀少、交通运输困难，因此长城施工十分艰辛且复杂，其情况大致如下。

---

[*] 作者简介：王大方，内蒙古文物学会副会长，从事内蒙古地区文物保护研究。

（一）长城的施工方法

1. 利用自然山体的险阻筑长城以设防，"因地形，用险制塞"，这是蒙恬修筑秦始皇长城所遵循的一条重要原则和方法。这一原则和方法也是在总结先秦修筑长城经验的基础上提出的，此举可以收到事半功倍之效，故为后代长城工程所普遍采用。

例如，在包头市固阳县的秦长城是沿山脊内低外高而筑，其间的"固关"（在固阳县康图沟村北）则是建在两山之间峡口之处。这样既能控制险要，亦可节约人力与材料。

此外，呼和浩特和林格尔县南杀虎口的明代长城，也是沿山脊修筑的，因为山脊本身就好似一道大墙，再在山脊上修筑长城，就更加险峻了。这种建在山脊上的长城从外侧看去，非常陡险，但内侧却比较平缓低矮。这样既可以提高防御能力，又利于士卒上下供应军需。

2. 修建山险墙和劈山墙，即利用自然山险或是将一些悬崖绝壁劈削而成。山险墙是利用高山的险阻障壁为墙。

例如，在呼和浩特武川县南部和乌兰察布卓资县北部的大青山山谷里的"当路塞"，就是汉代利用高山谷口修筑的一种山险墙。劈山墙是利用险峻的山岭，顺山势加以人工劈削而成。再如，呼和浩特清水河县老牛湾的明代长城，从阎王鼻子至黄河岸边的一段，也是劈山墙式的长城。

3. 因地制宜，就地取材。由于长城沿线地理情况不同，有高山峻岭，也有沙漠戈壁和黄土高原，为了避免长距离运输，节约人力物力，明以前修筑的长城在山区均采用石块，在平地则都用黄土。

例如，在包头市固阳县北色尔腾山山脊上的秦始皇长城，因山上无土，全是岩石，遂就地取石块，垒砌成城墙。

4. 运用"蒸土筑城"技术。经过考察分析，该技术是以胶泥为主，掺入石灰、细沙、加水发酵，搅拌捣匀，然后铺筑基础，待稍微干燥，用平夯打实，再铺第二层。因生石灰遇水后释放出大量热量，故形如蒸土。蒸土也可以说就是现在的"三合土"。因用蒸土筑城坚固耐久，古代长城修造者在有条件的沙漠地带修筑长城时，有多个地段采用"蒸土筑城"的技术筑长城。

5. 为了减轻劳动强度，在实践中创造出一些实际管用的土办法修筑长城。

例如，在运送大石上山时，可以安装绞盘，把大石头或者砖块绞上山去。2000年，内蒙古某文物保护公司在维修位于呼和浩特清水河县口子上村的明长城时，按照老工人的建议，在山上与山下安装了两具绞盘，把大石头和砖块绞上山去，从而节约了大量的劳动力。

此外，在深沟峡谷处工匠还采用"飞筐走索"的办法，把维修长城的材料装在大柳条筐内，从绳索上滑到对面的工地上；还利用善于爬山的驴、骡、山羊把砖石驮运上山。

6. 在长城施工过程中为使墙坚城固，历代工程管理部门都很重视建筑质量。石筑长城先要找平地基，垒石平砌，上下咬缝，以避免塌陷。明代长城为砖石合筑，有司对质量要求更为严格，所砌条石、城砖都要求平行、墙缝要笔直。

7. 平地上修筑的金长城因地制宜。金朝长城建在草原地区，这里地势平坦无险可守，蒙古骑兵旋风般的进攻令女真人防不胜防。无奈之下，只有用深挖沟壕、高筑边墙的办法来防备骑兵进攻。

例如，在今乌兰察布察右后旗、四子王旗的金代长城，因长城所经系草原地带，无山石可用，故先挖壕沟再用挖出的土来夯土墙。古人在草原修筑界壕的方法为：先在平地挖壕沟，在壕沟南用挖出来的土建筑一道墙，这道墙名叫主墙；等主墙筑好了，再在其南侧挖一条内壕，修起副墙，在其北侧挖上外壕。这一套工程下来，整个界壕的壕体宽度已逾50米。

经计算，战马在50米左右的距离内想要连续做4次腾空跳跃、翻墙过堑是不可能的。因为战马没有助跑要翻过主墙已很难；即使能够翻越主墙，但副墙和内壕也会让来者跌入壕中。为了万无一失，在壕内侧又筑有城堡且两城相连。城墙上士兵搭弓射箭，对付那些侥幸冲过来的骑兵；城内的士兵作后备队，与城墙上的士兵相互策应，随时准备参加战斗。

（二）修筑烽火台的方法

1. 修筑烽燧、烽火台、堡成前，要仔细选择地形，因地制宜而建。宋曾公亮《武经总要》云："唐法，凡边城候望，三十里置一烽，须在山岭高峻处，若有山冈隔绝，地形不便，则不限里数。"说明修建烽燧也要利用地形，建在高山之上便于四面了望之处。

2. 修筑烽火台是先把泥土运到台址附近，然后在台址旁择一高地，做一条土筑栈道。人们推车抬筐把土从栈道上运到台址处，填土夯筑。随着烽火台一层一层地加高，栈道也相应地加高和延长。待筑至十几米，工程将要告竣时，拆除栈道，俟上部设施全部完工，一座烽火台便立在山冈上了。

3. 修筑烽火台时，一般是采用绑扎脚手架的方法进行。工匠们登上脚手架，逐层填土，夯筑成墩。脚手架，就是用麻绳绑木杆，围着烽火台立起一个大木笼，然后在木笼上搭上踏板，以便上下。

例如，从内蒙古地区明代次边的烽火台遗址上可以看到，在烽火台遗址上，常常保留有碗粗的圆孔，有的是上下交叉孔，有的则为一排排圆孔，一层又一层直到顶上，这就是古代工匠们绑脚手架时遗留下的痕迹。

又如，位于鄂尔多斯毛乌素沙漠中的大夏国统万城的角楼遗址，目前尚高达40米，今天在古楼墙体上，仍有多层密集的椽孔，从下部直到上部，各层之间相距数米。因此，可以推测统万城角楼是用脚手架修筑起来的。脚手架已比使用夯土筑楼前进了一步，直到今天，仿古建筑工程在建筑施工中仍在采用。

二、修长城的劳动力

修长城的劳动力，一是戍边士卒为筑长城的主力。《史记·蒙恬列传》记载，秦始皇北逐匈奴后，以戍边的三十万大军修筑长城，历时九年始完成。《金史·张万公传》载，金修西南、西北路，沿临潢到泰州的界壕，是以三万士卒连年施工才告竣。金章宗永安五年所补筑的西北路长城的女墙副堤也是由戍军完成的。

二是大量强征民夫服劳役和招募饥民。如秦始皇时修筑长城除动用几十万军队外，还征调了五十万左右的民夫。北魏"发司、幽、定、冀四州十万人"筑畿上塞围。隋大业三年（607）修筑在今内蒙古境内的"西距榆林、东至紫河"的一段长城时，征调丁男达一百余万。

三是专职修长城的部队。据《历代长城考》载，在今内蒙古鄂尔多斯地区准格尔旗南境大战村的紫城岩，是明成化七年延绥巡抚余子俊部队所修边墙的一部分。另在乌兰察布地区南境的明代外边，属大同镇管辖，为正德年间（1506—1521）宣大总督翁万达的部队所修。

四是参与长城配套工程的民夫。明代修筑长城所用的建筑材料需要大量的砖、瓦和石灰。这些建筑材料大部分是就近地方开设石场、窑场，采石和烧制砖、瓦、石灰。因此，参与长城配套工程的民夫也有很多人。

三、长城的城墙建筑结构

内蒙古长城的城墙或以不规则的石块垒砌成石墙，或者用版筑夯为土墙。战国时期，内蒙古境内的战国赵、燕长城均采用版筑夯土墙的方法来建长城。这也是我国最早采用的筑城方法。所谓版筑就是两版相夹，内填黏土或灰石，一层一层地用杵夯实。用这种方法修筑的土墙就是版筑夯土墙。战国时期秦长城除大部分是夯土筑墙外，也有的山地段落是石砌墙。秦汉时期的石筑墙，就比战国时期前进了一步。

例如，战国长城为版筑的夯土墙，夯层较薄，一般为9~10厘米；到汉代长城渐加厚，一般为10~15厘米。长城土墙的底宽顶窄，顶部宽度一般为墙宽的四分之一至五分之一。

在今包头市固阳县北色尔腾山山脊上的秦始皇长城，因山上无土，全是岩石，古人就地取石块，运用大大小小的石块来垒砌城墙。从包头市固阳北部的秦始皇长城的石砌墙来看，均采用比较规则的片石。虽然是毛石，但是选择平面砌墙，上下两层石块勾缝，直立而起，高达5米。这样的石筑城墙，能承受更大的垂直荷重。

"边墙"是长城的另一种表述。自司马迁在《史记》中提出了"长城"称谓后，到了明朝，长城被统一称为"边墙"。明朝修筑长城所用的建筑材料除了土石之外，还使用青砖砌墙。从宣德七年（1432）开始至万历年间，开始在边墙沿线包砖。城墙顶部内侧筑宇墙，以防墙上将士坠落。外墙高过人头，留垛口，瞭望兼射击。依墙附建敌台（楼）二层或三层，顶层为楼铺可驻兵藏粮。马面广建城墙上，突出墙外，上置铺房，起"兵夫得以安身，火器得以蔽雨"作用。如水泉营地处要冲，城墙"土埤沙薄不堪捍御"，于万历三十六年（1608）朝廷批准包砖。明中后期边墙经改建增筑，山西镇边墙使用30多斤重的墙砖选择关键地点包垒。包砌后的墙宽达7米，高7~8米，顶部宽达到4~5米，铺以方砖或石板，可容5马拉车、10人并行。对于墙体的边角与基础部位，还用石条来加固。因此，在长城的一些段落附近，可以发现采石场的遗迹。例如，在呼和浩特清水河县海拔1600米的小圆卯明长城附近，发现有多处采石场遗迹。用青砖、石块垒砌成长城墙体，或者长城包砖、包石条的建筑墙体，可以在清水河县、凉城县的"边墙"遗址看到。

运用砖石砌墙由于山石承重力好，又能抗御自然侵蚀，所以砖石砌的城墙、敌楼、城门，均以条石作基础。砌筑到离地面1米多高，上面再砌大城砖。由于砖的体积小，重量轻，使用灵活，便于施工，所以就用来砌筑城墙的上层。这样的结构更加坚固，对当时的各类兵器具有更强的抵抗能力。

明朝修筑长城建筑技术有了很大的改进，许多地段还采用了整齐的条石和大城砖砌筑。例如，呼和浩特市清水河县北堡乡口子上村的明长城的建筑结构为：在墙基外用经过锤凿加工平整的大条石砌筑，内部填满土石块。墙基以上的墙身，用大城砖砌成，外砖内土，白灰勾缝。城墙顶部用三四层砖铺砌，面上一层用方砖，石灰勾缝。墙面陡峭处还砌成梯道，以便上下。

内蒙古历代长城历经两千多年，由古代劳动人民凭借着血肉之躯在崇山峻岭、荒漠草原上所修建。长城工程集中体现了中华民族的勤劳与智慧，值得我们在保护长城的工作中弘扬光大。

长城文化传播研究

近代以来西方世界关于长城形象的演变、记述与研究
——一项"长城文化史"的考察 *

赵现海 **

摘要："大航海时代"以来，西方传教士、使团、探险家陆续进入中国，对长城印象深刻，将之视为中国文明的象征，不断记述与研究，逐渐廓清西方世界关于长城的神话想象，而勾勒出越来越清晰的长城形象。近代时期中国在西方的国际地位呈现巨大沉浮，长城逐渐从优秀而开明的中华文化的象征，沦为封闭而落后的中华帝国的代名词。19世纪中叶以来，汉学家从历史与文物的角度，对长城的深入考察与研究，则再次扭转了西方眼中长城的负面形象。近代西方世界关于长城的知识谱系与观念变迁，根源于国际政局变迁与文化思潮变化，并影响了中国人对于长城的认知与评价。这一事实典型地体现出由于地位突出，西方对长城认识、记忆与评判，已成为一种文化现象。相应，对长城的研究，可以从文化史的角度，揭示出其主观性的一面。这一研究可概括为"长城文化史"。

关键词：近代西方世界；长城形象；"长城文化史"

虽然中国长城形象自修筑之时，便经由商人、使节、流亡之人等媒介，传播至

---

* 课题项目：中国社会科学院历史研究所创新工程项目《明中后期长城修筑与北方社会》。
** 作者简介：赵现海，中国社会科学院历史研究所副研究员，从事明代长城与中国北部边疆研究。

中亚乃至欧洲，但西方社会对于长城系统的介绍与初步讨论，却是始于近代时期基督教向世界传播的过程。西方传教士陆续抵达中国，不仅开始将长城形象越来越清晰、完整、准确地传递给西方社会，而且还将西方科学手段运用于长城考察与测绘，从而推动了中国长城地图史的发展。继传教士而来的新兴资本主义国家使团虽然对长城只是浮光掠影之"掠过"，却从国际战略、军事技术之视野加以审视，其所传播的长城形象也成为近代西方世界关于长城形象的直接来源。20世纪前后，西方探险家的中亚探险则为西方长城史研究提供了独特资料，推动了20世纪初期西方长城史研究迅速发展。西方长城形象虽来自中国，但由于立场、文化等各方面因素之影响，在长城记述、研究中融入了西方历史文化中的诸多因素，并反过来通过各种方式影响了近代中国对长城的认知，构成了我们当前关于长城认识体系的重要部分。本文尝试从文化史的角度，对近代以来西方世界长城形象的演变、记述与研究脉络，进行系统考察，并揭示其背后所蕴含的西方世界对中国认识的时代变化与观念变迁，并在此基础上提出"长城文化史"的研究范式。

一、近代以前西方世界的长城形象

长城修筑之后，不仅在中国屡屡见诸书简，而且在遥远的欧洲，通过商人、使节，甚至军人的描述，中国长城形象也很早便为西方所知。只不过这种印象较为零碎而肤浅，目前所见西方关于中国长城的最早记载可能始于公元4世纪。古罗马历史学家阿米安·马尔塞林的《事业》一书"在地图描写中，则已述及长城"[1]。《事业》载："在东方和距两个斯基泰地区以远的地方，有一用高墙筑成的圆城廓将赛里斯国环绕了起来"[2]。西亚、东欧因距中国较近的缘故，应很早便对长城有所了解。

成吉思汗及其子孙建立了疆域辽阔的蒙古帝国，打通了欧亚交通的走廊，为欧亚世界的广泛交流提供了条件。作为这一重大历史事件的产物，《马可·波罗行纪》成为13世纪中外交流的最著名例子。但关于马可·波罗是否到过中国，该书是其亲历还是摭拾西域商人旧闻，一直存在巨大争议。怀疑者提出的最大证据是马可·波罗竟然对中国的万里长城视若无睹。但也有辩护者称长城当时已甚颓败，并不雄伟，马可·波罗不加记载也属正常。但从目前所见长城遗迹来看，这一辩解显得无力。马可·波罗曾由哈密至肃州、甘州，以后至太原、平阳，这些地区皆有长城贯穿。目前在哈密以东至河西走廊尚可见汉长城高大沧桑之烽燧与突出连绵之墙体，在沙漠、平川上十分显眼。若马可·波罗确曾亲历，估计会给他带来相当的心理震撼，记载的可能性要大于不记载的可能性。虽然《马可·波罗行纪》记载了肃州、太原、平阳等地"环以墙垣之城村""环墙之乡村"[3]。所指应为府州之城及地方堡寨，也是长城之一部分，不过最明显的连续墙体还是未见记载。无论如何，西方世界并未通过《马可·波罗行纪》获得长城的形象。

与西欧相比，阿拉伯世界对于长城的记载较晚且少。有学者认为生于巴格达，到过中国沿海的马苏弟于公元955年撰成《税制考》一书，已明确记载长城。《税制考》（第43页）提到："大地的最东方，乃中国和新罗国的边界，直到戈（Gog）和麦戈（Magog）的长城。"1896年，卡拉·德·沃将该书加以翻译，称："该段里德戈和麦戈长城，乃中国的万里长城"[4]。之后在很长一段时期内，尽管阿拉伯商人频繁至中国贸易，但却很少记载长城，有观点认为这可能与当时商道主要在东南海路有关。随着蒙古帝国欧亚秩序的建立，大体与马可·波罗同一时期的埃及学者努威里（1278—1333），在其名著《文苑观止》中明确记载了长城。"穿越中国要走6个月的时间。那里有许多无人能够逾越的高山，像城墙一样环绕着它。那里还有许多非常宽阔的淡水河。据说中国国王拥有一道城墙，只在遇到极高的山和很宽的河的地方才会断开"[5]。

帖木儿第四子沙哈鲁继帖木儿之后，平定叛乱，派遣使者赴明朝。火者·盖耶速丁（Hafiz Abru, ?—1430）根据使团日记，撰写出《沙哈鲁遣使中国记》，记载了明初河西走廊的烽火传递制度。[6]不过这一关于明初长城之信息，在目前所见资料中，并未有传至西欧的记载。近代西欧广泛熟知长城是在明后期西方传教士进入中国之后。

二、16—17世纪西方世界关于长城形象与早期研究

明后期至清前期，西欧各国与天主教会向中国大量派遣传教士，至乾隆年间达到高峰。最初踏上中国土地的是大航海时代的先驱——葡萄牙人与西班牙人，此后意大利、法国等传教士也先后进入中国，他们成为近代欧洲最早记载长城的群体。

葡萄牙人圣·方济各·沙勿略（St. Francois Xavier）一般被认为是第一位进入中国的传教士。他于1522年底（明嘉靖年间）到达广东，写出《一位先生向沙勿略神父提供有关中国的信息（1548）》[7]，指出中国与鞑靼交界之地，筑有坚固城墙，长度相当于一月或更长之路程。城墙依山而建，山顶以尖镐劈开，形成墙状，山谷之墙基非常结实。士兵驻守于城墙上之堡垒之中，城墙上还有许多监视哨。但鞑靼军队还是曾经进入过城墙。在沙勿略之后，葡萄牙军官、商人加里奥特·佩雷拉于1549—1553年在福建经商，《关于中国的一些情况》（载《葡萄牙人在华见闻录》）

是他自 1551 年开始写作的关于中国之笔记，但只记载了中国与鞑靼由山脉隔开，"山上有一些关卡，关卡两边都有军事力量和守卫部队"。16 世纪后期，葡萄牙人加斯帕·达·克路士（Gaspar da Cruz）曾到达中国南部，撰成《中国志》（Tractado），并出版于 1569 年。指出中国筑有一道长一百里格或更长的，中间被山脉隔断因此并不连续的长城，把他们和其他人分开来，防止鞑靼入侵。[8] 这些著述关于长城之记载既非常简略，又欠缺准确，这与他们活动范围始终限于南方，对于长城只是耳闻，而未目睹有关。这些著述反映的长城依山而建、利用地形之特征是 16 世纪明代社会的普遍常识，这一常识也相应成为西方人笔下长城的主要特征之一。长城是为防御鞑靼而建的观点也成为 18—19 世纪西方人对长城功能的普遍认识，在 20 世纪初期才遭到地缘政治学视角之挑战。

　　西班牙奥古斯丁会修士马丁·德·拉达（MarDin de Rada）于 1575 年访问福建后，出版《记大明的中国事情》（Relacion），指出中国北部有一道方石筑成的雄伟边墙，有差不多七百里格长，七㖊高，底部六㖊宽，顶部三㖊，据说全盖上瓦，是世界上最著名的建筑工程之一。根据史书记载，这道边墙是秦始皇为对付鞑靼人修筑，他把全体百姓编成三人一组，先从每地区每三人中征召一人，再每五人中征两人。因这些人来自远方，又是到不同地方去，筑城时大批死亡。城墙外还有城镇作为边哨，并且派遣总督、大将驻守。边墙外土地是在赶走鞑靼人后取得的，并非明朝领土，只是归属于它。[9] 该书关于长城由全国三分之一民夫，在严厉监视下修筑而成的记载，既吸收了中国孟姜女故事传说，又反映了西方社会对东方专制文明的一般认识，从而成为此后三百年间长城修筑史的普遍观点，被广为传抄。

　　与以上仅到过中国南部的西方人相比，葡萄牙人费尔南·门德斯·平托曾被押送至北京，流放至甘肃，因此得以亲眼看见长城。1614 年出版的《游记》对长城之记载便非常详细。该书指出大约在公元 528 年，中国修筑城墙，长 315 里格，封闭边界，以防御鞑靼。共动用 75 万人，三分之一由百姓提供，三分之一由僧侣与安南各岛提供，三分之一由国王及亲王贵族与察院按察使等朝廷命官提供。平托还曾亲自丈量过长城，一般来说城高六㖊，墙身部分宽 40 拃；但四㖊以下的墙基像充填凹地似的夯土建成，外面覆以灰泥混凝土，几乎比墙身宽一倍，如此坚固，一千门炮也不能轰开。长城没有建堡垒，但建有双层哨楼，底部为黑木柱，中国人称之为 caubesi，即"铁木"。每根木柱都粗似酒桶，而且非常高，哨楼坐落在上面，似乎比坐落在石头和石灰上面更坚固。人们称此为长安城墙，意思是"坚固的防御"。这一城墙以同样的方式沿着绵延起伏的山脉修建，如碰到陡峭的山巅，便用镐把山巅劈开，形成天然石壁，这比起单纯城墙更加坚不可摧。长城只有五个出入口，均是河流所造成，每一出口皆有驻军 7000 人，其中步兵 6000 人，骑兵 1000 人，军饷开支巨大。驻军大部为外族人，如蒙古人、占婆人、波斯的霍拉桑人与杰齐拉人，以及居住在内陆各王国的臣民。因为中国人的确不善战，除了缺乏实战经验外，他们好战心不强，还缺少一些武器，特别是缺少火器。城墙全线还设有 320 个哨所，每处 500 人，共计 16 万人，再加上差役、衙役、按察使与察院的卫兵以及管理维持的其他人员，常年人数高达 20 万人。对于这些人，国王只需提供粮食，无须支付饷银，因为他们所有的人或大部分是被流放发配来此的。

平托关于长城之记载，一方面源于实地考察，因此较其他道听途说之著述，更为准确。他也是目前所见，第一个明确提出"长城"这一名称的西方人，并且指出这一称呼源于中国人的称谓。这显示出 16 世纪明代社会"长城"之称谓是十分普遍的，明人并未避讳"长城"之说。但平托对长城同样充满了神话般的叙述，比如将东南亚、西亚种族与长城防御部队联系起来，这一显然违背事实的论述其实源于西方传教士的传教地图与世界认知。平托将近代西方民主议政形式附会明代政治体制，显示出他对中国政治体制的误解。虽然拉达、平托在中国的活动足迹大为不同，但在记载劳工来源上却呈现了惊人的相似，且皆指出资料源于一本中国人撰述的史籍，这反映出在明代中国，这部史籍十分流行，成为明人、西人了解长城历史之主要途径。

而塞巴斯蒂昂·曼里克则指出这部史籍其实是一部记载历代建筑的书籍。葡萄牙人塞巴斯蒂昂·曼里克供职于奥古斯丁修道院，于 1628 年被派往东方传教，到过澳门，于 1649 年在罗马完成《东印度传教路线》。该书指出中国由一堵极大的自然形成与人工建筑的大墙环绕，中国一本介绍建筑的书籍记载大墙由古代一位国王为防止鞑靼人入侵而建造。国王在南京城召集御前会议，征得各市、居民点或镇的代表的同意，由后者拨出一万皮科白银，提供 23 万劳工，其中包括三万官员与经过考核的工匠。27 年后，一堵长 322 里格的高墙封闭了中国和鞑靼两个帝国之间的全部世界，其中 80 里格是人工造的墙，弥补大自然的不足，遇到河谷与山之缺口，将山削平，用山石填埋，再在上边建造大墙。为了大墙平直好看，山头被削成一样高，上边做成方块石状，外面敷以人造油灰和灰泥，看着如同一道墙。先后有 65 万人参加修筑，分别由各居民点，教会与海南诸岛，皇帝与王子们，位高权重的老爷，如都察院、都堂、海道及法官和总督提供的。大墙建造得极为坚固，中国人称它为"长城"，意思是"坚不可摧的要塞"。大墙有五个入口，由河流冲刷而成。每个入口有两个城堡，一个是"大秦"的，另一个是鞑靼大可汗的。他们每一方在各自领地的尽头也都有城堡。上述中国历史书指出，这些城堡中每一座都有七千人驻守，另外还有六千名步兵和一千匹马，士兵中大部分是东方其他各国和各民族的人民，例如莫卧儿人、呼罗珊人、波斯人、昌巴人和与中国交界的其他省份的人民。沿着如此长的大墙有三百二十座驻军兵营，每个兵营有五百士兵，即共有十六万士兵，这还不包括会计、出纳、警官、司法官员和管理这一带人民和工程所需按察使和都察院的法官的陪同人员、卫兵和侍从。[10]塞巴斯蒂昂·曼里克除了重复平托已经论述过的内容，进一步把包括东欧在内的更多的种族与长城防御联系起来。明代在华传教士，以利玛窦传教最为成功。这位长期居住北京的传教士，也记下了他对长城的印象，指出长城位于北纬42°，连接山脉，是中国防御鞑靼入侵，并与之分界的工程，是一道攻不破的防线。[11]

在传教士传递的长城信息基础上，西方人开始对长城展开初步的绘制与研究。据目前所见，欧洲人绘制的第一幅标有长城的地图是1561年维尔荷（B. Velho）绘制的亚洲海图，该图用一座城墙置于中国与鞑靼之间。1584年出版的奥特吕斯（Ortelius）的地图册中，地图学家巴布达（Barbuda）也在两座山脉间画有长城，并注明它有400里格（1600英里）长，是中国用来抵御鞑靼人入侵的要塞。

欧洲史书首次介绍长城的是葡萄牙历史学家巴洛斯（João de Barros，1496—1570）的《每十年史》（*Terceira decade*）。1533年，若昂·德·巴洛斯被任命为几内亚及印度事务府总监，该机构是在外官员回国后述职之地，巴洛斯从而借此搜集了大量葡萄牙人在亚洲的史料，于1552年出版《每十年史》。该书记载中国在"四十三度至四十五度之间矗立着一道城墙，西起嘉峪关，沿山脉而行，东至东海海角，长度在200里格以上，是一大奇观。城墙并未连成一体，而是利用了陡峭山脉，只是在关隘处筑有城墙。城墙是为防范鞑靼人或家人之入侵"。[12]值得注意的是，《每十年史》首次明确地记载了明长城的东西起止，但其估算的长度却是大有问题的，这反映出巴洛斯依据来源不同的长城记载，导致得出互相矛盾的结论。

与巴洛斯相似的是，德国耶稣会教士阿塔纳修斯·基歇尔（Athanasius Kircher，1602—1680）也从未到过中国，他关于中国的知识完全来源于在华耶稣会士卜弥格、白乃心、曾德昭、卫匡国给他的第一手材料。在此基础上，他撰写了《中国图说》一书，并专辟《中国的长城》一节，指出长城环绕四个省，甚至整个帝国，长度超过三百德国里格，中国人称之为"万里长城"，比整个亚洲还长。长城起始于中国海，在黄河岸边金村的山旁结束。除了在北部北京省和西安城以陡峭的山代替外，长城未曾中断过。长城建成拱形圆屋顶，仿佛是在桥上。长城每隔固定距离便有一高塔，有塔门。长城附近有城堡和要塞，驻扎不少于一百万的兵力。长城由秦始皇修筑，开始于公元前215年，十人抽三，历时五年完成。由于非常坚固，长城中不能插入一根钉子，否则修筑者会被处死。为把长城筑进海中，许多装载铁块的船只被沉入海中作为奠基。长城一直保存到现在，没有任何损毁和破坏。"[13]《中国图说》再次明确"长城""万里长城"之称谓，并吸收了此前多种书籍关于长城之描述，是传教士著作中关于长城描述较为全面的一部。

不过以上著作影响并不大，使16世纪较多的欧洲人知道长城的是西班牙历史学家门多萨1585年刊行的《中华大帝国史》。该书1585年首版于罗马，广泛吸收了此前西方人，尤其克路士、拉达、巴洛斯关于中国之论述。该书第一部分第九章《该国的奇异建筑和长500里格的长城即围墙》指出中国北纬43°和45°之间有一道长500里格的工事及城墙，西起嘉峪关，向东延伸超过200里格。城墙是秦始皇为防御鞑靼而修筑，城墙封锁了整个鞑靼边境。城墙中400（或420）里格由天然岩石构成，其他则是用人工将巨大的石块筑成底7呎宽，高7呎的墙。为完成这一工程，在全国内三丁抽一、五丁抽二，很多人因筑城而死。中国史书将城墙作为中国得以存在两千多年的原因。[14]

17世纪60年代，也就是明朝灭亡20年后，荷兰作家根据传教士与水手传递至欧洲的信息，创作了关于明朝灭亡的戏剧，对长城的长篇赞歌、"技艺填补了自然的缺口，建造了，也提供了你所需要的屏障。一堵城墙，从西到东，一座拱璧，抵挡危险"。同时，认为长城也无法抵挡外来入侵，只有向基督开放，中国才能获得真正坚固的城墙。[15]

三、清代传教士长城测量与考察

清前期西方传教士已通过种种途径，在清朝政治中占据一席之地，他们对中华帝国之了解，已逐渐深入，这其中便包括长城。明代西方传教士限于条件，对长城之了解多限于道听途说，或简单之考察。长期居于北方之清前期传教士，则利用各种机会，对长城进行了多种形式的考察与测量。1682年，耶稣会士比利时人南怀仁（Ferdinand Verbiest）随康熙帝抵御沙俄之进攻，据此写成《鞑靼旅行记》，对所经东北长城进行了考述。[16]1687年，受法皇路易十四的派遣，法国人张诚（Jean-Francois Gerbillon）来到中国，作为与俄国在雅克萨战争后谈判的译员，四次赴中俄边境，多次往返长城，成为所有传教士中对长城了解最多、最全面者。在此基础上，张诚写成《对大鞑靼的历史考查概述》，指出长城虽然是世界上最惊人与非凡的工程之一，但以往西方人误以为所有长城都与北京地段一样，其实山西以东长城由砖石修筑，以西由泥土筑成。[17]张诚对长城的论述是在多次考察的基础上得出的确凿结论，已近于专业的学术讨论。

清代西方传教士与长城最密切之关联是采取西方制图学方法，以长城作为坐标，绘制了全国疆域图《皇舆全览图》。1689 年中俄尼布楚条件签订时，张诚利用译员身份，乘机向康熙帝进呈亚洲地图，意在指出清朝对当时东北地理知识的不足。康熙帝遂令欧人大规模测绘全国地图。为便于测定北方各省界限与毗邻地点纬度，传教士白晋、雷孝思、杜德美等人先从长城测起。从康熙四十七年至次年，教士绘成长一丈二尺的总图，举凡长城各门（共 300 余处）、各堡以及附近城寨、河谷、水流，均行绘入。1709 年 5 月，雷孝思、杜德美、费隐诸人又开始测绘清廷的发祥地满洲。他们先从辽东入手，东南至朝鲜边境图们江，东北至松花江之鱼皮鞑子区域。1711 年测绘工作全面展开，雷孝思、麦大成（Cardoso）到山东，杜德美、费隐、潘如（Bonjour）出长城至哈密，测绘喀尔喀蒙古和陕西、山西。在山东完成测绘工作的麦大成等人，后来也参加了对山西、陕西的测绘。最终，1718 年（康熙五十七年）完成《皇舆全览图》。《皇舆全览图》是当时世界上工程最大、最为精确的地图，奠定了中国地图用三角测量的基础。[18] 随着疆域拓展，乾隆年间完成《西域图志》，由法国耶稣会士宋君荣（Gaubil）、西班牙传教士傅作霖（Felix da Rocha）、高慎思（Joseph d'Esphina）完成。《皇舆全览图》实现了欧洲尚未开展的大规模实地测绘与地图绘制，不仅为此后中国地图的绘制描绘了蓝图，而且也为欧洲的地图学理论提供了实践机会。法国唐维尔依照费隐寄去的《皇舆全览图》，绘制了各种中国地图。在此基础上，1735 年，法国耶稣会士杜赫德在巴黎出版了《中华帝国及中国鞑靼之地理、历史、编年、政治、自然的记述》，即《中华帝国全志》，从而使长城形象普遍为西方人所知。

四、17—18 世纪欧洲使团眼中的长城形象及其负面化

欧洲最早访问清代中国的使团来自俄罗斯，这与两国在 17 世纪的疆土问题上存在纠纷有关。1675 年，罗马尼亚人尼古拉·斯帕塔鲁·米列斯库（N.Spataru Milescu）作为俄国使节出使中国，据此经历撰成《中国漫记》一书。该书指出当时在欧洲流行的中国地图以长城为界，绘出支那（Kitai）或契丹（Hatai）、希那（Hina）或希马（Hatai））两个帝国的做法是一种误解，中国长城以北，没有帝国与城市。长城东起辽东半岛，离松花江不远，使中国成为与世隔绝的世界。长城以内是密集的城市与人口，长城以外是蒙古人、博格达人。长城是外人进入中国的关口，但蒙古人、喀尔木克人可以通过小关口通商、进入，黄河也在长城上撕开了几个口子，称为"塞"。[19] 在第十七章《中国长城，何时由何人兴建，起始和终止地点》中，

米列斯库专门讨论了长城的修筑与分布,指出长城是秦始皇为一劳永逸地防止博格达人、蒙古人入侵,于公元前215年开始修筑,从全国征集民夫,十人抽三人,历时五年,修筑完成。民工如此众多,以至运送砖石泥灰无须再爬到山巅,用手相互传递即可。因为是在多处地段同时兴建,故而工程进展神速,整个长城在很短的时间内便得以完成。长城修筑极其严格,用石灰黏结石缝,要坚硬到以至铁钎也无法插入,否则便要处以极刑。长城的结构是:以巨石奠基,上面砌以城砖,用石灰接缝。有的段落则全以石块砌成。高五俄,宽近二俄,墙头布满垛口。长城东起辽东地区的海湾,离阿穆尔河不远,鸭绿江即流入此海湾。在起始处,秦始皇沉没了许多船铁矿石,以为墙基。所以,长城实际上起始于大海,并由此开始跨越四个大省,直达兰州。中国人把长城叫作"万里长城",这并不符合实际,因为长城实长约一千五百多俄里,中国人之所以称之为"万里长城",是喻其巍峨宏大。长城走向随地势而变,除喜峰口地区山势过于陡峭,以及黄河流经之处外,长城一直连续,并未间断。如果长城古时便为人知晓,将会与世界七大奇迹并驾齐驱。长城完好保存至今,只有个别地方曾坍塌过,但一旦那里发生坍塌,中国人会马上派工匠修复。

1693—1695年,由荷兰人伊德斯率领的俄国使团访华,德国商人布兰特（Adam Brandt）是成员之一,写下了《1693—1695年俄罗斯使团访问中国的沿途见闻》,记载长城在鞑靼语言中叫Zabancrim,是全世界闻名的建筑。长城有300德国里格长,如果拉成直线,可能有400里格;有四个orya高;宽度亦是如此,可容七、八匹马并行。长城多半筑于山顶,每四分之一里便有塔（烽火台）,以弩防御敌人。[20]

乾隆年间,英国马戛尔尼使团访华是鸦片战争之前中西最为著名的一次对话。1792—1794年,英王乔治三世以向清乾隆帝祝寿为名,派遣由乔治·马戛尔尼勋爵率领的,包括军事、测量、绘图、航海等各方面的专家在内的百余人使团访华。作为使团随行人员之博物学家巴罗,在回国后著成《巴罗中国行纪》,感叹长城工程浩大。[21]而作为马戛尔尼的副手,乔治·伦纳德·斯当东爵士在回国后,于1797年出版了访华见闻录《英使谒见乾隆纪实》,很快被译为多种语言,在欧洲引起很大反响。该书指出,长城在保护中华文明、抵御游牧民族入侵具有积极作用,在古代世界军事建筑中具有代表性与突出地位,显示了中国政府具有大规模动员与组织社会力量的能力,既是中国隔绝鞑靼之边界,也是阻止内地反政府者出外之界限。而在史实判断上,英国使团较以往之西方人也更为准确,比如指出长城最初修筑于战国时期。总之,英国使团对长城的评价是十分正面的,将长城界定为文化先进的种族抵御其他种族之世界上最伟大的军事工程。[22]

经过西人不断介绍、研究,长城逐渐以其年代之久远、工程之巨大、作用之伟大而为西方世界普遍所知,成为中国历史、文化之象征,是西人中国知识体系中最重要一环。但步入18世纪以后,随着中国逐渐衰落、西方逐渐壮大,尤其是军人充斥的官方使团替代文化传播之传教士,成为东西方信息传递之主要纽带后,西方对中国之评价逐渐由正面转向负面,西方世界长城形象也相应经历了逐渐负面化之转变。英国人笛福(1660—1731)在1719年完成的《鲁滨逊历险记》中,认为长城尽管是一项十分伟大的工程,但大而无当,因为它连乌合之众的鞑靼兵都挡不住。[23] 在1756年出版的关于世界历史、文化之通史《风俗论》中,伏尔泰对长城尚基本持正面态度。"公元前137年修筑的、把中国同鞑靼人隔开并用以防御鞑靼人的长城……就其用途及规模来说,这是超过埃及金字塔的伟大建筑"[24]。但在晚年编撰的《哲学辞典》中,伏尔泰开始对东方文明展开更多的批判。"中国的长城是恐惧的纪念碑,埃及的金字塔是空虚和迷信的纪念碑。它们证明的是这个民族的极大耐力,而不是卓越才智。"德国哲学家赫尔德(Johann Gottfried von Herder,1744—1803)在1774年完成的《关于人类历史哲学的思想》著作中认为,中国具有某种独一无二的、不可改变的"东方性"。中华帝国的专制教化将臣民的理智禁锢在孩童阶段。他们吃苦耐劳、乐天知命,对专制君主百依百顺,创造出令世人惊叹的工程或艺术,如万里长城。但这无法阻挡这个民族的衰落,因为专制政治与奴化教育窒息了这个民族文明发展的生机。马克思指出,"如果我们欧洲的反动分子不久的将来会逃奔亚洲,最后到达万里长城,到达最反动最保守的堡垒的大门,那末他们说不定就会看到这样的字样:中华共和国自由、平等、博爱"[25]。"资产阶级既然把一切生产工具迅速改进,并且使交通工具极其便利,于是就把一切民族甚至最野蛮的都卷入文明的漩涡里了。它那商品的低廉价格,就是它用来摧毁一切万里长城、征服野蛮人最顽强的仇外心理的重炮"[26]。

无论是正面夸赞或负面贬低,20世纪以前,西方学者对长城之关注,基本是将其视为中国历史、文化之象征,是一种笼统的、概念式的认知,对长城历史进行具体研究的著作较为少见。整个学术界也基本如此。比如20世纪初奥地利著名文学家卡夫卡根据世所流传之长城印象,写出他认为一生中最重要之作品《中国长城建造时》,以第一人称的口气,以跨时空的方式,将长城塑造成最大的一个"物化"。通过长城构建出一个遥不可及,但又无处不在的,牢牢地控制着一切的领袖意志,以及一群不断尝试激情、出路却又总在重复旧路的大众。

伴随西方世界对中国了解逐渐深入,长城形象在其知识视野中,也愈加清晰而准确。尤其鸦片战争后,欧洲凭借坚船利炮打开中国大门,法国遣耶稣会士古伯察(Regis-Evariste Huc)从1841年至1846年展开环中国考察。古伯察在沿途撰写而成《鞑鞑西藏旅行记》，自称在15个以上的不同地点穿越长城，多次描写了作为农民、牧民，农业、牧业两种不同世界界限之"长城"或"万里长城"。并在实地考察的基础上，订正了马戛尔尼使团以北京周边砖石长城作为全部长城之代表的误解，指出："我们所遇到的往往不是在北京附近存在的那种筑成堞垛的双层城墙，而仅仅是一种简单的泥石砌体，有时又只不过是一堵普通的土墙。我们甚至还发现这道著名的长城被简化成了其最常见的表现形式，完全是用几块碎石堆砌而成。"不过关于长城起止，古伯察仍然延续了清代的主流观点，"万里长城从甘肃的最西端一直延伸到东海"[27]。

在西方世界将长城从"神话想象"转变至"历史研究"的著作是《东域纪程录丛》。1866年，英国退役军官亨利·裕尔在意大利完成了《东域纪程录丛》一书，该书被誉为几乎囊括了当时所知道的有关东方历史的全部知识，对于长城之研究，也较以往所有著述都更为准确。该书指出，秦始皇为抗击匈奴，在公元前214年建造长城，并将北方诸国建造的长城连接起来。西汉（前102—101），李广利第二次征大宛后，长城进一步向西越过沙漠推展。晋武帝欲于塔里木河流域重树中国的影响，从而于肃州以外别造长城，辅以瞭望亭，与旧长城相连。[28] 揆诸史实，裕尔之研究实属专业历史学研究成果了。不过当时西方的长城研究由于史料匮乏关系，只能到此为止。西方长城史研究格局的形成与扩展，始于19世纪中叶以后中亚探险热潮与社会科学发展所带来的新史料、新理论的巨大刺激。

五、19世纪中叶以后西方探险家的长城考察与长城形象的正面化

15—17世纪地理大发现（大航海时代）激励着西方人探索未知世界的巨大兴趣。19世纪后期，中亚成为世界地理的最后一块拼图——"地理上最后的空白"，从而吸引了来自俄国、英国、德国、瑞典、法国、美国、匈牙利、日本等国探险家的接踵而至。西方探险家虽然身份各异、目的不同，或出于纯粹的探险，或为掠夺文物，或者肩负着侦察中国西北军事、政治情报的职责，但大多具有较高的学术素养。探险家对古丝绸之路沿线古国遗址进行了考古发掘，其中尤以尼雅、楼兰、罗布泊的发现最为著名。敦煌文书的发掘更是形成了多学科交叉的中国中古史研究的新领域——敦煌学。总之，西方探险家的考古发掘，为20世纪以来中国边疆史地研究奠定了资料基础。西方探险家在取得以上成绩的同时，还对西北长城进行了考察，而敦煌长城文书的发现更是直接推动了以研究汉晋长城防御军事防御与生活为内容的长城简牍学的形成。西方探险家发现的这一文书史料，以及从中亚审视中国边疆与历史的传统，都刺激了20世纪西方学者在"内亚"研究视野下，借鉴社会科学方法，

利用考古与文书资料，考察中国长城起源，构建长城理论的一系列研究。而在这一过程中，汉学家在考察、研究长城过程中，对长城所作正面之描述与赞颂，在相当程度上扭转了18～19世纪西方世界长城形象的负面化，西方长城主流形象自此以正面为主。[29]

由于地缘政治的缘故，俄人是最早关注、考察我国西北地区之探险家。普尔热瓦尔斯基共进行四次中央亚细亚考察，数度穿越长城。[30]19世纪末、20世纪初，俄国上校、皇家地舆学会会员科兹洛夫曾目睹长城。[31]马达汉是20世纪俄人考察中国之最著名人物。对于甘肃长城，马达汉一方面肯定了长城在中国古代历史上的防御作用，另一方面认为长城已经失去了军事意义。[32]1877—1880年，匈牙利贵族贝拉·伊斯特万（Bela Szechenyi）率领考察团前来中国考察，曾考察长城，团员之一地理学家罗慈·拉约什（Lajos Loczy）据此于1886年撰成《论中华帝国自然状况及其省县》，1902年又撰成《中华天国史》（*A Mennyei Birodalomwak törtènete*，115—116.p. Budapest，1902），已关注长城修建史。地理学家乔尔诺基·叶诺（Jenö Cholnoky）到过长城之南口、古北口、山海关，指出长城之步步西展，就是中国与匈奴势力强弱之契机，匈奴势力因此一蹶不振，不得不向欧洲逃窜，摇撼罗马帝国。罗兰大学中文系教授艾之迪（Ildiko Ecsedy）则认为长城起不到多大的防御作用，仪式性与象征性意义更大。

19世纪末20世纪初，西欧探险队掀起对我国西北考察之热潮。1893～1894年，法国杜特雷依探险队曾在青海途径石砌墩，[33]可能是烽火台，如果这一推测成立的话，那么杜特雷依探险队是最早发现青海长城的外国考察队。至迟于1899年，西欧探险家已考察长城，该年法国外交官伯宁（M.C.E. Bonin）对敦煌烽火台与墙壁遗址进行了考察。1907年，法国汉学家沙畹曾至陕西、山西、河北、东北等地考察，并拍摄大量长城照片，收录于1915年在巴黎出版的《华北考古记》（*Mission archéologique dans la Chine septentrionale*）。瑞典探险家斯文·赫定是20世纪最负盛名的探险家，但对长城这一举世闻名之建筑似乎缺乏热情。记载肃州长城墩台皆刻有名称[34]，但却并未专门考察长城。

以发现敦煌文书闻名于世的英国探险家斯坦因，于1906—1908年考察了甘肃长城，尤其是敦煌长城。回国后发表了关于此次考察的笔记《沙埋契丹废墟记》与正式考古报告《西域考古记》。[35]斯坦因重点考察了敦煌境内两汉烽火台及其周边遗址、环境，指出汉武帝修筑长城改变了秦始皇时长城防御游牧民族的功能，成为汉朝大规模进攻西域的工具，是汉族、游牧民族之间的界限。在长城修筑中，两汉王朝充分考虑到利用当地的地形条件，并采用了先进的修筑工艺。通过将两汉修筑长城得以保障政权，而罗马帝国则被西进的匈奴灭亡两相对比，可以看出长城具有重要的战略价值。通过对烽火台及其周边遗址的发掘，斯坦因发现了大量长城军士作战工具、生活设施与工具，除了少量记有中亚文字的绢、纸外，其他大量的汉文木简展示了两汉时期长城地区长城防御与生活途经。此外，斯坦因还以长城周边所发现之大量中国丝绸、中亚古物，以及周边宗教设施深染中亚风格之特征，指出两汉时代中国与中亚交流频繁而密切。[36]1914年，斯坦因第三次到达中亚，考察了敦煌至额济纳流域之汉长城，并著《亚洲腹地考古记》。此次考察所获汉简，亦由沙畹弟子马伯乐（Henri Maspero）考释，1953年出版，书名为《斯坦因第三次中亚考察所获汉文文书》。斯坦因对长城史研究作出的最大贡献是发现了大量长城原始文书，填补了汉晋长城基层防御体系史料的空白，在世界范围内直接推动与刺激了长城研究的开展，使长城研究成为20世纪汉学研究热点之一。

最早考察长城全程的西方学者是英国皇家地理学会会员，美国人威廉·埃德加·盖洛（William Edgar Geil）。盖洛于1903年首次来到中国，考察了包括长城在内的中国全国各地，1909年出版了《中国长城》，对长城起源、修筑、目的、作用及意义首次进行了全方面探讨，发现了青海长城。在长城起源问题上，与顾炎武以及近代中国学者观点一致，认为长城源于井田制废弃，车战被骑兵作战取代。盖洛很早便指出长城是两种文明之分界线，限制内外民众之出入，也是中国形成中央集权帝国之标志。[37]总之，盖洛在系统考察长城基础之上，参考各种研究长城之中西方著作，对长城起源、修筑、目的、作用及意义首次进行了全方面探讨，是西方学者关于长城之第一部专著；他提出的长城隔绝文明之观点，姑且可视之为"长城界限论"，是20世纪以前西方世界关于长城之普遍观念，但却很快受到社会科学化史学潮流之批评。值得注意的是，盖洛是目前见诸文字的"长城是从月亮上可见地球上唯一人类建筑"之"神话"的最早提出者，这一想象却源于中国的嫦娥奔月传说。

盖洛之后，1917年，英国外交官台克满（Eric Teichman）也途经青海、甘肃、宁夏、大同长城，并在其考察记《领事官在中国西北的旅行》中有所记述，且指出青海长城之修筑是出于抵御蒙古族、藏族入侵之目的。[38]1920年，美国地质学家弗雷德里克·克拉普也在长城考察的基础上，在美国《地理研究》上，发表《中国万里长城面面观》一文，对长城的现状有详细的叙述。

结论

西方世界很早便形成长城之公共形象,并具有不少的记述与研究,长城也被视为中国历史与文化的象征。明清传教士、商人将明长城宏伟印象与秦始皇伟大功绩相结合,构建了长城古已有之,此后不断修筑,在历史上一直扮演了抵御鞑靼人之重要角色的"神话"。但明清,尤其清代传教士、使团已开始准确地测绘、记述长城的地理与历史,向西方世界逐渐传递真实的长城形象。伴随中国在世界近代历史中地位的浮沉,长城也经历了由正面至负面的变化过程,但 20 世纪前后随着西方探险家对于长城的考察与赞颂,长城形象正面色彩更多一些,并且进一步影响到了中国对长城的评价,与中国国内时势相结合,共同促进了长城在中国形象的提升与崛起。可见,长城不仅是一个物质实体,而且由于其在中国历史上扮演着十分重要的角色,从而被西方世界视为中国文化的象征,并伴随近代国际格局、文化思潮的变迁,其形象呈现出不断变化的历史过程,从而成为一种"长城文化"。相应,未来对于长城的研究,可从文化史角度,对围绕长城所形成的文化现象进行整体考察。这一研究可以概括为"长城文化史"。"长城文化史"的研究,是将长城从客观存在引向主观认知,从而全面研究长城,提升长城保护意识的必要手段。

注释

[1] 方豪:《中国交通史》,长沙:岳麓书社,1987 年版,第 185 页。

[2] [法]戈岱司编,耿瘅译:《希腊拉丁作家远东古文献辑录》,北京:中华书局,1987 年版,第 71 页。

[3] [意] 马可·波罗著,沙海昂注,冯承钧译,党宝海新注:《马可波罗行纪》,石家庄:河北人民出版社,1999 年版,第 204、396 页。

[4] 载 [英] 费琅编,耿瘅、穆根来译:《阿拉伯波斯突厥人东方文献辑注》,北京:中华书局,1989 年版,第 126 页。但葛铁鹰却认为"戈和麦戈的长城",或译作"雅朱者和马朱者的长城",系宗教故事,"与中国的万里长城,不仅在阿拉伯语用词上不同,而且在地域概念上也有相当大距离"。葛铁鹰:《阿拉伯古籍中的"中国"研究——以史学著作为例》,上海外国语大学博士学位论文,2008 年,第 109 页。

[5] [埃及] 努威里:《文苑观止》第 1 卷,埃及图书总局,1985 年版,第 301 页。转引自《阿拉伯古籍中的"中国"研究——以史学著作为例》,第 107 页。

[6] 火者·盖耶速丁著,何高济译:《沙哈鲁遗使中国记》,北京:中华书局,2002 年版,第 118 页。

[7] [葡] 费尔南·门德斯·平托等著,王锁英译,艾思娅评介:《葡萄牙人在华见闻录》,澳门:

澳门文化司署等，1998年版。

[8] [葡] C.R.博克舍编注，何高济译：《十六世纪中国南部行纪》，北京：中华书局，1990年版。

[9] [西] 拉达：《记大明的中国事情》，《十六世纪中国南部行纪》。

[10] 澳门《文化杂志》编，范伟信译：《十六和十七世纪伊利比亚文学视野里的中国景观》，郑州：大象出版社，2003年版，第252—254页。

[11] [意] 利玛窦、金尼阁著，何高济、王遵仲、李申译：《利玛窦中国札记》，何兆武校，北京：中华书局，1983年版，第7、9页。

[12] 《十六和十七世纪伊利比亚文学视野里的中国景观》，第61—62页。

[13] [德] 阿塔纳修斯·基歇尔著，张西平、杨慧玲、孟宪谟译：《中国图说》，郑州：大象出版社，2010年版，第377—379页。

[14] [西] 门多萨著，何高济译：《中华大帝国史》，北京：中华书局，1998年版，第367—368页。

[15] [美] 古柏：《向世界打开中国：17世纪两部荷兰戏剧中的明朝之亡》，《复旦学报》（社会科学版），2013年第3期。

[16] 载杜文凯编，薛虹译：《清代西人见闻录》，北京：中国人民大学出版社，1985年版，第74页。

[17] [法] 张诚著，陈增辉译：《对大鞑靼的历史考查概述》，许崇信校，《清代西人见闻录》，第121—122页。

[18] [法] J.B.杜赫德：《测绘中国地图记事》，《历史地理》第2辑，1982年。

[19] [罗马尼亚] 尼·斯·米列斯库著，蒋本良、柳凤运译：《中国漫记》，北京：中华书局，1989年版，第8—24页。

[20] [德] G.G.莱布尼茨著，[法] 梅谦立、杨保筠译：《中国近事——为了照亮我们这个时代的历史》，郑州：大象出版社，2005年版，第46—47页。

[21] "正是犯下焚书坑儒暴行的皇帝修筑了这道宏伟的长城，举世无双，甚至最大的金字塔使用的材料也仅仅是中国长城的一小点。"[英] 约翰·巴罗：《巴罗中国行纪》，载[英] 乔治·马戛尔尼，[英] 约翰·巴罗著，何高济、何毓宁译：《马戛尔尼使团使华观感》，上海：商务印书馆，2013年版，第318页。

[22] [英] 斯当东著，叶笃义译：《英使谒见乾隆纪实》，上海：上海书店出版社，2005年版，第315—331页。

[23] [英] 丹尼尔·笛福著，黄杲炘译：《鲁滨孙历险记》，上海：上海译文出版社，1997年版，第396—397页。

[24] [法] 伏尔泰著，梁守锵译：《风俗论》，上海：商务印书馆，2009年版，第244页。

[25] [德] 马克思、[德] 恩格斯著：《马克思恩格斯全集》第7卷《国际述评一》，北京：人民出版社，1959年版，第264页。值得注意的是，虽然黑格尔对中国历史评价较低，认为是静止的，但对长城却评价较高，认为秦始皇修长城"是一种最惊人的成就——用来防范北方游牧民族的侵入"。[德] 黑格尔著，王造时译：《历史哲学》，上海：上海书店出版社，2006年版，第113页。

[26] 《马克思恩格斯全集》第4卷《共产党宣言》，北京：人民出版社，1958年版，第470页。

[27] [法]古伯察著，耿瘅译：《鞑靼西藏旅行记》，北京：中国藏学出版社，2012年版，第287页。

[28] [英]裕尔撰，[法]考迪埃修订，张绪山译：《东域纪程录丛——古代中国闻见录》，北京：中华书局，2008年版，第33、40页。

[29] 比如寇松便反对了伏尔泰的观点。"尽管这些作为屏障的建筑物曾被认为在理念上尚不成熟，不过在当时仍然非常有效地抵御了它们被设计来对付的那些敌人。把它们奚落为白费工夫或者人类虚荣心的纪念碑，绝对是大错特错。中国的长城，早在公元前就开始修建，并且在此后的1700年中不断修缮，对于中华帝国的心脏地带来说绝对是个可靠的保障。尽管时不时地被游牧民族所绕过，而且不止一次地被穿透，它还是把蒙古人、鞑靼人挡在北京之外好几个世纪。有时候扮演的是查禁走私、征收赋税的财政关卡，有时候扮演的是查验护照、缉捕罪犯和可疑人物的公安关卡，还有的时候是作为阻挡敌人侵袭的军事堡垒。"载[英]寇松：《论疆界》，载张世明等主编：《空间、法律与学术话语：西方边疆理论经典文献》，哈尔滨：黑龙江教育出版社，2014年版，第169—170页。

[30] 刘存宽：《普尔热瓦尔斯基的"中央亚细亚考察"及其评价》，载马大正等主编：《西域考察与研究》，乌鲁木齐：新疆人民出版社，1994年版，第35—58页。

[31] [俄]科兹洛夫著，陈贵星译：《死城之旅》，乌鲁木齐：新疆人民出版社，2001年版，第148页。

[32] [芬兰]马达汉著，王家骥译，阿拉腾奥其尔校订：《马达汉西域考察日记》（穿越亚洲——从里海到北京的旅行，1906—1908）《致读者》，北京：中国民族摄影艺术出版社，2004年版，第11、361—362页。

[33] 杨镰：《法国杜特雷依探险队遭际考实》，载马大正等主编：《西域考察与研究》，乌鲁木齐：新疆人民出版社，1994年版，第59—79页。

[34] [瑞典]斯文·赫定著，江红、李佩娟译：《丝绸之路》，乌鲁木齐：新疆人民出版社，2010年版。

[35] 本书所利用的《沙埋契丹废墟记》，新译名为"斯坦因中国探险手记"，巫新华、伏霄汉译，沈阳：春风文艺出版社，2004年版。向达译：《斯坦因西域考古记》，乌鲁木齐：新疆人民出版社，2010年版。

[36] 不过贺昌群指出：斯坦因不懂中文，其"关于汉代与西域的贸易，烽燧、屯戍的制度，书中就有不少错误和臆测的地方"。贺昌群：《斯坦因西域考查记》，《大公报·图书副刊》，1937年4月1日。

[37] [美]威廉·埃德加·盖洛著，沈弘、恽文捷译：《中国长城》，济南：山东画报出版社，2006年版。

[38] [英]台克满著，史红帅译：《领事官在中国西北的旅行》，上海：上海科学技术出版社，2013年版，第131、153、166页。

长城精神的历史渊源与文化价值

姜红明　杨　娟*

摘要：长城作为北方草原民族与中原农耕民族的分界线，历经2500多年的长期修筑和修缮，并在历史上发挥了御侮维和的重要作用。长城修筑与运用，又形成了中华民族特有的长城文化和长城精神，今天已成为中华民族的代表性符号和中华文明的重要象征。长城精神内含丰富，价值巨大，对于我们增强民族自信有着重要意义。在实现中华民族伟大复兴的今天，我们应努力发掘长城文化，弘扬长城精神，筑起新时代新的长城。

关键词：长城文化；长城精神；历史渊源；文化价值

始建于公元前7世纪、被誉为世界七大奇迹之一的中国长城是人类文明的重要遗产，作为历史上一项伟大的军事工程，长城在两千多年的中国战争史上发挥了极其重要的战略作用。如今的长城，虽然其军事作用不再突出，但其蕴含的历史价值与文化意义却更加重要，是中华民族精神的重要象征。孙中山先生曾指出，"长城之有功于后世，实与大禹之治水等"[1]。2019年8月20日，习近平总书记在嘉峪关长城考察时指出：长城凝聚了中华民族自强不息的奋斗精神和众志成城、坚韧不屈的爱国情怀，已经成为中华民族的代表性符号和中华文明的重要象征[2]。发掘长城精神的历史渊源与文化价值，有助于我们更好地强化文化自信，有助于我们进一步

---

* 作者简介：姜红明，武汉城市学院思政课部主任、教授，从事国际关系研究。杨娟，空军预警学院黄陂士官学校政教室副主任、副教授，从事马克思主义中国化研究。

增强中华民族共同体意识,更有助于我们弘扬以爱国主义为核心的民族精神。

一、长城精神的历史渊源及其丰富内蕴

长城精神源于万里长城的修筑历史与军事价值的体现。长城最早自西周时期开始建造,延续不断修筑了2000多年,是全世界工程量最大的一项古代军事防御工程。据考证,公元前7世纪左右,楚国率先将其国土北方的城堡、烽火台用城墙串连起来,形成总长约500千米的军事防御体系,史称"方城"。《汉书·地理志》记载:"叶,楚叶公邑,有长城,号方城。"公元前5~6世纪,齐国又修筑了一条东西走向的城墙。《史记·楚世家》记载:"齐宣王乘山岭之上,筑长城,东至海,西至济州,千余里,以备楚。"随后,秦、燕、韩、赵、魏等国也相继在本国边防线上修筑了长达数百千米的城墙,作为军事防御工事。秦简公六年(前409),秦国沿洛水修筑长城,称之为"堑",后来也有称长城为"长堑""城堑""墙堑";汉代也将长城称为"塞""塞垣""塞围",如《后汉书·乌桓传》曾记载:"秦筑长城,汉起塞垣。"还有的将长城称为"长城塞""长城亭障""长城障塞""壕堑""界壕""边墙""边垣"等。因此,长城形成的早期,各国对长城的称呼是不一致的,但其修筑目的完全相同,就是用于军事防御。经历代扩建,长城总长达到2万多千米。自秦至清,凡统治了中原地区的朝代,都会兴修长城。历史上各诸侯国及各朝代建筑的长城总长度超过5万千米。先秦时期的长城还分为北长城和南长城,北长城指的是秦、赵、燕三国为防抵御匈奴、东胡等游牧民族的袭击和掳掠而在三国北部修建的长城,南长城则指楚、齐、魏、韩、中山等国为抵御其他诸侯国进攻而建造的长城。公元前221年,秦吞并六国统一天下,建立起统一的多民族的中央集权制国家。为了维护秦帝国安全,秦始皇开始大规模修筑长城。公元前215年,秦国大将蒙恬率30万大军击退匈奴,占取河南地,随后筑起"西起临洮(今甘肃山尼县),东止辽东(今辽宁省),蜿蜒一万余里"[3]的长城,长城开始被人称为万里长城。秦代长城的修建分为两个历史阶段:第一阶段是由蒙恬将军率沿线军民,维修和连接秦、赵、燕等国长城,新修不多,工程量也不很大。第二阶段,"皇帝奋威,德并诸侯,初一泰平。堕坏城郭,决通川防,夷去险阻。"[4]原来各诸侯国之间用以"互防"的南长城大量被拆毁,而北长城则举全国之力修建,动用劳动力近百万之众,长城规模空前扩展。秦亡后,汉代北疆被匈奴南侵,汉武帝平定匈奴后决定在阴山以北修建一条外长城,东段称"光禄塞",西段称"居延塞",与秦长城连接后总达2万千米以上。内外长城之间,平时屯田、养马,战时则作为进攻的基地。汉长城西起大宛贰师城,东至鸭绿江,

全长近一万千米，不仅有效阻断了匈奴南侵，也维护了丝绸之路的畅通和安全。此后，隋朝为对付漠北突厥人的南下袭扰和掠夺，先后7次征召近200万劳动力修缮长城，唐宋时期也曾修建长城，但工程量不大。当时的金国曾修建长达1650千米的长城，用以防御周边其他民族的军事攻击。明代初期，蒙古鞑靼、瓦剌诸部不断南下骚扰抢掠，明代中期则是女真族在东北地区兴起。为防北方游牧民族侵袭，明朝200多年间，长城的修筑几乎没有停止过，最终形成了西起嘉峪关、东至山海关的巨大军事防御工程。清代，康熙皇帝曾发布"不修边墙"令，但实际上仍然在大力修缮，黄河以北地区的长城修筑尤为密集。不过，清朝后期，由于长城以北蒙古及关外地区均属清王朝领土，修筑长城已无必要，因而长城的修筑未再进行。民国时期虽曾以长城为据抵御外侮，但也没有对长城进行过修缮。中华人民共和国成立后曾对部分长城进行过修缮，但此时修缮长城的目的与历史上修建长城目的已完全不同，其军事意义已经转变为对历史遗迹的保护，对长城文化的发掘和对长城精神的传承。

在西周以后2500多年历史中，中华民族的先辈们长期修筑长城，使得长城成为世界历史上最为浩大的军事防御工程，长城对保护中国历史上诸王朝的安全也发挥了不可替代的作用。长城的修筑过程也渐渐演化出中华民族特有的长城精神，并内化为中华民族精神，成为中华民族精神的重要组成部分。就长城精神的内涵而言，它包括以下几方面：

1. 团结统一、众志成城的爱国精神

长城作为军事防御工程，其基本功能是保家卫国，是中华民族爱国主义精神的重要承载。秦始皇实现四海一统后，意识到"亡秦者胡"，将原来韩、赵、魏等国长城连接起来，以统一的战斗姿态来应对北方游牧民族的军事威胁。而在长城之内，则追求国家统一，形成统一的民族意志和力量。特别是汉代，北方的军事格局由被动化为主动，长城以内大一统的思想基础更加稳固。忠君爱国则是历代统治者对军队官兵和百姓教育的主要内容，而君王也成为国家的化身。历史上每一次长城的大修筑活动，都是集中了数以百万的民众之力，虽然是在统治者的压迫和驱使下进行的，但除秦初曾因统治者过于残暴而引起陈胜吴广起义外，再未有因修筑长城而暴发武装斗争。这说明，我们的先民们对于修筑长城、保家卫国的政治意义与军事价值是普遍认同的。在爱国主义精神激励下，中华民族一代代长城修筑者万众一心，团结一致，共抗外敌，真正形成了众志成城的命运共同体意识。今天，中华民族共同体的形成，正是长城精神演化的重要历史结晶。还需要说明的是，长城是军事防御工程，主要依险要地势修建，因此，长城从来就不是国家边界所在。在汉代，中原地区军事与经济实力逐渐增强以后，大一统的民族精神逐渐固化，并对周边少数民族产生强大凝聚力和同化作用，而后在历史合力的驱使下，长城以北的一些少数民族也逐渐融入中华民族大家族中来，最终形成了今天的中华民族共同体，而爱国主义则是各民族团结统一的精神支柱。

2. 自强不息、持之以恒的拼搏精神

长城的修筑从有文字记载的历史看，最早出现在西周时代。西周为了抵御北方民族猃狁部落的袭击，修筑了连续排列的城堡作防御之用。周幽王烽火戏诸侯，其烽火台应该是长城最早的雏形。楚成王十六年（前656）楚国所修"方城"，是目前考古界发现的最早的长城遗迹。从那时起到清代同治八年（1869）"八年四月，官兵剿贼河套，遣走云。七月以贼复南窜，补筑沿河石垒。"[5]长城修筑的历史长达2525年（也有学者认为长城修筑下限为同治十二年，则有文字记载的长城修筑历史长达2529年）。一项军事工程，能历经2500多年不断修建，充分显示了中华民族接续奋斗、不懈拼搏的艰难历程。在数千年历史中，中原地区始终受北方草原民族入侵威胁，为了保境安民，我们的先辈一代接一代，修建起延绵数万里的宏伟军事工程，彰显了中华民族特有的愚公移山的拼搏精神。特别是长城分布范围广，主要是在交通不便、自然条件恶劣、人迹罕至的山区、戈壁、草原等区域修建起来的，没有坚韧毅力和拼搏精神，根本不可能创造出这样的人间奇迹。自强不息、奋斗不止，正是中华民族的拼搏精神特质，这一精神特质维系了中华文明的传承延续，使中华文明成为人类历史上唯一能赓续不断的文明成果。

3. 抗击外侮、守望和平的斗争精神

长城作为世界上最浩大的军事防御工程，从产生起就是为抵抗外来侵略、维护边境和平服务的。在两千多年历史长河中，长城在捍卫国家安全、维护地区和平方面发挥了不可忽略的作用，为中华民族的生存繁衍提供了可靠的安全屏障。特别是在冷兵器时代，游牧民族因拥有数量巨大的战马，骑兵的速度、力量、冲击力对中原农耕地区军队作战有着绝对优势，长城的修筑，使得游牧民族作战优势被大大抵消。只要能守住长城一线，北方游牧民族大举南侵就会较为艰难。唐人写下的"但使龙城飞将在，不教胡马度阴山"诗句，充分显示了长城在抗击外侮中的作用。西汉抗击匈奴、宋代对付辽金、明代抵抗瓦剌和鞑靼，长城都起到了重要的斗争作用。在两千多年农牧民族的博弈历史中，总体看中原农耕民族的实力略胜一筹，在很大程度上，得益于长城的修筑。历史上，长城沿线历经的战争不可胜数，仅山西雁门

关就曾发生1700多次大小战事。直到抗日战争时期，长城在抵御日军侵华中仍发挥较大作用，中国军队在近三个月的长城抗战中给骄横一时的日军以沉重打击，日军伤亡超过5000人，因而延缓了日军侵略华北的进程。八路军利用平型关长城附近的有利地势对日军发动袭击，取得平型关大捷，打破了"日军不可战胜"的神话。此外，大同会战、天镇战斗、雁门关伏击战、朔县保卫战、原平保卫战、忻口会战、娘子关战斗等，都是依据长城的地理特点进行的。长城更是中华民族热爱和平的象征，修筑防御工事，就是为了避免战争，维护和平。在漫长历史中，中原王朝还多次以和亲方式来维护地区和平，充分显示中华民族热爱和平的真诚愿望。和亲与长城的相互配合，就是为了促进睦邻友好，远离战争。但这种对和平的向往，并非是屈辱的退让，而是以斗争求和平，依靠长城抗击外来侵略而赢得和平，是中华民族斗争精神的真谛所在。

4. 海纳百川、包容并蓄的开放精神

长城的建筑，尽管在农牧民族之间形成了一道军事屏障，在一定程度上隔断了中原地区与北方民族之间的交往。然而，长城并没有让中原民族固步自封、坐井观天，也没有阻止草原民族学习中原文化的步伐。长城沿线设立的200多个关口，为南北交流也留下了重要通道，封闭保证了安全，但并未阻断内外文化交流。北方游牧民族的文化能够通过关口传送到内地，中原文化也由众多关口传入北方。"赵武灵王胡服骑射"的故事，充分显示出中原民族学习优秀军事文化的豁达胸怀。昭君出塞，同样为草原民族带去了中原先进的文化。汉匈边关贸易、张骞"凿空"交流等都昭示着长城两侧的文化碰撞和交融。东汉晚期的鲜卑南迁汉化，隋唐时期突厥、回鹘等族尊崇中原礼法，宋元时期的佛学融汇、道教北传及尊孔重儒，明清时期各民族文明的交流融合，展现出农耕与游牧走向多元一体的历史脉络，长城南北也由此形成中原农耕文化和草原游牧文化交融而成的"长城地带"。"长城地带"的存在，也充分证明了中华民族具有海纳百川、包容并蓄的开放精神，也正是这种开放精神，让中华民族在历史发展中不断注入了新鲜血液，实现了多民族大一统的国家观形成。

二、长城精神的历史价值与文化意义

清王朝入主中原后，特别是蒙古并入清王朝疆域之后，长城作为防御性军事工程的意义基本丧失，所以清帝多次倡议"不修边墙"。新中国成立后，曾在多地修缮长城，显然不是为了军事目的。长城因其在中华民族多元一体格局的形成和发展过程中具有重要意义，不仅是农耕文明与草原文明实现沟通和融合的重要"枢纽"，更逐渐凝固为中华民族的精神象征。长城工程之浩大、作用之显赫，是世界上其他任何人类遗迹都无法比拟的。在冷兵器时代，长城曾为中原民族提供安定的政治与军事环境以及心理上的安全感。但时至今日，长城的存在，更多是历史的见证、文化的符号和精神的象征。

1. 长城精神是中华民族共同体发展演变的历史浓缩，是中华文明的代表性符号

长城精神作为一种历史文化现象，是中华民族历经2500多年历史所创造的精神符号，是中华民族物质文化与精神文化的复合体。长城在历史上是防御北方游牧民族南侵的重要屏障，但在2500多年历史长河中，北方民族曾多次逾越这条"边墙"南下，与中原农耕文明直接碰撞和融合。汉唐时期，中原帝国的军事力量也同样跨过这条边界征服北方游牧民族，一些游牧民族钦羡中原地区物产丰富、文化繁华，多次主动示好，学习汉民族的典章制度，汉化程度不断加深。中原地区的农业作物、文化风俗、先进技术乃至思想观念，不断传入北地，而北方游牧民族的优良物种、音乐舞蹈、宗教礼仪也同样渗透到中原地带。特别是唐都长安，曾经是中华各民族文化的汇聚之地，唐代皇帝也运用大批游牧民族王公贵族担任军事将领和地方行政首脑，促使中原民族与草原民族之间的大交流、大融合，为中华民族多元一体的格局形成奠定了历史基础。长城也并没有挡住两侧官民之间的交往。尽管双方之间的战争曾经造成了众多历史恩怨，但战争也促进了民族融合。北方草原民族越过长城入主中原时期，更多地学习中原民族的先进文化，并出现较大范围的通婚现象，民族之间的交流、交往、交融日益深刻，民族同化往往因此进入高潮，最终形成了多民族融合而成为统一的中华民族。长城因战争而诞生，也因战争成为民族融合标志。特别是经长城200多个关口形成的、以"茶马互市"为代表的经济文化交流，清代"走西口""闯关东"等民众迁徙移居活动，导致长城南北两侧形成了特殊的"长城地带"现象。长城成为中华民族大家庭中南北民族联系的重要枢纽，并最终演化为中华民族命运共同体的地理脐带和精神标识。在2500多年长城修筑过程中形成的团结一致、命运与共、拼搏奋斗、开放自信精神，越来越内化为中华民族精神特质，成为中华民族的精神符号。事实上，在当今世界，各国人民只要看到长城，就会自觉地与中华民族联系起来，与中华文化联系起来。而作为中华民族的一员，每当看到长城标志，也会涌起身为中华民族一员的自豪和骄傲。这一标志，是2000多年中国历史文化的浓缩，也是中华民族对世界文化的独特贡献，更是中国人民的精神旗帜。

2. 长城精神揭示了中华文化的历史源流，是今天增强我们文化自信不可或缺的重要力量

长城精神凝结于万里高墙之中，同时也游离于长城的巍峨建筑之外。长城的修筑，不仅凝聚了中华民族的测绘选址、建筑技术、军事思想、组织艺术等智慧才能，也包含着中华民族的不懈拼搏、接续奋斗、克艰攻难的勇气毅力，更包含着中华民族的思维方式、价值观念、生活方式、行为规范等文化特点。据文物和测绘部门调查，明长城总长度为 8851.8 千米，而秦汉及早期长城超过 1 万千米，各地可考察的长城总长超过 2.1 万千米。如此浩大的军事工程，在长达 2500 多年历史中，在交通不便、自然条件恶劣、人迹罕至的山区、戈壁、草原等地建成，中华民族毫无疑问创造了空前绝后的人间奇迹。长城的设计之精妙、质量之坚固，体现了中国先民们吃苦耐劳、坚韧不拔的精神与创造才能。长城遗址上的匾额楹联、砖雕石刻等，更体现中华文化之博大精深。2500 多年的长城修筑，汇聚了中华民族文化思想、科技艺术和创造智慧，更承载了中华民族坚韧自强的精神追求、求统重防的安全愿景、天人合一的哲理思维。2500 多年持续不断的修建，使得中华文明成为四大古文明唯一没有中断、一脉至今的古文明。在历史兴替中，草原文明与中原文明碰撞交流、不断融合，最终形成了生机勃勃又绚烂多姿的中华文明。而且，长城与丝绸之路相得益彰，彼此包容合作，开辟了中西方经济文化交流的坦途。所有这些，凸显了中华文明的悠久历史与发育高度，是今天我们坚定文化自信的历史底气所在。长城不仅是中国人民的历史杰作，更是人类文明史上最为宝贵的物质文化遗产，是世界文化领域的璀璨明珠。可以说，长城是中华民族奉献给人类文明的独特名片。长城精神则是中华民族精神的核心组成部分，是我们实现中华民族伟大复兴中国梦的重要支柱。

3. 长城精神象征着中华民族的血性脊梁与和平守望，是新时代捍卫国家安全、维护世界和平的精神源泉

长城作为世界上最古老、最浩大、最杰出的军事防御工程，是中原农耕民族抵御外来侵略、维护地区和平的重要手段。长城既是在强敌面前不屈不挠、英勇抗争的军事堡垒，更是期望边境安宁、各族和平的根本举措。长城是防御性而不是进攻性的军事工程，但防御并不是胆怯和懦弱。当年，秦国大将蒙恬屯守长城，"令胡人不敢南下牧马"；汉代卫青、霍去病逾越长城，横扫入侵之敌，使得"匈奴远遁，而漠南无王庭"；唐代将领李靖、苏定方率军出长城分别击灭东突厥、西突厥，建立不朽功业；明朝开国大将徐达与副将军常遇春一起挥师北伐，不仅推翻元王朝，还越过长城，追歼元朝残余；抗倭名将戚继光，不仅在东南沿海扫平为虐沿海的倭患，还在北方抗击蒙古部族南犯十余年，保卫明朝北部疆域的安全。更有抗战时期在长城一带抗日的英雄，如何柱国、赵登禹、刘汝明、贺炳炎等，他们无疑都是民族的脊梁，是中华民族生生不息的血性支柱。今天，世界仍然很不太平，国家安全仍然面临众多威胁，一旦我们丧失血性，就会遭受清末那样的国耻。面对霸权主义和强权政治，面对民族分裂势力和暴恐分子，我们必须保持有我无敌的血性气慨，筑起我们新的血肉长城，坚决维护国家安全统一，确保人民安居乐业。同时，我们也要看到，长城精神的根本目标是维护和平，只有和平，才能确保人民生活幸福。我们要始终珍惜今天来之不易的和平，努力维护和平，确保社会主义建设的和平环境不被改变。然而，树欲静而风不止，为了保卫和平，我们必须学会斗争，不断强化血性意识，增强斗争本领，以斗争求和平，同时广结善缘，多交朋友，与世界各民族守望相助，共同建设人类命运共同体，这样才能让人民真正过上和平安宁、美好幸福的生活。

三、努力发掘长城文化，大力弘扬长城精神

长城作为中华民族奉献给人类文明的重要文化遗产，在世界文化领域占有重要地位，也是中华民族文化与精神的重要象征。然而长期以来，我们对长城的文化发掘和精神研究不尽人意。各地开发长城，虽然也把长城作为爱国主义教育和民族精神培育的重要基地，但更多地是把长城当作旅游资源进行开发。而同时，国内长城研究机构大多成立较晚，数量不多。1984年邓小平、习仲勋发出"爱我中华、修我长城"号召后，1987年才成立中国长城学会，长城学也由此成为一门显学。在中国知网的资源库中，包含"长城文化"和"长城精神"这两个关键词的研究论文只有229篇，而以长城精神或长城文化为专题研究对象的书籍迹近于无，有关长城主题的图书中，幼儿图书、科普图书和画册占了较大比例，关于长城的历史与建筑研究又占了很大一部分。据北京印刷学院2010届硕士研究生徐丽丽的研究，1949—1978年仅出版了18种与长城相关的图书，1978—1999年出版了173种与长城相关的图书，2000—2010年又出版了171种与长城相关的图书。据我们通过网络搜索的不完全统计，2011—2021年又出版了150多种与长城相关的图书。其中2017年出版的2500万字10卷本《中国长城志》，是300余位学者精心创作的研究巨著。专门研究长城文化或长城精神的论著也开始出现，2018年北京出版社出版的北京长城文化带丛书《长城踞北》算是比较专业的理论研究著作，而该出版社2020年出版的《长

城文化纵览》画册谈不上是长城文化理论研究成果。到目前为止，没有一部专门研究长城精神的理论著作。当然，文化与精神是一体两面，文化蕴含着精神，精神反映了文化。然而，长城文化和长城精神的研究显然不够深入全面。这要求长城研究者们应当转向长城文化和长城精神的研究，深化长城文化的发掘，弘扬长城精神，进一步增强中华民族的文化自信。

1. 长城的价值不仅在旅游，更在文化与精神

长城是我国体量最大、分布最广的世界文化遗产，是最早向游客开放的文物保护单位，也是最受游客欢迎的旅游景点之一。2018年全国接待游客的长城景区达162处，接待国内外游客3000多万人次，综合旅游收入超过200亿元。仅八达岭长城，2018年接待的游客就超过1000万人次。作为中国名片，长城的确是国内最热门的旅游景区，但过度的旅游开发和不合理修缮，给长城造成了众多破坏和损害。《光明日报》2009年4月20日曾专门报道过5处长城景观的损害问题。2013年《今日美国》挑选出最值得关注的"十大正在消失的世界遗产"，就有中国长城上榜。不可持续的旅游发展，造成长城这一世界著名遗产处于危险境地。因此，我们在开发长城的旅游价值时，应当加大保护力度，更多运用数字化、信息化手段，开发非接触式长城旅游路径。更重要的是，要加大长城文化与长城精神的研究，特别是要重视利用文学、艺术手段，重现长城历史的辉煌，用小说、戏剧、影视、游戏、摄影等形式，发掘长城文化，凝练长城精神，并借助虚拟仿真、人工智能、现代声像技术把长城精神突出出来，实现数字赋能，深化以爱国主义为核心的民族精神的培育活动，让广大青少年能够从小熟悉长城历史，掌握长城文化，培树长城精神，从而不断增强做中国人的志气、骨气和底气。

2. 弘扬长城精神，筑起新时代新的长城

数千年来，中华民族历经无数次磨难，但从来没有被压垮，而是愈挫愈勇，从磨难中奋起，在磨难中成长，经历磨难中走向胜利。"把我们的血肉筑成我们新的长城……"《义勇军进行曲》的雄壮旋律，是对长城精神的最好诠释。长城精神作为中华民族特有的精神标识，已经深刻烙印在中国人民的血脉之中。今天，我们在建设中国特色社会主义的新时代，虽然已经赢得一个相对和平的国际环境与较为和谐的国内环境，而且"现在，我们比历史上任何时期都更接近中华民族伟大复兴的目标，比历史上任何时期都更有信心、有能力实现这个目标。"[6]但是，我们仍然面临着国家被侵略、被颠覆、被分裂的危险，面临着改革稳定大局被破坏的危险，面临着中国特色社会主义发展进程被打断的危险，各种可以预见和不可预见的风险仍在累积，国家统一大业仍未完成。我国还是世界上最大的发展中国家，霸权主义大国在军事、经济和科技领域对我仍然有着巨大优势，中华民族伟大复兴目标不可能在敲锣打鼓中轻轻松松地实现，还需要我们撸起袖子加油干。面对这样的现实，我们应当大力弘扬长城精神，筑起新时代中华民族新的长城，继续发挥爱国精神、拼搏精神、斗争精神、开放精神，汇聚14亿人民的磅礴力量，万众一心，团结奋进，筑牢中华民族共同体，在习近平新时代中国特色社会主义思想的指引下，攻坚克难、砥砺前行，以新时代的长城精神助力中华民族伟大复兴中国梦的实现。

注释

[1] 孙中山：《建国方略》，沈阳：辽宁人民出版社，1994年版，第40页。

[2] 习近平：《坚定信心开拓创新真抓实干 团结一心开创富民兴陇新局面》，《人民日报》，2019年08月23日第01版。

[3] 《万里长城的历史悠久岁月以及由来》，腾讯网，2020年12月5日，https://new.qq.com/rain/a/20201205a03pbb00。

[4] 司马迁：《史记·秦始皇本纪》，北京：中华书局，1982年版。

[5] 李维桢：《山西通志》卷七十八，北京：中华书局，2017年版。

[6] 中央宣传部（国务院新闻办公室）、中央文献研究室、中国外文局：《习近平谈治国理政》，外文出版社，2014年版，第35—36页。

创新长城和平外交　共建人类命运共同体

彭运辉*

摘要：长城作为中国在世界上最著名的文化遗产，蕴含了丰富深厚的和平文化内涵，对于国家外交策略的创新、国家软实力的提高以及助力和平大国形象，都具有不可替代的智库价值。

长城是中国最著名的世界文化遗产，是国际社会认同的中国第一名片。长城作为中国古代最重要的军事防御工程，延续了两千多年。长城修筑的根本目的是为了和平：守卫长城是为了和平；互市贸易是为了和平；交往交流促进了和平；防御战争被动保卫和平；反击战争主动维护和平，追求长期和平。长城是中华民族历史发展进程中的和平符号、和平图腾，是中华民族崇尚和平的象征。长城是人类文明历史的"和平之盾"。

在中国特色社会主义步入新时代的今天，需要积极创新我国外交形式，全面推进富有中国特色的"长城外交"。自新中国成立以来，长期推进的特色"熊猫外交"为我国对外友好交往开拓了全新格局，成就巨大。与熊猫同为中国代表与象征的长城，在外交方面的巨大潜力亟待挖掘，使之在新时代发挥更为重要的作用：弘扬长城蕴含的和平文化，提高国家软实力；阐释和平发展道路，宣传人类命运共同体理念；提高国际话语权，提升和平大国形象，为伟大中国梦的实现营造良好的国际友好与和平环境。

---

* 作者简介：彭运辉，中国长城学会专家委员会秘书长，河北地质大学长城研究院执行院长、教授。

一、长城和平文化的内涵

长城体现中华文化以和为贵、和谐共存的价值观念和价值追求。中华文明历来推崇"和平""和为贵",奉行与人为善、以邻为伴、以德化人。在中华传统文化中,对于战争进行有效的控制,讲求"不战而胜",以文武并用的手段来解决问题,正是在这种文化背景下,古代王朝政权才会不断地修建长城。只有更好地理解中华民族热爱和平,把握中华传统文化的本质特征,认识中华文化对战争采取遏制的态度,反抗侵略、终战止战,才能真正认识长城文化,认识长城修建和使用的意义。

1. 长城的诞生与墨子和平思想

长城的诞生与墨子和平思想的诞生均在春秋战国时期,均源于战争。长城的修筑本质上与墨子"兼爱""众不暴寡"等和平思想是一致的。墨子痛恨并谴责对弱小国家的不义之战,"非攻"军事伦理思想追求的是"兼相爱,交相利"的和平境界。墨子和平思想的贡献还在于长城的修筑,因为长城选址、筑城符合墨子"难攻而易守""诸外道可要塞以难寇"原则,长期防御的要求符合墨子"城厚以高,壕深以广"原则。长城作为永备防御工程,反映了中华民族祈盼永久和平的愿望。墨子是中国古代和平主义思想家和实践家,世界和平主义的理论先驱之一,墨子思想是构建当代国际和平秩序的重要理论基础之一,是国际社会追求永久和平理想的重要参考路径。

2. 长城的历史发展体现了和平治国理念

长城的历史发展进程与各个王朝的和平治国理念密切相关。有的王朝对于是否修筑长城进行过激烈争论,最终决策仍是修筑长城,其中的缘由固然有成本与国家财力方面的考虑,但根本原因则是和平治国理念。儒家属于秩序的和平论,道家是取法自然的和平论,墨家则是行动的和平论。儒道墨三家思想共同构成了中国古代思想文化的核心和主体化,更是中国和平文化的精髓。

《尚书·尧典》即有"百姓昭明、协和万邦"理想。数千年的历史中,这种理想贯穿政治、军事和外交实践,使中华文明持续积淀和平文化资源,塑造了中华民族独特的和平文化基因。历朝历代对北方游牧民族采取的策略基本是"弭兵""怀柔""和亲""互市""朝贡"等和平形式。孔子"慎战",孟子"非战",墨子"非攻",老子"无兵",孙子"不战"等学说都具有明显的反战特点。这些成熟的和平思想不仅影响历代王朝的施政理念,而且体现在长城的战略决策中。

中华民族的发展史和长城发展史都证明，中华民族是一个崇尚和平的民族。英国哲学家罗素对中国和平文化给予高度评价："如果在这个世界上有骄傲到不屑于打仗的民族，那就是中国。中国人天生的态度就是宽容和友好，以礼待人，并希望得到回报。尽管中国发生过很多战争，但中国人天生是爱好和平的。"

3. 长城是中国历史上的"和平之盾"

"防人掠，守己国，求安宁"，这是中华民族历代王朝坚定修筑长城的根本原因。自战国特别是秦汉开始直到明朝，长城的核心作用是抵御游牧政权掠扰，保卫农耕政权的和平与安宁。西汉晁错的《守边劝农疏》明确阐述了西汉修长城是为了"保境安民"。在漫长的历史中，长城发挥了巨大的威慑作用，遏制和化解了无数次冲突和战争。长城区域在历史上发生战争的年数比例很小，绝大多数的年代处于和平状态。纵观长城发展历史，长城作为巨型军事防御工程，发挥的作用是"和平之盾"，而非"侵略之矛"。长城的主要作用是保护农耕社会不受更大危害，修筑长城的最终目的是为了和平。

中外著名学者从不同视角阐释长城的和平特点。西方思想家韦伯赞成长城的和平意蕴，认为东方的长城是和平象征，中国人并没有征服世界的贪欲，而是满足于守住自己的家园。国内社会科学界泰斗季羡林认为，长城证明了中华民族爱好和平的一种本性。长城专家罗哲文认为，长城是国家安定与和平的保障。历史地理学者侯仁之认为，长城是中原政权权衡利弊之后的明智决策，也是"务静方内而不求辟土"传统治国理念的物质体现。

4. 长城区域的民族融合体现和解与宽容精神

长城区域的历代王朝包括少数民族政权，都以和解和宽容精神为指导，实施很多协调民族关系的策略。即使战争之后强制迁徙，也没有出现种族屠杀与灭绝事例。政治方面的措施主要是和亲，包括汉朝和匈奴的和亲，少数民族之间的和亲，都发生在长城区域。经济方面的措施主要是茶马互市，以及朝贡与馈遗、封赏，都是长城区域协调矛盾冲突的有效措施。

长城不仅是中华民族的摇篮，更是中华民族实体形成的中心区域。在公元前51年南匈奴归附汉朝后，中原汉族与北方匈奴族开始汇合。长城区域如同一个活跃的民族大熔炉，历代游牧民族和长城保持非常紧密的联系，并和汉文化及周边各族文化相互渗透、融合发展。不论农耕还是游牧政权统治长城区域，都认同于传统的儒家和平治国理念，这是长城区域民族大融合并塑造中华民族雏形的深层原因。

5. 长城区域互补性经贸交流化解矛盾、维护和平

长城区域各民族通过互市缓解双方矛盾，避免冲突和战争，客观上起到了加强团结、化解战争的作用，从根本上促进了和平共处与民族的融合发展。在漫长的历史发展过程中，长城区域的各民族在经济方面相互交流、相互依存。无法替代更无法禁绝的互补性的生产与生活需要，推动着双方的经济贸易交流。考古发掘资料证明，即使在战争和分裂时期，长城区域的这种经济往来也从未间断过。

长城区域的互补性经贸交流，在满足双方需求的同时化解了矛盾，维护和促进了和平。长城区域经济的兴旺繁荣，促进了民族交流与融合，遏制了矛盾和冲突的滋生与激化。和平的经济交流替代混乱的冲突和战争，这也是当代世界国际关系中的共同愿望和美好理想。在这方面，长城发展史上的经济交流与和平共处具有重要的文明互鉴价值。

二、长城外交助力和平发展战略

长城和平文化的重要软实力价值，在于为世界和平新秩序的构建提供中国智慧。长城蕴含的丰富和平文化，是中国向世界贡献并输送的"和平之风"。化解当今世界长期存在的族群冲突，实现不同族群间的和平共处，是中国长城和平文化的历史使命。

1. 和平发展道路的深度阐释

长城蕴含的和平文化，可以助力党的十九大提出的"坚持和平发展道路、推动构建人类命运共同体"新时代外交战略。两千多年的长城发展史拥有大量追求和平、化解冲突的典型事例，不仅可以深度阐释防御性国防政策、以对话解决争端、文明共存超越文明优越等外交理念，更是展示中国和平大国形象的历史"物证"。

中国传统主导思想是和平与防御，反对主动侵略外族。因为防御思想处于主体地位，对外战争基本是外族入侵引发的，这和长城区域的冲突与和平的历史事实基本吻合。中国数千年的历史长河中，没有西方的军国主义思想，更没有殖民统治的事例。在中国历史的很多朝代，对修筑长城的争论与定策，都是传统和平思想指导的行为，最终落实于修筑长城，落实于守卫长城，其目的都是为了和平。因此，新时代长城和平文化的重要价值，在于积极回应和消解西方的"中国威胁论"，向世界展示强大的东方"醒狮"的和平形象，为世界和平新秩序的构建提供独特的和平

理论与中国智慧。

2. 创新、补充国际和平理论

在当代和平学发展与实践方面，作为长城和平文化的核心内涵，以儒道墨等为核心的传统和平思想蕴含了丰富而重要的参考内容。儒家的"和而不同""协和万邦""己所不欲，勿施与人"等多元共存思想，对于曾经在历史上煽动宗教狂热的西方"己所欲，施于人"信条可以发挥拨正和补益作用，可以成为化解当代民族冲突的重要策略和准则。

墨家的兼爱、非攻思想为当代和平秩序构建及新型国际关系的重塑提供了和平共处、平等互利的重要理论基础，是促进世界和平事业的东方力量。非攻思想可以促进中国与各国战略安全的互信度，是应对和化解"中国威胁论"的特效"良方"。墨家倡导国与国平等交往，不论大小、贫富和强弱，一律平等相处，这对于当代友好国际关系的构建具有重要指导意义。在全球化时代，墨子"交相利"思想更具有国际贸易交流、互惠互利的重要实践价值。

3. 有利于解决当代地区冲突难题

当代国际关系最突出的难题是宗教文化差异导致的地区冲突。长期以来，世界军事科学理论的主流及核心观点是以战止战，以武力保卫、实现和平。这样的理论无法从根本上消除战争。发源于基督教文明的西方和平主义，面对宗教文化背景的冲突和局部战争，理论研究与探索陷入困境。长城和平文化蕴含的中国传统和平思想可以作为西方和平主义的有益补充。

西方许多权威和平学者提出"冲突转化"概念，主张利用多种沟通方式，使冲突的双方化解分歧或误解，从冲突走向合作。明朝在长城区域推行的茶马互市贸易，很好地解决了与蒙古族的矛盾和冲突，符合和平学提倡的利益型冲突化解法，而之前明朝采取的导致冲突的关闭互市做法，则是和平学反对的权力型和权利型办法。长城历史中许多维护民族和睦的做法，具有很强的当代参考价值。长城和平文化的实践案例，为国际地区冲突的解决提供了建设性的方案。

4. 有利于提高中国软实力水平

长城和平文化与新时代的和平、发展、合作、共赢外交理念高度契合，具有非常重要的外交价值，可以更好地传播中华和平文化思想，提高中华文化在世界的影响力，提升中国的整体软实力。同时，长城和平文化所蕴含的民族平等交流、和平共处、融合发展的东方和平模式，可以为中国的和平发展道路与实践提供有影响力和渗透力的理论支撑，更好、更亲和地构建东方"真和平"及世界"大和平"，塑造中国的和平大国形象，为人类的"永久和平"理想贡献独特的中国智慧与力量。

长城文献的价值及其收集整理

陈建文*

摘要：长城是我国现存规模最大的文化遗产，是中华民族的精神象征，在中华文明史和中华传统文化发展史上具有不可替代的重要价值与地位。长城自诞生起，就具有了军事、政治、历史、文化诸方面价值。与此同时，长城文化随之产生，长城文献随之出现，长城研究随之开始。长城文献在其中凸显出极其重要的作用。

关键词：长城；长城文化；长城文献；长城研究；长城文献收集

习近平总书记在甘肃考察时强调："长城凝聚了中华民族自强不息的奋斗精神和众志成城、坚韧不屈的爱国情怀，已经成为中华民族的代表性符号和中华文明的重要象征。要做好长城文化价值发掘和文物遗产传承保护工作，弘扬民族精神，为实现中华民族伟大复兴的中国梦凝聚起磅礴力量。"

在当前全国上下正在倾力建设长城国家文化公园，树立中华民族文化自信之际，弘扬长城精神，传承长城文化，深化长城研究首当其冲，长城文献当仁不让、大有作为。

长城，作为中华民族的精神象征，自春秋战国至明末，历经2000多年的持续营造，成为我国乃至全世界体量最大、分布最广的具有线性特征的军事防御体系遗产，是人类历史上宏伟壮丽的建筑奇迹和无与伦比的历史文化景观。进入中国特色社会主

---

* 作者简介：陈建文，大同市图书馆（大同市少儿图书馆）长城文献资料研究中心主任，副研究馆员。

义新时代，长城蕴含的辉煌灿烂的文化、坚韧不屈的长城精神、浩气长存的长城意志永远激励着世世代代的中华儿女、华夏子孙为实现伟大复兴的"中国梦"生生不息、前赴后继、勇往直前。

人说一部长城史，半部中华史。恢弘壮丽、绵延起伏的万里长城，造就了博大精深、浩如烟海的长城文化和长城文献；源远流长、浩浩汤汤的长城文化和长城文献，承载了物质和精神并存的长城；波澜壮阔、生生不息的长城文献，记述了长城和长城文化的前世今生，让长城研究成果卓著、经久不衰。

自然而然地，长城、长城文化、长城文献、长城研究汇聚在一起，不可分隔：长城滋养了长城文化，产生了长城文献，孕育了长城研究；长城文化包容了长城，涵盖了长城文献、促进了长城研究；长城文献记录了长城，彰显了长城文化，服务了长城研究；长城研究聚焦了长城，显现了长城文化，丰富了长城文献。它们相辅相成，共同成就了长城，成就了长城的宣传、保护和研究。

一、长城、长城文化、长城文献、长城研究

与世界各民族一样，中华民族在文明发展过程中也始终面临着生死存亡、构建社会秩序、传承和发展文明三大基本问题。长城作为规模浩大的军事防御工程，是古代中华民族各诸侯国之间或封建王朝与民族统治集团之间亦或各少数民族建立的政权之间长期进行军事斗争的产物。

长城从产生到发展，绝大部分时间都与上述三大基本问题息息相关。长城发挥的主要历史作用：一是抵御北方游牧民族掠扰，保卫和平和安定环境；二是规范社会政治、经济秩序，推动经济发展；三是传承和发展中原地区封建文明，调节民族关系、促进民族融合，建立统一多民族国家的民族纽带。从上述意义中说，长城成为推动中国历史进程的重要因素之一。

长城、长城文化、长城文献、长城研究之间的关系和具体含义分析如下：

1. 长城

与历史上其他国家的军事防御工程相较，长城有着两个显著的区别：一是其建筑体量大；二是其防御体系与其他军事防御工程相比具有非常大的纵深。

长城由一条有形的建筑实体作为防御线，将农耕地区与游牧地区分隔开来，并与地形、耕地、水源、前方、后方等周围环境相联系。同时，长城将农耕地区和游牧地区紧密联系起来。长城的这种联系反映出中国历史的政治、经济、军事、文化、

民族等诸要素的融合。

长城具有非常鲜明的特点，主要是信息收集与传递、军力部署与调度、屯边与屯垦、贸易与互市、平战结合、军民共防于一体，其整体性、结构性和层次性显著。

可以说，长城是中国古代由连续性墙体及配套的关隘、城堡、烽燧等构成体系的巨型军事防御工程和融合了军事、政治、经济、文化、民族等要素的综合防御体系。

2. 长城文化

长城文化包括物质文化、制度文化和心理文化三个方面。

物质文化包括反映长城南北农耕文明与游牧文明之间不同的生产方式、生活方式；制度文化包括围绕长城制定的战略战术及从中体现的军事思想，作为构筑运用长城重要配套措施的军屯、民屯、商屯中的经济思想，凭靠长城调节民族关系，巩固统一多民族国家的政治思想等；心理文化包括大量在民间广为流传的长城神话与传说，以长城为题材的文艺作品，人们长期生活于长城地带显现出来的思维方式、价值取向、审美情趣、风俗习惯、民族性格、文化精神等。

长城因构筑使用年代久远绵长，建筑工程复杂艰巨以及所发挥效用重大深远，凝聚了时代变迁的社会人文信息，蕴含了丰富深刻的思想，鲜明地铭印了民族的心理轨迹，体现了构筑者的感情、思维方式、价值取向，寄托了人们的向往与追求。

3. 长城文献

有文献记载，长城最早修建于公元前7世纪。历史考古证明至少在公元前5世纪的春秋末期战国初期，长城就已经存在。这个时期，各国为了自身发展的需要，修筑长城进行防御。齐、楚、燕、赵、秦、魏等诸侯国及此后的秦、汉、隋、明等王朝和北魏、北齐、金等民族政权为保护自身的利益都曾修筑过长城。

历史上，长城有过许多不同的称谓。作为通用称谓，"长城"一词始于春秋战国时期的齐国。《管子》记载："长城之阳，鲁也。长城之阴，齐也。"《史记》载："齐宣王乘山岭之上筑长城，东至海，西至济州千余里，以备楚。"此后，文献记载，长城还有"方城""堑""城堑""墙堑""塞""塞垣""塞围"等称呼，也有将"长城"与"塞""亭障""障塞"等词合称来指代长城的。在金代，"界壕"与"壕堑"是长城的专用名词，"边墙"与"边垣"则是明代使用的长城称谓。此外，宁夏民间将黄土夯筑的长城墩台称为"长城蛋蛋"。长城沿线的村民，常将明以前的长城称为"土龙""黑土龙"或"黑地龙"等。少数民族语言中，也有对长城的专门称谓，如"乌尔科"在蒙语中专指"城墙、长城"。

长城文献最早是指长城历史典籍，后来又泛指社会中记载长城信息的一切书面文字材料。在现代信息技术飞速发展的今天，人们把利用各类物质载体所记录并用以交流传播的一切有关长城的文字、图表、数字、符号、音频、视频等知识信息资料统称为长城文献。

4. 长城研究

长城研究源于长城、长城文化和长城文献。长城研究的对象、内容、目的也是长城、长城文化、长城文献。

自从产生了长城，长城的建筑及其防御体系就相应产生，长城的传说、文学艺术、思想习俗等应运而生，长城文化也随之发生。长城文献随着长城的诞生和长城文化的发展也不断涌现，蔚为大观，长城研究也不断深入。可以说，长城培育了长城文献，长城文献记载了长城。长城文献既是长城的产物，也是长城文化的产物，是表现长城和长城文化的载体，更是长城研究的依据。长城研究，主要分析是长城、长城文化、长城文献。研究长城，就要研究长城文化，研究长城文献，而长城文献是长城研究、长城文化研究的有效途径和有力支撑。

二、研究方法

对长城、长城文化、长城文献、长城研究的研究早在长城初建时就已开始，其时断时续、时起时伏，延续了两千多年之久，大致可分为军事设施研究时期；历史、地理研究时期；多学科、多角度研究时期等。

长城是中华民族伟大力量的象征，是世界古代工程的奇迹，是伟大的历史丰碑，是安定和平的保障，是文学艺术的宝藏，是旅游观光的胜地。在2000多年的持续营造过程中，长城展现了中华民族不畏艰难险阻、顽强不屈、吃苦耐劳的精神特质，展现了中华民族坚韧自强民族精神的价值、文化自信的历史文化价值、古代军事防御体系的建筑遗产价值、人与自然融合互动的文化景观价值。其中，最突出、最核心的价值在于它所承载的伟大精神，即团结统一、众志成城的爱国精神；坚韧不屈、自强不息的民族精神；守望和平、开放包容的时代精神。这三大精神历经岁月锤炼，已深深融入中华民族的血脉之中，成为实现中华民族伟大复兴的强大精神力量。

进入新时代以来，长城对弘扬伟大的长城精神和中华民族悠久的历史文化，促进改革开放、对外文化交流和经济的发展都起到了积极的作用。

总体而言，对长城研究、长城文化研究、长城文献研究、长城研究的研究，主要是通过三种方法来进行的。那就是文献研究法、实证研究法、文献和实证结合研究法。

1. 文献研究法

文献研究法是指收集和分析各种现存的长城文献资料，从中选取信息，以达到某种调查目的的方法。它是最基础和用途最广泛的研究方法，几乎是从事长城、长城文化、长城文献、长城研究的起点。文献研究法可以独立完成某些从收集资料到分析研究全过程的长城课题。

2. 实证研究法

实证研究法是指研究者亲自收集长城观察资料，为提出理论假设或检验理论假设而展开的研究。实证研究法指所有经验型长城研究方法，如：长城考古、长城调查研究、长城实地考察研究、统计分析法等。其重视研究中的第一手资料，但并不刻意去研究普遍意义上的结论。在研究方法上是具体问题具体分析，在研究结论上，只作为经验的积累。

3. 文献研究与实证研究结合研究法

同其他研究一样，在长城研究上也有文献研究与实证研究相结合的研究方法，那就是长城文献资料研究、长城文献考证与长城考古、长城实地调查研究、长城实地考察研究结合的研究法。

上述三种方法都是长城研究的重要方法。其中，采用文献研究法，主要立足于长城文献，采用实证研究主要偏重于长城考古、实地调研、考察，采用文献研究与实证研究结合的研究法主要在于文献考证与实地考察。不论怎么说，长城文献在长城研究、长城文化研究、长城文献研究和长城研究的研究中都起到了十分重要的作用。

作为文献资料收集、整理、研究、利用，服务社会大众的图书馆，有责任、有义务把长城文献作为一个入藏主题，进行收集、整理、研究、利用，充分发挥其价值和作用。

4. 大同市图书馆（大同市少儿图书馆）长城文献资料研究中心的实践

大同市图书馆（大同市少儿图书馆）长城文献资料研究中心成立于2018年5月，

2021年1月28日面向社会正式对外开放。其主要服务对象为长城研究者和爱好者。其主要职责是：传承、弘扬以长城为象征的中华民族的伟大精神和长城文化，收集、整理、保存和研究、宣传、开发、利用长城文献信息资料，建立全国性的长城文献资料研究中心，进行学术交流和学术研究，促进长城文旅融合，为全社会提供长城文献信息服务。其主要任务是：第一，收集、整理、保存长城文献资料。通过购买、接受捐赠、交流互换、网络及自媒体、分析综合、二次加工等途径，全面收集有关长城的图书、期刊、报纸、图片、电影、电视剧、学术论文、邮品及音频、视频、电子资源等文献信息资料，依托大数据进行加工整理，并开发二次、三次文献、云数据等，进行数字化，建立数据库，长期保存。并期望在未来五年内建成全国性长城文献资料中心。第二，研究长城。就长城精神、长城文化、历史价值、军事作用、建筑艺术、工程技术、美学价值、民族交往、长城保护等有关领域进行深入探索、开发、研究，提出调研和研究项目、课题，形成调研考察、项目报告、宣传保护建议书、普及性、专业书籍等学术成果。第三，宣传长城。与报纸、期刊、电视台、新闻网等媒体深入合作，并通过网站、公众号、自媒体、主办的刊物等渠道，进行全面系统、精细化宣传。组织并联合有关部门和团体，开展有关长城的微电影、宣传片的摄制；书刊和画册的出版；文创产品的开发制作；通过征文、书画展览、笔会、体育活动、音乐文艺表演等活动，以及组织相关人士考察长城等多种方式来宣传长城。第四，学术交流。利用讲座、展览、报告会、演讲会、座谈会、新书发布会、研讨会等形式，邀请国内外和本地专家学者进行学术交流，宣传保护长城。第五，开发利用长城。与文物、文旅部门和长城学会、长城文化旅游协会、长城保护研究机构密切合作，利用馆藏长城文献信息资源，以及项目、课题研究成果，开发利用长城资源，促进长城文旅融合，为长城旅游、长城周边乡村脱贫致富、市域县域经济发展提出建议、意见，并参与其中。

中心成立以来，建立了长城文献数字平台，开展了许多活动，如长城讲座、长城公开课、长城展览、长城研讨会等，编印了《大同长城》画册和《中国长城论文集》《山西长城论文集》《大同长城论文集》等。

截止2021年7月，长城文献中心共收集《中国长城志》《长城百科全书》《山西省长城资源调查报告》等各省区长城资源调查报告和《山西古关隘》《雁门长城》《大同长城》《大同军堡》《紫塞云中——大同长城文旅攻略》等长城图书383种，1152册；《万里长城》《中国长城博物馆》《山西长城》《大同长城》等期刊13种，513册；其他如长城邮票、明信片、长城摄影长卷等26种，61件。主要来源为购买、接受捐赠、馆际交换等。

"大同市图书馆长城文献数字平台"是大同市图书馆（大同市少儿图书馆）深入贯彻《长城、大运河、长征国家文化公园建设方案》和山西省委十一届十次全会精神、山西省政府印发《黄河、长城、太行三大品牌建设年行动方案》的重要举措，旨在深入挖掘长城精神和长城文化蕴藏的历史内涵和时代价值，促进长城文旅融合，为广大读者提供全天候、一站式的长城公共数字文化服务，为培育壮大大同文化旅游战略性支柱产业作出应有的贡献。"大同市图书馆（大同市少儿图书馆）长城文献数字平台"主要提供图书馆内 PC 端和手机客户端使用，平台从长城概览、长城文明、山西长城、长城胜迹、长城人物、山关文化、古今战事、传说典故、长城研究等多个维度深入挖掘长城背后的历史和文化，包括大量的以长城为主题的论文、电子书、图片以及系列视频，为长城研究爱好者及专家学者提供权威、全面的研究性学习资料。平台资源尤其突出了山西省内大同长城、朔州长城和忻州长城三个地域分类。三地现存明代古长城最多，分布之广堪称长城迷宫和长城历史博物馆。

本文拟通过该馆长城文献中心的实践来阐释长城文献在长城研究、长城文化研究、长城研究的研究中的重要支撑作用。

三、长城文献的类别

从大同图书馆长城文献中心收集的文献来看，依据文献载体和体裁、文献传递知识、信息的质和量的不同以及加工层次的不同，长城文献可分为如下类别：

从文献的载体和体裁看，长城文献可以分为纸质的长城图书、报刊、论文和神话传说、歌曲、绘画、书法、图片、艺术、音乐、纪录片、电影、电视剧、航拍片、音频、视频、电子文献、数字文献等多种形式载体文献。其中，长城图书又可分为正史类、实录以及后人对实录所做的整理类、政书类、方志类、奏议类、编年体类、杂史类、野史类、蒙古方面的资料等史书，个人有关长城的专著和文学文艺作品、摄影集、工具书等。长城论文又可分为报刊论文、学位论文、会议论文等。

从文献的加工层次来说，长城文献分为零次文献、一次文献、二次文献、三次文献等。零次文献是未经记录、未形成文字材料、人们的口头交谈或未公开于社会的原始文献，如长城书信、手稿、记录、笔记等；一次文献是人们直接以自己的生产、科研、社会活动等实践经验为依据生产出来的文献，如长城期刊论文、学位论文、专利文献、科技报告、会议录等；二次文献是将大量分散、零乱、无序的一次文献进行整理、浓缩、提炼，并按照一定的逻辑顺序和科学体系加以编排存储，使之系统化，以便于检索利用的长城文献目录、索引和文摘等；三次文献是选用大量有关的文献，经过综合、分析、研究而编写出来，如研究综述、评论、评述、进展、动态等长城文献。

上述长城文献都是长城研究、长城文化研究、长城文献研究、长城研究的研究所必须的文献，也是图书馆、情报所、高校、研究所、网站等单位和机构必收的文献，更是我们大同市图书馆（大同市少儿图书馆）长城文献资料研究中心已经收集到的长城文献。

四、长城文献的价值

长城文献的价值包含长城文献的永恒性价值和现实性价值。

1. 永恒性价值

与其他事物相比，长城文献最具体、最全面、最如实地保存、积累长城和长城文化研究的成果，是对长城和长城文化的总体反映。长城文献是人类这个主体对长城和长城文化、长城研究总体体现的代表。

长城文献的永恒性价值表现为积累和传输研究长城、长城文化的一切活动成果。其价值集中体现在长城文献积累、传输和反映人的认识方面，这既是长城知识和长城文化、长城研究相应的知识体系的内容，也是其产生、发展的根源。

2. 现实性价值

长城文献的现实性价值表现为适应和引导长城和长城研究发展需求。其价值集中体现在长城文献既积累长城知识和长城文化生产者生产的知识信息，又将这些知识信息输送给图书馆、情报所、档案馆、科技馆等众多信息机构和媒体及长城和长城文化知识信息的需求者，以适应和引导我们认识长城和长城文化的规律，提高我们的知识水平、思维能力、团结协作精神，适应和引导社会对长城信息、知识、智力的需求。

长城文献从历史走来，我们决不能脱离历史看待长城文献；长城文献又向未来走去，我们决不应该停留于过去或现在看待长城文献。长城文献的永恒性价值与现实性价值相互联系、不可分割。其永恒性价值必须通过现实性价值得以体现，现实性价值又必须以永恒性价值作为其实现的基础和依据，两者共同在长城文献与人的契合中以及文献自身的延续发展中得以实现。

五、长城文献的作用

人类的文明或文化始终依靠文献得以保存、传输和拓展。只要人们想系统地了解人类及其社会活动，那就必须求助于文献，或者靠以文献为版本的文献变形体或现代形式的、立体的、活化效应的数字文献。文献将始终如一地完成其共建社会文明、保存文化遗产的使命。对于长城研究、长城文化研究、长城研究的研究来说，长城文献也是如此。

长城文献蕴涵着长城、长城文化、长城研究宝贵的精神财富，并在长城和长城文化、长城研究发展过程中发挥着多个方面的巨大作用。

1. 知识信息的贮存作用。长城文献是长城、长城文化、长城研究的文献载体，是记录长城、长城文化、长城研究知识信息的物质材料，既能保存，又便于利用。

2. 知识信息的传递作用。长城文献的传递既不受时间限制，又不受空间控制，既可以将长城知识、长城文化、长城研究世世代代纵向传递下去，又可以在广泛的地理范围内横向传递。

3. 科学认识作用。除了身体感官直接认识外，人类认识长城、长城文化、长城研究还要从长城文献中获取、借鉴、继承前人的研究成果，才能得出科学结论。

4. 是参考验证作用。早在 3000 多年前，孔子就感叹"文献不足"，王室档案材料不够，以致无法验证夏殷两代的礼制。可见，那时文献就已经具有验证参考的功能了。长城文献也不例外，无论是在认识长城、了解长城文化、研究长城，还是在长城修筑的科学决策中、记录传播长城文化方面，长城文献都具有重要的参考验证作用。

5. 寓教于乐作用。长城、长城文化、长城研究的教育是长城文献与人的一种交流关系，无沦是学校教育、家庭教育，还是社会教育、自我教育，都离开长城文献。我们在获取长城文献信息的教育过程中，可以得到精神上的享受，在享受的过程中又可以获得丰富的长城、长城文化、长城研究知识信息。这就是长城文献特有的寓教于乐作用。

六、长城文献的收集整理

长城文献包含未公开发表和公开发表两大类。收集的渠道主要有个人、机构和互联网三种。

1.对于未公开发表的文献,若属个人藏品,可根据线索主动联系,在征得文献主人同意的前提下,采取租借、复印等办法收集。

2.若是机构藏品,或官方内部资料,则可按一定程序和规定,采取向有关单位直接索取、文献交换、复印复制、租借等方法收集,还可通过上级主管部门指令征集、调拨。

3.对于公开发表的和正式出版发行、公开的书籍、刊物、文章、信息、统计资料、磁带、光盘、电子文献、数字文献等文献资料,可直接购买,也可到图书情报机构和可能收藏这类文献的单位、读者那里去借阅。

4.从互联网上的有关数据库和网站复制或下载。借助有关机构编制出版的长城文献检索工具和图书馆编制的长城文献目录、利用大型门户网站搜索引擎、登录专门网站以及根据作者在文章、专著中所开列的参考文献目录、所引用的文献名目,通过浏览、筛选、精读、记录等方式,在互联网上追踪查找长城文献更为便利。

上述方法既是人们收集长城文献的途径,也是大同市图书馆(大同市少儿图书馆)长城文献资料研究中心收集长城文献的途径。

如前所述,长城文献既是长城、长城文化、长城研究的产物,又是长城、长城文化、长城研究的载体和具体体现。无论是长城、长城文化研究、长城研究的文献研究法,还是实证研究法,抑或文献研究和实证研究相结合的研究法,都要依靠长城文献来完成。

从这个意义上来说,长城文献是长城、长城文化研究、长城研究的必由之路和重要支撑,也是大同市图书馆(大同市少儿图书馆)长城文献资料研究中心存在的理由和服务社会的价值所在。

注释

[1] 中国长城学会:《长城百科全书》,长春:吉林人民出版社,1984年版。

[2] 陈海燕、董耀会:《中国长城志·总述·大事记》,南京:江苏凤凰科学技术出版社,2016年版。

[3] 陈海燕、董耀会:《中国长城志·文献》,南京:江苏凤凰科学技术出版社,2016年版。

[4] 杨挺:《文献的价值和价值标准》,《江苏图书馆学报》,2001年第1期。

长城文化对北京冬奥会文化形象的话语建构研究[*]

陈 玉[**]

摘要：北京冬奥会作为世界性的重大体育文化事件，中华文化是其中不可或缺的载体和纽带，因此冬奥会也成为观察民众对于中华文化认同状况的一个窗口。研究长城这一典型的中华文化代表性符号在北京冬奥会文化形象建构中产生的影响，以及运用的经验与不足，对于未来促进国家重大文化需求的形象建构和传播将有所启发。本文采用话语研究视角，通过调查分析国内媒体的话语传播框架，社交媒体上国内民众的认知状况，描述现实情况与预期的差异。

关键词：北京冬奥会；长城；文化形象；话语建构

2015 年 7 月 31 日北京冬奥会申办成功当日，中国邮政即发行了一枚纪念邮票，邮票设计突出表现了北京冬奥会的标志，同时辅以白雪覆盖的长城作为衬托。从那时起，北京冬奥会在文化形象建构方面，广泛运用了在海内外公众认知中最稳定的中华文化标志性符号——长城，让长城的形象频频出现在邮票、海报等各类视觉设计及媒体节目中，并在八达岭等长城点段开展倒计时以及火炬传递等活动。主办方

---

[*] 课题项目：本文为河北省社会科学基金项目《河北长城文化话语融媒体传播创新路径研究》（HB21XW014）、河北省社会科学发展研究项目《国家文化公园需求背景下长城文化话语传播效果提升研究》（20210201002）的成果之一。
[**] 作者简介：陈玉，燕山大学教授，博士生导师，燕山大学中国长城文化研究与传播中心执行主任，从事新闻舆论传播与社会治理研究。

的意图显而易见，即：不仅希望长城为北京、延庆、张家口等赛区提供城市的地理坐标和人文背景，还希望借助长城凝聚共识，更深层地将长城的文化内涵延伸开来，高度概括地向中外民众表达出中国作为历史悠久的文明大国的分量，以及追求铸牢民族共同体意识、构建人类命运共同体的大国格局和愿景，从而引导广大受众产生对"北京冬奥""中国冬奥"文化形象的广泛认同。

然而，长城代表什么样的中华文化传统？哪些是应当一脉相承的，哪些必须实现创新发展？长城在人类文明视野中具有哪些文明共同价值？如何传播形成海内外民众的认同？所有这些仍然亟待解答。研究表明，时至今日，长城的文化内涵在国内民众与世界民众的认知中，其话语表达仍是碎片化的、模糊不清的，有些甚至是相互冲突的、"他塑"的[1]；对于长城这一伟大世界文化遗产，我们的国内和对外传播仍停留在神秘壮观实体遗产的层面，其内在文化价值的表达描述、分析诠释与传播极为欠缺、贫乏[2]。这与新时代传承民族文化根脉、坚定文化自信、讲好中国故事的迫切要求严重脱节，不仅不能使中国人更好地认识自己，为民族复兴提供来自历史根脉的养分，也无法让世界更好地了解中国，与海外民众形成文化价值的交流与呼应。

北京冬奥会作为世界范围的重大体育文化事件，中华文化是其中不可或缺的载体和纽带，因此冬奥会也成为观察国内外对中华文化认同状况的一个窗口。研究长城典型的中华文化代表性符号在北京冬奥会文化形象建构中产生的影响，运用的经验与不足，对于未来优化国家文化需求"重大时刻"的形象建构和传播将有所启发，很有意义。

一、文献回顾与研究问题的提出

回顾既往对于长城的研究，多数分布在考古、历史、地理、应用经济、信息技术、建筑艺术这6类学科，包括综合性的全国明长城资源调查资料整理研究、长城内外游牧社会与农耕社会的互动关系及演进规律、中国古代长城的历史地理学研究，断代的战国长城、燕秦汉长城、明长城、明蒙关系的研究，区域性的辽东、内蒙古、晋陕长城研究，运用空间地理信息技术的长城研究，长城文物和文化资源数字化保护传承与创新性发展研究。这一类属于从文物角度界定长城内涵资源并开展的本体研究。

本文聚焦的长城文化意涵与话语传播的研究，可以概括为两类：

（一）追溯长城话语的历史传播脉络

国内学者对于长城叙事话语在抗日战争时期的话语转型描述比较充分，同时又有学者从海外可见的文献源头溯源，关注近代以来西方世界关于长城形象的演变、记述与研究，[3]用文献谱系勾勒出长城话语在西方形成的物象以及西方主导的关于长城的想象。周宁《万里长城建造时：卡夫卡的中国神话》重建了西方文化构筑中国的长城神话的话语传统，揭示"长城"从一个历史建筑变成具有"他者"意义的文化符号。[4]美国学者阿瑟·沃尔德隆所著《长城：从历史到神话》恰恰为此提供了一个实例。[5]

（二）着眼现实问题开拓批评话语的长城文化研究

国内学者运用20世纪80年代兴起的语言学与社会学批评话语分析工具，强调运用后结构主义和新马克思主义理论，把文化阐释和社会结构分析相结合，面对（逆）全球化、本土化、文化多元化等大变局、新挑战，拓展运用传统的话语传播理论和方法，破解现实的文化问题，力避与时代的复杂变化和现实需求相脱节，致力于打破西方化的话语传播普世标准以及对东方的偏见，立足本土立场，解决自身问题，开拓了"当代中国文化对外传播话语创新"[6]"社交媒体时代中国国家话语能力建设"[7]等课题，给人以启发。张昆等基于网络调查和内容分析开展国家形象研究，出版了系列国家形象蓝皮书（2016—2021），其中对国家文化形象的调查涉及对长城形象认知。郑保卫等基于西方国家主流杂志封面图片针对视觉符号视角下的中国国家形象进行了画像，涉及长城元素。[8]

总体上，目前对长城文化内涵的挖掘和阐释仍然不足，且应用性差，在此基础上的话语研究也亟需开展。"随着信息技术的迅速发展，以及多学科交融发展的客观要求，迫切需要我们从广义和总体两方面来认识长城的内涵、意义与影响"[9]，进一步深化将长城文化运用于当代的理论和应用研究。

本文采用话语研究视角，通过调查分析国内媒体的话语传播框架，社交媒体上国内民众的认知状况，描述现实情况与预期的差异，试图回答以下三个问题：国内媒体（官方话语）是否准确充分表达了北京冬奥会所期待的长城文化话语？社交媒体上国内民众所认知的长城话语内涵是否与冬奥会的预期相契合？上述情况存在何种困境和问题？

二、理论框架与政策导向

20 世纪 60 年代末以来，文学、哲学、社会学、传播学等人文社会学科将话语分析从微观的句子扩展到语篇、语境，以及宏观的社会文化、意识形态对话语产生的结构性影响，揭示语言建构现实、语言施展权力的存在。代表人物如巴赫金认为话语是生生不息的语言活动以及制约言语的潜在社会机制，语言符号内涵着每个时代的主流意识形态。戴伊克提出社会话语影响社会认知，形成"社会记忆"。斯皮瓦尔指出话语与舆论、权力有着紧密的关系。福柯提出了著名的"话语即权力"观点——话语是在某种历史条件下，被某种制度所支撑起来的陈述群。《知识考古学》《话语与社会变迁》等经典著作构成了话语分析理论被广泛运用。值得注意的是，跨文化传播领域，萨义德、霍尔等学术巨人创立的东方主义话语、文化帝国主义等学说，意在批判西方的傲慢与偏见，却被收编到西方的全球霸权战略当中，时至今日为"西方中心论"所用，形成一整套社会文化观念话语体系以及成熟的传播模式。

话语，是表示语言、行动和交流的组合方式。美国学者詹姆斯·保罗·吉认为："语言是用来说事、做事和成事的。"[10]，人们使用语言构建世界上的事物，话语建构现实。费尔克劳把话语看作社会历史情境中的社会实践或行为方式，同时也是对社会的建构。[11]话语既反映社会变化，又能够促进社会变化。其中，新闻话语包含语言、权力和意识形态之间的复杂关系，作为典型的公共话语，是实现塑造社会共识的工具，也被权力关系所塑造。新闻话语制造共识，新闻话语意识形态的产生，一方面有赖于新闻事实，另一方面则依赖于新闻话语机构的新闻话语构建。

关于话语和社会关系的理解大致可分为两种：一种把话语看作人们在社会语境中进行交际的社会行为；另一种把话语看作对社会的建构，是一种知识形式。批评性话语分析关注语言与社会之间的辩证关系，关注话语在社会变化中的功能，不以语言的内在结构为最终目的，而是透过语言结构剖析各种社会问题。批评话语分析作为话语分析的一种重要分析方法，重视语境在话语产生、传播中的作用。

以长城文化话语为对象开展研究，必须考察当前我国的政策导向这个重要背景。在中华民族复兴的发展进程中，站在多元文化主义、文化相对主义思潮激荡现实下，中国建构国家形象的战略需求日益迫切。习近平总书记指出："我们在国际上有理说不清的一个重要原因，是我们的对外传播话语体系没有建立起来。……要加强对外话语体系建设，用中国理论阐释中国实践，用中国实践升华中国理论，更加鲜明地展现中国思想，更加响亮地提出中国主张。"由于国家发展、文化信心提升、国内外舆论环境变化等因素，长城文化话语的社会性、政治性背景近年来发生显著变迁，文化话语与国家政策保持一致的责任规范增强。站在人类历史和世界文明的格局推动国家文化形象崛起，既是政策规制，也是彰显自身力量的社会需求，因此分析长城文化话语与国家塑造文化标识、凝聚共同体理念的现实需求密不可分。

同时，长城国家文化公园"国字号"文化工程当前正在推进。建设长城国家文化公园是以习近平同志为核心的党中央做出的重大决策部署，是"十四五"时期国家深入推进的重大文化战略工程。习总书记指出"长城凝聚了中华民族自强不息的奋斗精神和众志成城、坚韧不屈的爱国情怀，已经成为中华民族的代表性符号和中华文明的重要象征。要做好长城文化价值挖掘和文物遗产传承保护工作，弘扬民族精神，为实现中华民族伟大复兴的中国梦凝聚起磅礴力量。"建设长城国家文化公园，根本目的是要打造中华文化的重要标志，坚定文化自信，弘扬民族精神。其规划构思的重点是对长城的文化价值、精神内涵等社会性资源进行迄今最全面的挖掘、提炼，因而具有重大的文化战略意义。

长城的文化阐释和传播被提升至前所未有的高度，受到前所未有的重视，正如它参与北京冬奥会的文化形象建构那样，被赋予更重要的使命。

"长城文化"是中国古代修建和使用长城过程中所形成的历史文化，也包括依托长城所形成，反映长城内外民族特质和社会风貌的文化。本文所称"文化形象"是国家形象的组成部分。国家形象一般是指主观认知上对反映在媒介和人们心理上的一个国家的历史和现实的文化及其价值观的综合印象。最先提出国家形象概念的美国政治学家布丁认为，国家形象是一个国家对自己的认知和国际体系中其他行为体对它的认知的结合。因此，国内民众的自我认知不应被忽视，文化形象建构应当首先抵达国民。

三、研究方法

（一）进行网络资源的语料库话语分析

本文从数据库中提取语料，自建专题语料库，运用语料库研究方法挖掘数据，对搜索得到的国内媒体报道、社交媒体中长城与北京冬奥会相关的文本内容进行话语分析、描述和阐释。

国内媒体报道语料来自"中文新闻数据库"（CND）中2020年9月21日（北京冬奥会倒计时500天）至2022年2月10日（北京冬奥会举行第1周）有关"北京冬奥会"与"长城"的中文媒体报道。所选取的锐研数据"中文新闻数据库"的新闻数据来源覆盖国家网信办公布的可供新闻转载的380家新闻单位（含报纸和网站）、各级省市的地方媒体及其公众号，可按主题、时间、来源进行分类筛选，比较符合本文的研究设计。本文以"北京冬奥会"和"长城"作为关键词进行搜索，自建国内媒体报道相关专题语料库，并基于此进行定量研究。

本文的社交媒体语料，选取微博作为代表性平台采集，建立语料库。微博是中国开发最早且影响力显著的社交媒体，用户数量多，活跃度高，互动性、开放性强，获取历时文本便利。本文利用微博高级搜索，使用python爬取检索结果，获得微博发布的2020年9月21日至2022年2月10日的相关文本，筛选掉仅含有字符、链接、表情包的无效帖和重复帖，以及含有"长城岭""长城网"等专有名词和品牌广告的帖子，最终获得符合条件的微博文本，建立语料库。

基于上述语料库，本文使用语料库检索工具AntConc软件提取了有关数据。

以下是媒体报道中"北京冬奥会""长城"各自的词频和二者共现的词频数据。考虑到不同媒体的受众定位与传播范围各不相同，因此数据均包含不同媒体转载的报道。共现频数为节点词"北京冬奥会"在同一篇报道文本中同时出现"长城"词语的频数。

表1 媒体报道中"北京冬奥会""长城"词语频数和共现词频表

序号	频数	词语
1	266868	北京冬奥会
2	331325	长城
3	2142	"北京冬奥会"搭配"长城"

同时，检索"北京冬奥会"与"长城"共现的文本，用于体现文化语境以及文本之外的社会文化语境（互文性）：

表2 媒体报道和微博中"北京冬奥会"与"长城"共现的搭配索引行

1	世界各国的运动员在	北京冬奥会	使用的场地融入了长城和烽火台的元素
2	2月3日，	北京冬奥会	火炬在八达岭长城传递
3	五洲宾朋相约	北京冬奥会	齐聚长城内外
4	可爱的"冰墩墩"与"雪容融"携手共舞，	北京冬奥会	在雪地中、冰场上、长城下，欢乐乐章处处奏响
5	曾经有人说是不是要给冰墩墩等	北京冬奥会	吉祥物加上长城、华表这样的元素

续表

6	如期而至的	北京冬奥会	点燃世界冰雪运动的热情，墨西哥少年儿童11岁的卡洛斯和9岁的爱德华多虽然还没去过中国，但希望将来有机会去登长城
7	中国就提出了以	北京冬奥会	为契机"带动三亿人上冰雪"的目标，长城内外，大江南北，越来越多的人
8	京张高铁服务	北京冬奥会	的同时，有效保护了世界历史文化遗产八达岭长城，让古老雄伟的长城与现代智能的高铁在此和谐共处
9	《雄伟的长城》——剪纸非遗传承人贾艳梅和家乡剪纸乡村文化合作社社员们受邀为	北京冬奥会	创作剪纸作品
10	延庆冬奥城市文化广场中央的火炬台"长城之光"成为	北京冬奥会	热潮中引人注目的新景观
11	26岁的樊婧姝是	北京冬奥会	闭环医生，她的过年新衣就是"水墨长城纹饰"的北京冬奥会工作制服
12	夺金之后谷爱凌更成为	北京冬奥会	的"明星"。她说，我每年暑假都会回北京，看天安门、逛胡同、爬长城
13	"雪容融"是	北京冬奥会	的另一个吉祥物，它以灯笼为基础，融入天坛、鸽子、长城等符号
14	吸引世界聚焦	北京冬奥会	的开幕式现场短片中有七个镜头出自铜陵摄影师王启宏之手。从片头磅礴大气的长城巨龙"到二十四节气展示
15	2月5日，	北京冬奥会	各项比赛全面开赛。"太惊艳了！这是一件令人惊叹的长城雪景艺术品！"
16	6日晚，中华人民共和国国歌响彻	北京冬奥会	颁奖广场上空，把我们的血肉，筑成我们新的长城
17	大年初五下午，中外媒体记者们携手登上八达岭长城，这些前来采访	北京冬奥会	的记者们站在长城上远眺四周景色，感受"望长城内外，惟余莽莽；大河上下，顿失滔滔。山舞银蛇，原驰蜡象，欲与天公试比高"的北国风光
18	12位学子分别向观众讲述了他们与	北京冬奥会	的特殊缘分和对这次盛会的热切期待。世界青年在长城脚下，以青春为纽带、以奥运为平台
19	雪花飘落，长城巍峨，放飞心中和平鸽，随着	北京冬奥会	开幕，一首《同一个世界》歌曲也在网络上流传开来
20	北京将再次成为全世界瞩目的欢乐焦点，	北京冬奥会	与春节相遇在长城脚下，这是东西方文明相向而行两千多年的文明之缘

为进一步观察网民认知中"长城"与"北京冬奥会"的主题相关性，本文以上述微博语料库作为参照语料库，与 2022 年 2 月 2 日冬奥会火炬传递至 2022 年 2 月 10 日时段内发布的以"北京冬奥会"为关键词搜索得到的原创帖子作为观察语料库加以比较分析，得到主题词表：

表 3　微博关于冬奥会的主题词表

序号	频数	主题性	主题词
1	145	150.602	冰雪
2	130	134.358	滑雪
3	72	89.137	赛道
4	35	47.213	火炬
5	23	28.929	长城
6	22	24.087	中国风
7	19	21.347	元素
8	12	17.098	圣火

四、研究发现

"北京冬奥会"同"长城"文化符号相关联，受到国内媒体的关注度较高，这在表 1 的共现词频中得到反映。由于语料来源全部为主流媒体，其消息来源和新闻话语的把关人均来自官方，因此可视之为北京冬奥会官方主动使用的话语，包括其宣传周期、载体和机制，都是冬奥会主办方进行社会动员的实践组成部分，即主办方和媒体共同形成的传播主体对话语的建构。这种建构力求使长城的文化内涵与冬奥会文化形象形成交集，充实后者的文化阐释体系。显然取得了一定成效，成功地从预热期便设置议程，引发了微博代表的社交媒体上公众的普遍关注。分析表 2 获得的数据可见，两个检索词之间有的跨距很小，几乎形成了词块，即程序化序列表达，如"长城下的北京冬奥会"，"北京冬奥会上的雪长城"等，搭配强度较高，组成结伴关系。但从表 3 也能看到，冬奥会进入火炬传递 - 开幕 - 比赛的议程以后，长城文化在其中呈现的主题性并不十分突出，而仅仅像是一道远方的风景线。

再进一步，由上述研究的表 2，在话语层面，我们来分析长城文化话语与冬奥会建构与被建构的辩证关系得到了何种实现。

费尔克劳将语言运用看作一种实践，称其为"话语事件"。北京冬奥会作为一个跨文化的重大话语事件，它对文化形象的表达是既克制又清晰的。如果我们选取习近平主席在宴请国际嘉宾时发表的致辞，以及北京冬奥组委主席蔡奇和国际奥委会主席巴赫在开幕式上的致辞进行分析，便能提炼北京冬奥会的预期文化形象目标。另一方面，对于长城的精神内涵与文化价值，以往既有官方的统一表述，也有学术界做出的提炼概括，[12]现将其列入表4加以比较。

表4 北京冬奥会文化形象要素与长城文化内涵对照表

北京冬奥会文化形象要素	长城的文化内涵
和平； 和谐； 勤劳、勇毅、智慧； 雄心、勇气、力量、鼓舞全世界的人们； 让世界更加相知相融； 团结协作，促进相互包容和理解，人类面对困境时战胜挑战共创未来的坚韧之姿； 展示国家的发展进步	团结统一、众志成城的爱国精神； 坚韧不屈、自强不息的民族精神； 守望和平、开放包容的时代精神； 坚定中华民族文化自信的历史文化价值； 展现古代军事防御体系的建筑遗产价值； 承载人与自然融合互动的文化景观价值
不同文明交流互鉴的多彩体验； 理解支持，跨越差异； 遵守规则，彼此尊重，在同一个屋檐下和谐共处，不歧视； 竞争激烈的对手也能够和平共处，彼此尊重； 桥梁而不是高墙	寻求大同，和而不同； 维护规则，相安共处； 交流互鉴，互通有无； 安全秩序，保护繁荣； 止战屈兵，好战必亡； 有备无患，忧患意识[13]
倡导构建人类命运共同体	世界文化遗产拥有的人类文明共同价值
运动员收获友谊，突破自我	—

诚如开幕式上央视解说词所言："从奥林匹克的发祥地希腊赫拉神庙到中国万里长城，历史悠久的奥林匹克和源远流长的中华文明交汇交融。"长城的文化内涵极其丰富，是最富包容性的中国文化符号，表4中列举的前三类长城文化内涵均能为包括北京冬奥会在内的国家形象建构重大需求提供源源不断的文化力量和话语资源。

由此我们发现，表2所呈现的长城话语对北京冬奥会的文化形象的供给，内容不充分，表达不准确，与预期目标相差甚远。

五、结论与思考

在重大事件和公众关注的问题上运用文化话语工具、掌握话语权，是重构价值取向、整合历史记忆与文化认同的重要手段。这种"隐形的权力"固然受到现实条件的制约，但也塑造文化的意义和社会认知文化的态度。长城文化在北京冬奥会文化形象的话语建构中，本应充分显现这种文化话语与社会实践之间建构与被建构的自反性，那将对于在今天中国所处的特定语境下理解、思考如何讲好中国故事，非常适用。

令人遗憾的是，北京冬奥会的媒体报道中，长城文化内涵的准确性和充分程度都多有欠缺，作为公共话语的媒体报道和社交媒体中公众对长城文化内涵的认知单调、空洞，长城在语篇之中被当成了形式美的抽象符号，对其情景意义、显著性、身份认同、关系构建仍停滞在传统的宏大叙事之中，"仅仅满足于展现、再现它的辉煌壮丽，延续着奇观化的主题选取和讲述方式"[14]，未形成对长城文化内涵进行描述、解释、阐释的话语呈现，影响了长城文化对北京冬奥会文化形象建构的贡献度。

毋庸讳言，我国的文化软实力并没有随着物质上国力的逐年增强而迅速提高，中国人不擅长讲自己的故事，不仅是对外国人，有些连国人本身也没有听到或者理解并不充分，文化话语体系的建设还处在比较低的水平，远未达到预期，与中国的客观存在还有着较大差距。

如果我们用批评话语分析视角看西方媒体，就会看到它们站在"他者"的立场，每每对于华夏文化产生误读，至今仍是解读不清。例如，长城在西方文化背景中，是简单的、冷漠的甚至模糊的。尽管近代以来长城的符号内涵发生过变迁，万里长城成为中华古老文明的象征，而且逐渐被赋予不同甚至相反的含义，但它在西方人心目中，既可能代表中国的文明成就，也可能表现出专制、停滞与封闭、保守或虚弱。历史上，清朝乾隆年间著名的马戛尔尼使团访华，亲眼目睹了长城的壮观，在《英使谒见乾隆纪实》（1797）中，副使斯当东赞叹长城令人惊心动魄的同时，就曾片面地断定它在当时的作用只是限制中国人外迁，关闭国人。[15]尽管建构中国形象的意义系统，最终来自西方文化本身，但是我们也并非无所作为。北京冬奥会所涉长城沿线就拥有厚重的民族交流融合、中外商贸往来的史实，仍然具有当代价值，也能在民众的想象之外，更具亲和力地讲好长城故事。讲好长城故事，相当程度上就是讲好中国故事，有利于站在人类历史和世界文明的格局推动国家文化形象崛起。

语境问题应当重视，鉴于话语建构文化形象基于共有的文化背景，在国民当中传播长城文化，常常会认为那些象征符号内涵是理所当然、家喻户晓的，其实并不尽然，让国人全面了解长城文化的当代价值十分必要。在陌生的文化中进行的会话，就更加需要重视明确地说出语境，以跨文化受众能够理解和认同的方式交流互通。长城具有跨文化的属性，它能够形成很强的认同感、适应力，是塑造我国文化形象不可替代的载体。在国内外社交平台，特别是国内青年网络社群中达成对长城价值的认同十分重要，有利于借助民间场域的融媒体传播，润物无声地讲述长城与中国的故事。

在人类文明史上，中国长城本身是一个极为特殊的文化现象，人们对它的认识仍在不断深入。时至今日，为了建构中国文化形象、提升中华文化的国际影响力，在人类文化和精神价值的维度，立足当代世界对长城做出恰如其分的评价，使它以更具普遍性的意义符号，形成富有解释力的话语体系，才能促进当代性的文明对话，产生价值共鸣。这是国人不应回避的使命，也是一项基础性的工作。

由于条件所限，本文研究的历时跨度还比较小，调查样本量、覆盖面不足，未对图像、音视频等有关语料进行考察，希望今后在条件具备的情况下，能够对研究对象开展多模态话语分析。

注释

[1] 常江、田浩：《2018年中国国际文化形象研究报告》，张昆、张明新《中国国家形象传播报告》，北京：社会科学文献出版社，2020年版，第84页。

[2] 陈玉：《从神秘奇观转向世界视野中的中华文明共同价值——读董耀会〈长城：追问与共鸣〉》，《光明网》，2020年11月15日。

[3] 赵现海：《近代以来西方世界关于长城形象的演变、记述与研究》，《暨南学报（哲学社会科学版）》，2015年第12期。

[4] 周宁：《万里长城建造时：卡夫卡的中国神话》，《厦门大学学报》，2002年第6期。

[5] ［美］阿瑟·沃尔德隆著，石云龙等译：《长城：从历史到神话》，南京：江苏教育出版社，2008年版。

[6] 马诗远、陈珂：《西方人讲中国故事的话语实践及启示》，《对外传播》，2019年第09期。

[7] 丁云亮：《社交媒体时代国家话语能力的建构逻辑》，《安徽师范大学学报（人文社会科学版）》，2019年第05期。

[8] 郑保卫、赵丽君：《视觉符号视角下的中国国家形象——基于西方国家主流杂志封面图片的研究》，《国际新闻界》，2012年第12期。

[9] 田澍、马维仁：《明长城资源的多学科整合与长城学的构建》，《西北师大学报（社会科学版）》，2019年第6期。

[10] ［美］詹姆斯·保罗·吉著，何清顺译：《话语分析导论：理论与方法》，重庆：重庆大

学出版社，2021年。

[11] 转引自焦峻峰：《基于批评话语分析理论的英美主流媒体新闻话语研究》，武汉：华中科技大学出版社，2020年版，第41页。

[12] 国家层面对长城蕴含的精神价值进行了提炼、归纳、引导、弘扬。在2016年颁布的《中国长城保护报告》，2019年文化和旅游部、国家文物局联合印发的《长城保护总体规划》等权威规章中均有阐述，后者在第一章"概况与价值内涵"中设了"长城价值"专条。

[13] 陈玉：《国家需求语境下长城文化研究的范式创新》，《中国社会科学报》，2021年4月16日。

[14] 陈玉：《从神秘奇观转向世界视野中的中华文明共同价值——读董耀会〈长城：追问与共鸣〉》，《光明网》，2020年11月15日。

[15] 李朝军：《19世纪西方来华游历者视域中的中国形象》，湖南师范大学博士论文，2015年。

长城保护与文旅融合研究

长城文化遗产保护与传承数字化发展进程与趋势*

党安荣　张　智　信泰琦　周宏宇　余建刚**

　　摘要：中国长城是联合国教科文组织（UNESCO）世界文化遗产，是中华民族精神的象征。长城文化遗产的保护与传承及其数字化发展，是文化遗产保护领域和信息化应用领域共同关注的热点问题。本文在梳理学术文献、实践项目及其他相关研究的基础上，首先从遗产资源调查与监测的必要性、数字化的重要性两个方面明确了长城文化遗产保护与传承的数字化需求。然后，从长城文化遗产数据采集与处理、信息系统研发、保护状况监测、病害诊断与保护、价值挖掘与传承等五个方面，系统阐述了长城文化遗产保护与传承数字化进展，体现了遥感（RS）、全球导航卫星系统（GNSS）、地理信息系统（GIS）、虚拟现实（VR）等空间信息技术在长城遗产保护与传承中的应用与支撑。最后，结合物联网（IoT）、大数据（Big Data）、云计算（Cloud Computing）、人工智能（AI）、扩展现实（XR）等新型信息技术方法的发展和应用前景，论述了长城文化遗产保护与传承走向智慧化的两个趋势，即长城文化遗产的数字孪生与智慧传承。

　　关键词：长城文化遗产；保护与传承；进程与趋势；数字孪生；空间信息技术

---

* 课题项目：国家文物局科研项目（2020ZCK203），长城文化遗产保护与利用的空间信息技术方法研究（2021.03—2023.02）。

** 作者简介：党安荣，清华大学建筑学院教授、博士生导师，清华大学国家文物局重点科研基地主任。张智，清华大学建筑学院博士研究生。信泰琦，北京帝测科技股份有限公司文化遗产保护中心技术总监。周宏宇，清华大学建筑学院博士研究生。余建刚，清华大学建筑学院硕士研究生。

引言

中国长城文化遗产，作为联合国教科文组织世界文化遗产和人类历史上最伟大的建筑之一，其保护与利用研究一直受到国内外各界的普遍关注。在数字中国、智慧社会发展的当下，基于遥感（RS）、地理信息系统（GIS）、全球导航卫星系统（GNSS）、虚拟现实（VR）等空间信息技术的长城文化遗产数字化保护与传承更是成为当前研究的热点之一。本文通过系统梳理相关研究与实践的文献与项目，首先论述长城文化遗产保护与利用数字化的必要性与重要性，然后从数据采集与处理、信息系统研发、保护状况监测、遗产病害诊断、遗产价值挖掘等几个方面，全面概述基于空间信息技术的长城文化遗产保护与利用数字化的研究进展，最后从数字孪生与智慧传承两个方向，阐述长城文化遗产保护与传承智慧化未来的发展方向。

一、长城文化遗产保护与传承数字化需求

1. 长城文化遗产资源调查与监测的必要性

长城文化遗产历史悠久、体系庞大、要素多样、结构复杂、分布广泛，受到自然侵蚀与人为破坏的问题始终不容忽视。遗产资源的即时调查、测量、监测与研究工作，是长城文化遗产保护、管理、利用等各项工作的前提与基础。自1952年起，国家先后对居庸关、八达岭、山海关等长城重要点段陆续开展了调查和保护工作；在1956年开展的首次全国文物普查工作中，北京、河北、宁夏、甘肃等地都将明长城作为调查重点（张建华，2007；刘建美，2011）。结合从1979到1984年开展的第二次全国文物普查工作，长城遗产沿线各省份对重要区域的春秋战国长城遗迹、秦汉长城遗迹、明长城遗迹和金界壕遗迹等进行了调查，在此基础上编辑出版了《中国长城遗迹调查报告集》（唐晓峰，1977；顾巍，1986；黎风等，1994）。尤其值得关注的是2006年国家文物局启动"长城保护工程"，并与当时的国家测绘局联合开展了为期5年的基于遥感（RS）、地理信息系统（GIS）及全球导航卫星系统（GNSS）技术的长城文化遗产资源调查，该项目旨在全面、准确掌握历代长城的规模、构成、分布、走向及其自然与人文环境、保护与管理现状等基础资料并总结发现存在的问题，以便有的放矢地加强对长城文化遗产的整体保护（王增宁，2006；张建华，2007；景爱，2007；李兵，2008；陈军等，2011；赵有松等，2011）。近十年，

随着无人机遥感及现代测绘技术的发展与应用，长城遗产资源的数字化调查与研究工作不断深化（李严等，2018；徐凌玉等，2019；张智等，2021）。

同时，长城作为UNESCO世界文化遗产，按照1972年通过的《保护世界文化和自然遗产公约》第7和第29条规定，以及《实施世界遗产公约操作指南》细化的要求，必须开展面向长城文化遗产保护状况的监测，包括对世界遗产的价值载体保存状况以及影响其保存的内外因素是否得到有效控制进行监测，涉及长城遗产环境的监测、遗产本体的监测以及人类活动影响的监测；同时，也包括建立完善的监测制度，按照具体的监测指标、监测周期开展监测，并对遗产监测的人员、机构和经费进行安排。我国于2006年制定了《中国世界文化遗产监测巡视管理办法》，并明确了年度报告的相关规定（樊锦诗，2008；赵云，2015；王毅等，2016；赵云，2018）；2019年发布了《长城保护总体规划》，要求开展长城保护、展示、监测等技术研究，启动长城监测体系建设工作（中国长城遗产网，http://www.greatwallheritage.cn/）。

2. 长城文化遗产保护与传承数字化的重要性

随着遥感（RS）、地理信息系统（GIS）、全球导航卫星系统（GNSS）及虚拟现实（VR）等空间信息技术，以及无人机倾斜摄影、三维激光LiDAR、SLAM等现代测绘技术的快速发展与广泛应用，从20世纪80年代开始，基于现代测绘及空间信息技术的文化遗产保护与传承数字化便逐步成为行业前沿热点，全国各地开展了一系列学术研究及应用探索（曾朝铭等，1987；黎风等，1994；陈军等，2011；梁爽等，2011；魏岳，2012；杨申茂等，2012；刘云峰等，2012；张桂莲等，2013；于冰等，2015）。例如前文提及的国家文物局2006年启动的"长城保护工程"，其中一个重要的目标就是采集长城文化遗产基础地理信息和长城专题要素数据，建立科学、准确、翔实的长城记录档案和长城资源信息系统，为加强长城保护管理和科学研究提供依据。于是国家文物局与当时的国家测绘局联合开展了史无前例的长城文化遗产数字化探索与实践（张建华，2007；景爱，2007；李兵，2008；陈军等，2011；赵有松等，2011）。近年来，随着数字文化遗产保护理念的推广，长城文化遗产保护与传承更加强调传统工匠精神与现代科学技术的有机结合，以便持续挖掘与传承长城遗产的多维价值，因此，长城文化遗产保护与传承的数字化工作正在深入展开（李严等，2018；徐凌玉等，2019；张智等，2021；桑懿等，2021）。

在长城文化遗产数字化保护的过程中，动态监测是重要的组成部分。2004年，国家文物局启动"中国世界文化遗产管理动态信息系统和预警系统"研究，这是我国系统开展世界遗产监测的开端（郭桂香，2005；樊锦诗，2008；赵云，2018）。2012 年，我国制定了《中国世界文化遗产监测预警体系建设规划（2013—2020）》，明确了我国世界文化遗产监测工作的任务目标，并从制度规范、人力资源、工程技术三个方面具体开展。2013 年，中国世界文化遗产监测中心开始建设，中国世界文化遗产监测预警总平台开始运行，并且每年举办文化遗产监测年会，组织全国各遗产保护管理机构与相关专业机构代表及专家，共同交流、研究我国的世界文化遗产监测工作。自此以后，我国世界文化遗产监测工作迅速发展（赵云，2015；王毅等，2016；张玉敏等，2018；赵云，2018；张玉敏等，2019）。

二、长城文化遗产保护与传承数字化进展

1. 长城文化遗产数据采集与处理

在 RS、GIS 及 GNSS 等信息技术支撑下，开展长城文化遗产资源调查与基础数据采集，是空间信息技术最基本的应用。20 世纪 80 年代，北京的长城资源调查就是在 RS 技术的支持下完成的（曾朝铭等，1987），20 世纪 90 年代，宁夏地区的长城资源调查也是基于 RS 完成的（黎风等，1994），进入 21 世纪，第三次全国文物普查则是在 RS、GIS 及 GNSS 技术支持下协作完成的（张建华，2007）。特别是 2006 年启动的国家文物局和国家测绘局合作开展的长城文化遗产资源调查，首次以 1∶10000 影像图及地形图为基础精确标绘长城遗址，并按规定精度要求对所采集的 GNSS 数据及其他量测数据进行校核、保存和记录，对长城墙体长度进行了精确测绘。此次长城文化遗产资源调查测量，不仅首次全面掌握了长城现状，包括分布、走向，墙体及附属设施的建筑特点、自然与人文环境、保护和管理现状等，而且建立了明长城沿线带状地带 1∶1 万精度的立体遥感影像模型，准确测定了人工墙体、天然险、壕堑以及各种附属设施的空间分布，首次获得长城的精确长度，初步形成了长城文化资源数据库成果：包括照片 101044 张、录像 18479 段、10043 幅 1∶10000 分幅的明长城沿线 DEM\DOM\DLG\TMAP 数据，其中 2521 幅 5m 格网数字高程模型数据（DEM）、2521 幅 1m 分辨率数字正射影像数据（DOM）、2521 专题矢量要素数据、2480 幅明长城专题影像图数据等（陈军等，2010；陈军等，2011；赵有松等，2011；魏岳，2012；张桂莲等，2013；于冰等，2015），并建立了中国长城遗产网（http://www.greatwallheritage.cn/）。

此外，天津大学"中国民居建筑大师"张玉坤教授团队，在国家自然基金支持

下，从 2003 年开始研究明长城军事聚落与防御体系，于 2016 年创建全国首个"建筑文化遗产传承信息技术文旅部重点实验室"，并将主攻方向确定为长城建筑遗产保护与信息技术应用。实验室长期致力于明长城的研究和数据采集，并且强调长城不是线性墙体，而是具有高度整体性、系统性、层次性的"巨系统"，研发无人机低空信息技术，以适应极端地形、保障遗产高精度调查测绘以及智能处理的整套技术体系，采集长城的现状图像，形成超 100 万张照片的海量数据图库，完成了 4000 多千米明长城二维图像与三维数据的覆盖。（张玉坤等，2019；李严等，2018a；李严等，2018b；李哲等，2021）

2. 长城文化遗产信息系统研发

长城文化遗产资源初步实现了数字化管理。基于从 2006 年到 2011 年"长城保护工程"所获得的大量长城文化遗产资源数据，相关团队研发了省级与全国长城文化遗产资源管理信息系统，开通了"中国长城遗产"网站，向社会发布了长城资源、保护管理和历史文化等基本信息。另外，基于 GIS 的陕西省明长城资源管理信息系统采用了两层架构设计方法，不仅提高了长城文化遗产数据的管理水平，更可为长城保护工作提供科学支持（梁爽等，2011；刘云峰等，2012）。面向全国长城文化遗产资源数据管理与应用所研发的基于 3DGIS 技术的长城文化遗产资源信息管理系统，不仅可以满足文物部门对长城文化遗产资源保护、利用、管理、研究的需求，而且探索实现了长城文化遗产资源的部件化管理，为长城资源信息的管理和展示提供有效、实用和快捷的工具（雷莹等，2010）。

与此同时，我国在综合运用 RS、GIS 和 GNSS 等空间信息技术开展第三次全国文物普查工作的基础上，研发了第三次全国文物普查管理信息系统，以 1∶50000 国家基础地形图为依托，在数据库和网络等基础设施支持下，实现了第三次全国文物普查信息采集、传输、存储、分析、共享等功能，满足了全国不可移动文物信息的空间可视化与综合管理需求（张建华，2007）。

此外，天津大学张玉坤教授团队，在多年开展明长城防御体系数据采集基础上，应用 GIS 技术构建了明长城防御体系时空数据库与明长城全线图像与三维数据库及管理信息系统，数据的组织以明长城防御体系"九镇"为纲，每镇再按照"镇—路—堡"三级分层，建立了"一镇、一路、一卫、一所、一堡"的关系，实现对明长城防御体系文化遗产资源从宏观到微观多层次的定位、分类、分级管理与展示，可为明长城文化遗产的研究、监测、展示提供全面的数据支撑（杨申茂等，2012；曹迎春等，2014；张玉坤等，2019；李哲等，2021）。

3. 长城文化遗产保护状况监测

文化遗产保护状况的监测不仅是 UNESCO 对纳入世界遗产名录项目的管理要求，也是我国文化遗产保护、管理与利用的内在需求。自国家文物局于 2004 年启动"中国世界文化遗产管理动态信息系统和预警系统"以来（郭桂香，2005；赵云，2018），长城文化遗产所在省区就开展了一系列研究与实践工作。陕西省结合地理国情普查试点工作，对省域范围的明长城文化遗产要素进行了信息提取，获取明长城遗迹监测数据，对监测数据进行统计分析，并进一步总结明长城文化遗产保护监测的技术方法，为保护管理服务（南竣祥等，2015）。嘉峪关长城遗产保护委员会针对嘉峪关关城土遗址所面临的病害问题，探索建立监测预警指标体系，制定科学的预警值，期望通过监测预警管理，减缓或降低各类风险因素对土遗址带来的危害，使嘉峪关关城得到更科学有效的保护，以便实现预防性保护（陈颖等，2018）。

在开展长城文化遗产保护监测的过程中，相关机构与学者不断探索多种技术方法集成的有效应用，逐步形成了"天空地一体化"长城文化遗产有效监测技术方法。其中的"天"是指航天遥感技术的应用，涉及多平台、多光谱、多时相、多分辨率遥感数据的分析与应用，如探索应用 SBAS-InSAR 微波遥感技术方法，对张家口明长城文化遗产的宏观形变开展监测（何海英等，2021）。其中的"空"是指航空遥感技术的应用，近年来主要是探索无人机遥感技术的应用。由于无人机遥感技术具有高时效、高分辨率、大面积快速监测等性能，是航天遥感与常规载人航空遥感的有力补充。以陕西省府谷县明长城文化遗产监测为例，采用航天遥感与无人机遥感相结合技术开展变化监测，不仅验证了该技术方法监测的可行性，也为大规模长城文化遗产保护动态监测积累了经验、奠定了基础（南竣祥等，2015；孙晨红等，2020）。其中的"地"是指地面监测系统，既包括温度、湿度、风力、震动、噪声、形变等多种传感器构成的监测传感网，也包括近景摄影测量、三维激光扫描、多光谱及高光谱成像等现代测量技术；还有基于移动 GIS 技术研发的长城文化遗产移动巡查与监测信息平台，具有移动巡检、统计分析、专题展示、编辑查询等功能，不仅实现了遗产保护巡检过程中实地核查信息的上传和查询，而且基于 HTML5 技术和 MUI 前端框架，解决了移动设备跨平台问题，提高了长城文化遗产移动监测的灵活性与效率（任旭红等，2019）。

4. 长城文化遗产病害诊断与保护

长城文化遗产遍布全国十五个省市自治区，无论是土、砖、石等哪一种类型的材料，在经历了数千年的风霜雨雪、地震洪涝、动物筑巢、植物生长等自然及人类活动的扰动之后，累积或出现了各种各样的病害，而当下这些自然和人为的影响因素依然存在，甚至比以往有过之而无不及。为此需要通过多种途径进行病害的诊断，以便在此基础上制定有针对性的保护措施。传统的病害诊断方式主要是野外调研与测量以及室内的实验与分析（赵海英等，2007；徐路等，2010），虽然传统方法可以开展宏观及微观的病害诊断分析，为有针对性的保护或修缮提供依据，但是定量化与科学化水平有待提升。

为此，国家曾设立了"十二五"科技支撑重点项目"世界文化遗产地风险预控关键技术研究与示范"（2013BAK01B00），探索新型的风险预控技术方法。在空间信息技术的支撑下，从宏观层面而言，应用多光谱乃至高光谱光学遥感、多模式微波遥感、激光雷达（LiDAR）遥感、无人机遥感、多角度摄影测量等航天及航空遥感技术。从中微观层面，应用三维激光扫描、近景摄影测量、贴近摄影测量、高分辨率数码摄影等技术手段；再进一步结合全球导航卫星系统（GNSS）高精度定位，构建长城文化遗产精细三维模型（包括墙体、敌楼、烽燧、关城、堡寨等），在精细化模型支撑下，开展 GIS 空间定量分析与病害诊断、多种病害加权法计算（姚雪等，2016；周宏宇，2019；张智等，2021；杨杰等，2021；孙满利等，2021）。而在更微观层面，还可以借助 X-射线衍射仪（XRD）、离子色谱测试仪（IC）、扫描电子显微镜-能谱仪（SEM-EDS）等仪器设备，通过现场获取长城遗产石质材料样品的矿物成分、表面形貌、元素种类及含量、可溶盐的种类及含量，然后在室内通过化学实验综合深入分析病害类型、程度及成因（屈松等，2017）。

根据长城文化遗产病害诊断及受损状况，开展保护评估分析，进一步制定保护策略与修复方法（徐凌玉等，2019），是文化遗产数字化发展的方向之一，特别是基于长城文化遗产三维数字模型，可以探索开展数字化虚拟修复推演和方案优化，以便为遗产的实体修复提供更加科学精准的决策支持。为此，需要从长城领域知识构建、数字化修复关键技术研发和面向需求的知识服务三方面探索长城遗迹数字化修复框架与技术途径，并开展实践验证以达到有效保护之目的（李宗飞等，2021）。

5. 长城文化遗产价值挖掘与传承

突出普遍价值（OUV）是长城文化遗产保护的核心所在。随着 30 多年文化遗产保护理念的发展，人们对长城遗产价值的认知、保护对象的认定也在不断扩展和变化。立足人类文明发展与文化交流史的视角，可以将长城的文化遗产价值概括为三个方面：一是超大型军事工程体系的建筑遗产，二是中国北方农牧交错带人地互动的文化景观，三是中华民族坚韧自强、众志成城、包容开放的精神象征（陈同滨等，2018）。上述价值可以具体体现在长城文化遗产的历史价值、科学价值和艺术价值三个方面，可以进一步从定量的角度构建价值评估指标体系，对长城的遗产价值与环境价值进行等级评定（徐凌玉等，2018）。当然，长城文化遗产是由城墙、敌楼、烽燧、关城、堡寨等多种要素组成的复杂体系，对其价值的挖掘也需要分门别类在多种技术方法、特别是空间信息技术方法的支撑下开展（曹象明等，2018；周宏宇，2019；李晶，2019；李哲等，2021）。

集成应用 RS、GIS、GNSS、VR 等空间信息技术，以及物联网（IoT）、全息摄影、大数据（Big Data）、5G 通信、云计算等新型技术，可以从宏观、中观、微观不同层面结合二维平面及三维空间、时序变化等多维度分析，来揭示长城文化遗产的多重价值，诸如长城文化遗产选址布局的科学价值、功能分布的历史价值、建筑材料的生态价值、建造技艺的艺术价值、综合体系的文化价值等。以及基于上述内在价值进一步拓展的长城文化遗产利用与传承价值，诸如旅游价值、展示价值、体验价值等，以便让人们更好地了解长城、认识长城、感受长城，并进一步自觉地保护长城遗产、传承长城智慧（李一苇等，2019；李晶，2019；解丹等，2020；李哲等，2021）。

2021 年印发了《长城国家文化公园建设保护规划》，要求按照"核心点段支撑、线性廊道牵引、区域连片整合、形象整体展示"的原则构建总体空间格局，建立符合新时代要求的长城保护传承利用体系，依托国家数据共享交换平台体系，建设长城文化资源数字化云平台（长城国家文化公园网，http://changcheng.ctnews.com.cn/）。在构建长城国家文化公园的发展战略引领下，需要在挖掘长城文化遗产价值的基础上，结合各区段的保护及保存状况，在空间信息技术支撑下科学布局四类主体功能区，严格划定管控保护区、准确定位主题展示区、创新构建文旅融合区、合理发展传统利用区。同时，需要围绕保护传承、研究发掘、环境配套、文旅融合、数字再现等五大工程，结合国土空间规划，坚持保护第一和传承优先的原则，通过整合与协调长城文化遗产资源的保护、利用、展示与传承，助力长城国家文化公园建设（董耀会，2020；罗伊等，2021；李哲等，2021）。

三、长城文化遗产保护与传承智慧化趋势

1. 长城文化遗产的数字孪生

近年来,数字孪生(Digital Twin)的理念与技术在智慧城市、智慧交通、智慧景区等领域逐步推进,在文化遗产保护领域,数字孪生也被认为是数字文化遗产(Digital Cultural Heritage,DCH)和构建遗产建筑信息模型(Heritage Building Information Model,HBIM)及文化遗产信息模型(Cultural Heritage Information Model,CHIM)的理论支撑与技术方法(牛金梁,2020;党安荣等,2021;莎拉·肯德戴等,2021;Banfi Fabrizio,2021;Dang A. 2021;Münster S. et al,2021;Massafra A. et al,2022)。长城文化遗产的数字孪生旨在构建长城文化遗产物理实体(包括长城墙体、敌楼、烽燧、关城、堡寨等多种构成要素及其环境)的信息模型(GW-CHIM),并将与长城文化遗产有关的非物质文化信息(诸如相关的文学、艺术、绘画、技艺、精神、故事)等与信息模型关联,通过对长城文化遗产本体及其环境的数字化,建立物理空间(Physical Space)长城实体与虚拟空间(Cyber Space)长城模型的映射关系,以便实现长城文化遗产的数字化存档、管理、分析、保护与传承等全业务流程从数字化走向智慧化。为此,需要开展长城文化遗产数字孪生的理论框架、技术体系、模型方法、信息平台、应用体系、服务体系等的研究(张智等,2021;李哲等,2021;李宗飞等,2021;桑懿等,2021a;桑懿等,2021b)。

2. 长城文化遗产的智慧传承

数字文化遗产(DCH)及文化遗产信息模型(CHIM)构建的根本目的在于文化遗产的智慧保护与传承(党安荣等,2021;Banfi Fabrizio,2021;Dang A. 2021;Münster S. et al,2021;Massafra A. et al,2022)。在上述长城文化遗产体系信息模型(GW-CHIM)的基础上,通过物联网(IoT)与空间信息技术,建立现实世界(Real World)长城文化遗产物理实体与虚拟世界(Virtual World)长城文化遗产信息模型之间的双向互动关系,从而实现依据虚拟长城文化遗产模型进行多维度的定量分析,诸如建筑材料特性分析、建造工艺过程分析、隐含遗产价值分析、潜在病害诊断、虚拟修复推演等。再将分析结果运用于现实长城文化遗产体系的科学保护、利用与传承,包括预防保护方案的制定、修缮材料及工艺的优化、保护状况监测技术的集成、文创产品的数字化创新设计、遗产活化利用的数字化展陈等。特别是将长城文化遗

产体系信息模型（GW-CHIM）与扩展现实（Extended Reality，XR——涵盖虚拟现实 VR、增强现实 AR、混合现实 MR）技术相结合，可以实现长城文化遗产的多维展示、多方参与及多元体验，能够更好地服务于长城国家文化公园的建设，让更多的人了解、认知、保护、传承长城文化遗产与长城民族精神，增强民族文化自信（李倩等，2020；李宗飞等，2021；付瑞红，2021；桑懿等，2021b；张智等，2021；李哲等，2021）。

结语

具有悠久历史和深厚文化的中国，已经发展到生态文明与智慧社会的新时代，长城文化遗产保护与传承从数字化到智慧化的发展，是中国文化自信与民族复兴的重要方面。本文通过梳理长城文化遗产保护与传承的数字化需求，明确了长城文化遗产资源调查与监测的必要性，以及长城文化遗产保护与传承数字化的重要性；然后结合长城文化遗产保护相关国家项目、学术成果、信息平台等，从长城文化遗产基础数据采集、长城文化遗产信息系统研发、长城文化遗产保护状况监测、长城文化遗产病害诊断与保护、长城文化遗产价值挖掘与传承等五个方面，系统总结了长城文化遗产保护与传承数字化进展。可以看出，这些进展的取得，离不开长期以来国家层面对于文化遗产保护与传承的重视与工作部署，同时得益于遥感（RS）、全球导航卫星系统（GNSS）、地理信息系统（GIS）、虚拟现实（VR）等空间信息技术在长城遗产数据采集、数据分析、信息系统、动态监测、价值挖掘、展示利用等方面的应用与支撑。近年来，随着物联网（IoT）、大数据（Big Data）、云计算（Cloud Computing）、人工智能（AI）、扩展现实（XR）等新型信息技术方法的迅速发展和应用，长城文化遗产保护与传承数字化发展呈现出"数字孪生"与"智慧传承"两个方面的发展趋势，这必将促进长城文化遗产保护与传承走向智慧化。

注释

[1] Banfi Fabrizio. 2021, The Evolution of Interactivity, Immersion and Interoperability in HBIM: Digital Model Uses, VR and AR for Built Cultural Heritage. ISPRS International Journal of Geo-Information, 2021, 10(10).

[2] 曹象明、周庆华：《明长城沿线无人居堡寨的保护价值与保护模式探析》，《现代城市研究》，2016 年第 05 期，第 112—116 页。

[3] 曹迎春、张玉坤、张昊雁：《基于 GIS 的明代长城边防图集地图道路复原——以大同镇为例》，《河北农业大学学报》，2014 年第 02 期，第 138—144 页。

[4] 陈军、金舒平、廖安平、赵有松、张宏伟、荣大为、杨招君：《基于遥感的明长城立体量测》，《科学通报》，2010 年第 16 期，第 1613—1617 页。

[5] 陈军、金舒平、廖安平、赵有松、许礼林、荣大为、杨招君：《明长城资源调查与测量综述》，《地理信息世界》，2011 年第 03 期，第 11—16 页。

[6] 陈同滨、王琳峰、任洁：《长城的文化遗产价值研究》，《中国文化遗产》，2018 年第 03 期，第 4—14 页。

[7] 陈颖、张晓东、柳君君、侯凌静、牛海鹏、高商：《中国丝绸之路夯土长城监测预警研究——以嘉峪关关城为例》，《山东理工大学学报（自然科学版）》，2018 年第 04 期，第 56—60 页。

[8] Dang, A. 2021, Progress and Prospects of Research and Practice of Digital Cultural Heritage, ISPRS Ann. Photogramm. Remote Sens. Spatial Inf. Sci., VIII-M-1-2021, 223–227, https://doi.org/10.5194/isprs-annals-VIII-M-1-2021-223-2021, 2021.

[9] 党安荣、梁媛媛、陈麦尼、吴冠秋：《历史文化名城保护的信息技术方法研究进展与趋势》，《中国名城》，2021 年第 04 期，第 33—37 页。

[10] 董耀会：《长城国家文化公园建设的几点思考》，中国长城学会、八达岭特区办事处：《中国长城文化学术研讨会论文集》，北京：中国书籍出版社，2019 年，第 9—14 页。

[11] 段清波、刘艳：《文化遗产视域下的中国长城及其核心文化价值》，《中原文化研究》，2019 年第 06 期，第 23—28、2 页。

[12] 樊锦诗：《基于世界文化遗产价值的世界文化遗产地的管理与监测——以敦煌莫高窟为例》《敦煌研究》，2008 年第 06 期，第 1—5、114 页。

[13] 付瑞红：《长城文化价值的"命运共同体"意涵与展示路径》，《河北地质大学学报》，2021 年第 05 期，第 125—130 页。

[14] 顾巍：《我国首次利用现代遥感技术调查长城》，《环境保护》，1986 年第 12 期，第 2 页。

[15] 郭桂香：《专家建议中国世界文化遗产监测管理信息系统建设项目应纳入"十一五"规划》，《中国文物报》，2005 年 05 月 04 日第 001 版。

[16] 何海英、陈彩芬、陈富龙、唐攀攀：《张家口明长城景观廊道 Sentinel-1 影像 SBAS 形变监测示范研究》，《国土资源遥感》，2021 年第 01 期，第 205—213 页。

[17] 景爱：《长城遥感调查与考古学》，《北方文物》，2007 年第 01 期，第 104—107 页。

[18] 雷莹、许礼林、王臣立、邢汉发、杨继：《3D GIS 技术在长城资源信息管理中的应用》，《测绘通报》，2010 年第 06 期，第 62—64、68 页。

[19] 李兵：《现代测绘技术在长城资源调查中的应用》，《北京测绘》，2008 年第 01 期，第 54—55、58 页。

[20] 黎凤、顾巍、曹灿霞：《宁夏长城航空遥感调查研究》，《国土资源遥感》，1994 年第 03 期，第 7—17 页。

[21] 李晶：《社会变迁视角下榆林响水堡文化景观的时空演变研究》，清华大学硕士学位论文，

2019 年 5 月。

[22] 李倩、管宁：《文化遗产：经典化、保护经验与中国智慧——网络时代文化遗产的历史命运》，《福建论坛（人文社会科学版）》，2020 年第 06 期，第 58—68 页。

[23] 李严、张玉坤、李哲、徐凌玉：《明长城防御体系整体性保护策略》，《中国文化遗产》，2018 年第 03 期，第 48—54 页。

[24] 李严、张玉坤、李哲：《明长城防御体系与军事聚落研究》，《建筑学报》，2018 年第 05 期，第 69—75 页。

[25] 李一苇、赵红蕊：《虚拟环境下长城文化景观的综合展示设计》，《测绘通报》，2018 年第 08 期，第 131—135、149 页。

[26] 李哲、张梦迪、孙肃、李严：《明长城全线空心敌楼富集区段量化分析与价值解析》，《新建筑》，2021 年第 06 期，第 137—141 页。

[27] 李宗飞、董友强、侯妙乐、王坚、信泰琦：《长城数字化修复的基本问题与研究方向》，《遥感学报》，2021 年第 12 期，第 2365—2380 页。

[28] 梁爽、杨晓锋、杨红生、刘广辉：《陕西省明长城资源管理信息系统的设计与实现》，《地理信息世界》，2011 年第 01 期，第 88—91 页。

[29] 刘云峰、杨晓锋、梁爽：《基于 ArcGIS Explorer 的长城资源地理信息系统建设》，《测绘技术装备》，2012 年第 03 期，第 50—51、33 页。

[30] 刘建美：《1956 年第一次全国文物普查述评》，《党史研究与教学》，2011 年第 05 期，第 79—86 页。

[31] Massafra A., Predari G., Gulli R..2021, Towards Digital Twin Driven Cultural Heritage Management: A HBIM-Based Workflow for Energy Improvement of Modern Buildings. The International Archives of the Photogrammetry, Remote Sensing and Spatial Information Sciences, 2022, XLVI-5/W1-2022.

[32] Münster S., Fritsche K., Richards Rissetto H., Apollonio F., Aehnlich B., Schwartze V., Smolarski R. 2021, Teaching Digital Cultural Heritage and Digital Humanities the Current State and Prospects. The International Archives of the Photogrammetry, Remote Sensing and Spatial Information Sciences, 2021, XLVI-M-1-2021.

[33] 南竣祥、李海泉、杨啸宇、李俊、周磊：《陕西省明长城文物保护监测》，《测绘与空间地理信息》，2015 年第 02 期，第 45—47 页。

[34] 牛金梁：《非物质文化遗产智能化传播的数字技术赋权逻辑》，《湖南师范大学社会科学学报》，2020 年第 05 期，第 150—156 页。

[35] 屈松、张涛、赵丙倩、王菊琳：《长城居庸关云台病害现状与原因研究》，《北京化工大学学报（自然科学版）》，2017 年第 05 期，第 58—65 页。

[36] 任旭红、刘子安、王刚、李雅妮、常文鹏、任博：《长城移动巡查与监测 GIS 平台构建》，《北华航天工业学院学报》，2019 年第 04 期，第 9—11、20 页。.

[37] 莎拉·肯德戴、尹倩：《数字文化遗产中的具身化、缠绕性与沉浸式》，《文化艺术研究》，

2021 年第 03 期，第 95—110、116 页。

[38] 桑懿、赵琳、张俊谈、王希、孟宪源：《长城文化遗产数字孪生体建设内涵与路径研究》，《科技创新与应用》，2021 年第 34 期，第 15—18、23 页。

[39] 桑懿、赵琳、孙可、王希、孟宪源：《长城文化遗产数字孪生技术框架与应用研究》，《科技创新与应用》，2021 第 35 期，第 19—23、27 页。

[40] 孙晨红、辛凯强：《基于无人机和卫星遥感技术的长城变化监测》，《北京测绘》，2020 年第 09 期，第 1229—1234 页。

[41] 孙满利、刘军麟：《基于空间分析的甘肃长城烽燧动物病害空间分布特征》，《兰州大学学报（自然科学版）》，2021 年第 06 期，第 783—790 页。

[42] 唐晓峰：《内蒙古西北部秦汉长城调查记》，《文物》，1977 年第 05 期，第 16—24 页。

[43] 王毅、赵云：《建立中国的世界文化遗产反应性监测机制刍议》，《中国文物科学研究》，2016 年第 02 期，第 42—45 页。

[44] 王增宁：《保护长城 国家测绘局国家文物局行动迅速》，《中国测绘报》，2006 年 10 月 27 日第 001 版。

[45] 魏岳：《基于摄影测量的宁夏明长城资源调查》，《测绘与空间地理信息》，2012 年第 10 期，第 199—200、204、207 页。

[46] 解丹、张铭昊、谭立峰：《基于 GIS 的明长城紫荆关防区防御性聚落空间特征研究》，《中国文化遗产》，2020 年第 06 期，第 97—104 页。

[47] 徐凌玉、李严、杨慧：《明长城防御工事保护与修复方法探讨——以河北徐流口长城为例》，《建筑学报》，2019 年第 S1 期，第 188—193 页。

[48] 徐凌玉、张玉坤、李严：《明长城防御体系文化遗产价值评估研究》，《北京联合大学学报（人文社会科学版）》，2018 年第 04 期，第 90—99 页。

[49] 徐路、杨强义、刘炜、王菲、水碧纹：《陕西省榆阳区明长城主要病害及保护对策》，《内蒙古文物考古》，2010 年第 02 期，第 129—135 页。

[50] 姚雪、孙满利：《基于灰色关联度分析法的土遗址病害程度量化评价——以陕北明长城单体建筑为例》，《敦煌研究》，2016 年第 01 期，第 128—134 页。

[51] 杨申茂、张萍、张玉坤：《明长城军事聚落历史地理信息系统体系结构研究》，《建筑学报》，2012 年第 S2 期，第 53—57 页。

[52] 杨杰、曹迎春：《明长城墙体空间形态及微观病害高精度测绘研究》，《山西建筑》，2021 年第 24 期，第 143—146 页。

[53] 于冰、许礼林、张依萌、张景景：《空间信息技术在长城资源调查中的应用进展》，《中国文物科学研究》，2015 年第 01 期，第 67—73 页。

[54] 曾朝铭、顾巍、刘纪选：《北京地区长城遥感调查》，《遥感信息》，1987 年第 01 期，第 7—9、20 页。

[55] 张桂莲、王苏春：《测绘技术在长城资源调查中的应用》，《西部资源》，2013 年第 05 期，第 92—93 页。

[56] 张建华：《信息技术在第三次全国文物普查中的应用》，《艺术科技》，2007年第04期，第41—44页。

[57] 张玉敏、罗颖、宋晓微：《专题报告一：我国世界文化遗产监测预警体系建设现状分析报告》，《中国文化遗产》，2018年第06期，第29—34页。

[58] 张玉敏、宋晓微、刘懿夫：《专题报告二：我国世界文化遗产遥感专项监测分析报告》，《中国文化遗产》，2019年第06期，第33—38页。

[59] 张玉坤、徐凌玉、李严、何捷：《空间人文视角下明长城文化遗产数据库建设及应用》，《古建园林技术》，2019年第02期，第78—83、94页。

[60] 张智、党安荣、侯妙乐、邬东璠、王卓男、张仲伍、信泰琦：《长城文化遗产保护与利用的信息技术方法框架构建》，《遥感学报》，2021年第12期，第2339—2350页。

[61] 赵云：《中国世界文化遗产监测2014年度报告》，《中国文物科学研究》，2015年第03期，第84—90页。

[62] 赵云：《中国世界文化遗产监测预警总平台建设现状与发展思路——基于需求研究的思考》，《中国文化遗产》，2018年第01期，第46—50页。

[63] 赵有松、宫辉力、陈军、金舒平：《基于影像的明长城资源田野调查技术》，《地理信息世界》，2011年第04期，第66—69页。

[64] 赵海英、李最雄、韩文峰、孙满利、王旭东：《甘肃境内长城遗址主要病害及保护研究》，《文物保护与考古科学》，2007年第01期，第28—32页。

[65] 周宏宇：《基于无人机遥感的无定河流域村落文化景观保护技术研究》，清华大学硕士学位论文，2019年5月。

[66] 中国长城遗产网，http://www.greatwallheritage.cn/

[67] 中国世界文化遗产网，https://www.wochmoc.org.cn/

[68] 长城国家文化公园网，http://changcheng.ctnews.com.cn/

环境育人背景下八达岭长城国家公园文化景观保护与发展

任丽芬　吴　霞*

摘要：八达岭长城是长城文化的精髓，不仅蕴含深厚的文化底蕴而且具有独特的精神文化。建设长城国家文化公园，对文化遗产的保护具有特殊意义，可以增强人们对民族文化和民族精神的认同感。利用八达岭长城美丽的自然景观以及深厚的文化底蕴，积极改善及创造整体环境景观，让公众在完整的文化体系下，体验和感悟八达岭长城蕴含的文化底蕴和丰富的文化价值。在新的历史时期，促进长城文化产业化发展，围绕长城文化主题特点，结合设计学学科特点，以环境教育为出发点，重点从环境系统规划与设计方面入手，探讨如何将环境教育的理念及方法应用到八达岭长城国家公园的开发建设中。通过合理的景观设计，将八达岭长城国家公园的资源转化为环境教育资源，探索八达岭长城公园生态景观保护与发展研究，重现长城历史文化，加强文化交流。

关键词：长城；八达岭；国家公园；生态景观；设计

长城文化彰显的是中华民族坚韧不拔、团结友爱的爱国主义情怀，以及自强不

---

* 作者简介：任丽芬，河北美术学院建筑与艺术设计学院副教授，从事环境建筑文化研究。吴霞，河北美术学院建筑与艺术设计学院讲师，从事环境景观设计研究。

息的奋斗精神，长城文化是中华文明的重要象征，在中国乃至世界都是独一无二的文化符号，我们要做好民族文化遗产的保护与价值挖掘工作，积极弘扬中华民族精神，为中华民族伟大复兴中国梦的实现建立坚实的精神文脉和文化力量，万里长城凝聚着中华民族深厚的文化内涵。在建设中国特色社会主义新的历史时期，长城精神和长城文化发挥着重要作用。八达岭长城是新时代社会发展充满活力的热土，生态环境丰富而且富有特色，长城景观的保护和传承就是一大亮点。时代不断的创新发展，对于长城我们要做好保护与发展工作，不断挖掘长城的文化价值，使长城精神得到大力弘扬，使长城的根基命脉得到传承发展，同时加强长城沿线区域的景观发展，不断提高人们的满足感和幸福感。据有关文献和相关环境育人案例的分析显示，八达岭长城国家公园具有深厚的环境育人价值，通过在八达岭长城国家公园对环境教育的体验，了解八达岭长城的历史与文化，充分感受人与自然的关系，从而认识到长城精神的内涵以及生态资源的重要性及其不可再生性等，从而产生对八达岭长城的保护欲望。同时学习保护八达岭长城国家公园相关的知识技能，从而能自主地参与到八达岭长城国家公园及其他相关的环境保护活动中去。

一、八达岭长城历史沿革

八达岭长城不仅是国家重要的文化遗产之一，而且是开放最早，开放最好的长城精华代表，吸引着广大的中外游客，其中也有很多国家首脑。截至 2020 年 5 月，已成功接待 520 余位各国元首和政府首脑，独有的"元首文化"更是极具魅力。更值得一提的是，八达岭长城不仅具有十足的生态价值而且拥有非常丰富的文化和旅游价值，是促进式保护遗产文化和自然生态的典范。八达岭段长城一线自然资源丰富、物种多样，并且位于燕山、太行山山脉交汇区域，高度吻合我国 400 毫米等降雨量线，是我国历史上具有重大影响的农牧交错带的典型代表。八达岭地理优越，不仅具备得天独厚的特殊地形，而且具有重要的地理位置，成为历代兵家的必争之地，距北京西北方向 60 千米，是军都山重要的山口。八达岭地处关沟北端的最高处，两峰夹峙、居高临下、一道中开，"自八达岭下视居庸关，如建瓴，如窥井"。追溯到春秋战国时期，八达岭就是重要的军事战略要地，迄今为止，战国时期的长城已有遗存；一千五百年前的北魏也在此筑有长城，其走向大概与今天的八达岭长城相似。有关部门在明朝八达岭长城的基础上修复成为现存的八达岭长城。明朝朱元璋在灭掉元朝以后，为了巩固政权、防御蒙古和女真等游牧民族南下扰掠，重点加强了边墙的修筑。经过二百七十年的历史长河，前前后后共计十八次的大规模修筑，才有了今天令世界瞩目的全长 8851.8 千米的明长城。

八达岭长城于弘治十八年（1505）年开始修建；于嘉靖十八年（1539）重新修八达岭关城东门（居庸外镇）；在嘉靖三十年（1551），居庸关作为八达岭的前哨要地，在距其西北将近两千米处建兵营，修筑道城；在万历十年，又重新修建关城西门。居庸关城由徐达、常遇春规划修建于洪武元年，城跨两山，东城筑在翠屏山上，西城筑在金柜山上，南北二面筑在两山下面，用石头筑成，周围一千二百八十七丈五尺，合七里零二十七丈五尺，建南北两座城门，并且建有敌台 12 座。次年，在洪武二年，又修建了南口城。宣德三年（1428）命行在工部侍郎许廓扩建居庸关城，土木之变以后，在景泰年间又对居庸关城重新修建，于景泰六年（1455）竣工。八达岭长城历经了长达八十多年的修建，形成烽火报警、重城护卫、城关相联等完整的防御体系。但是随着时代的推移，在清朝期间，八达岭长城褪去了历史的光辉，日渐荒废，破烂不堪，"防御"的作用也渐渐失去。1949 年中华人民共和国成立，中央人民政府加强对长城的保护工作，在 1953—1957 年间，重新修筑了东西南北四门四个敌台，八达岭关城和长城的原貌又显现在我们的眼帘中。1984 年，在"爱我中华，修我长城"的号召下，八达岭长城进行了加速修复，一直到 1987 年，向北修到十二楼，向南修到七楼，对外开放的长城段达到 3720 米。1983 年 6 月至 7 月和 1984 年 9 月至 11 月，属延庆县的文物管理所针对明朝的砖石结构长城进行了普查，对延庆县境内八达岭段和大庄科段长城的走向和现状进行调查与摸索。由于历史的变迁，延庆域内明长城的状况十分堪忧，原因在于人为破坏和自然风化。以国家的战略高度为立足点，依靠国家力量来创建长城国家文化公园，能够确保长城得到更有效保护，并促进长城景观文化的传承，加强文化服务供给，促进爱国教育的发展，弘扬国民文化的传承。

二、长城国家公园环境育人体系基本理论

1. 环境教育的目的

目的性是人类活动的一个基本特性，环境教育的实践活动也需要达到一定的目的。环境教育的目的不仅是教育实践活动安排的前提，也是后续环境发展路线的指南，对环境解说系统等基础性建设起到决定性作用。根据对文献的梳理，笔者认为环境教育的目的在于培养公众的环境意识，让公众意识到人类社会的发展与自然环境是相互依存的关系，从而改变公众对环境的态度以及对历史文化的深度感受，最终培养成为对环境负责任对文化有认同的公民。环境教育的目的是：在充分发挥公

园原有的休闲游憩功能外,通过对环境教育项目的规划和设计,将公园的环境教育资源进行充分开发,为周边地区学生、专业人员及其他成人等全体大众提供一个体验环境教育的场所。通过环境教育的体验,加强人们对生态环境和人文历史等的认识和了解,最终有机会参与到保护长城国家公园的工作中来,共同为当地市民及国内外游客提供一个世界级的环境教育旅游景点。在设计中,由于不同人群的教育目的不同,所以环境设计表达方式也不同。儿童及青少年的环境教育主要以培养环境意识以及历史文化知识为主。中学生应主要以各种环境教育体验活动为主,加深其对长城国家公园的认识与理解。成人则主要以旅游参观及环境教育活动体验为主。长城国家公园需依据自有环境资源,结合当地环境教育资源,针对不同年龄层的人群进行针对性的环境教育内容规划与设计。

长城国家公园为社会公众尤其是青少年学生团体提供环境教育场所,提供认识长城国家公园生态系统的教育机会,同时为社会公众提供实际参与解决环境问题的机会,让社会公众能将环境意识转化为自觉的环境保护行为。为长城国家公园游客提供公园相关环境问题知识,进而产生保护公园资源及其生态环境的意识。将公园基本知识传递给游客,如长城国家公园基本概念、设立标准、长城国家公园当地文化及风土人情、长城国家公园生态环境、文化历史以及相关的环境问题知识。向游客展示并强调必须保护国家长城国家公园的生态系统多样性,通过对公园的深度体验,树立对待历史文化以及环境的正确态度,对历史文化有深度认知与理解。

2. 环境教育内容

长城国家公园环境教育内容的设计不能脱离长城国家公园相关资源。通过整理相关文献并分析,笔者归纳出我国长城国家公园环境教育内容应包括地质知识、自然生态、人文、资源、行动等各个方面,这些可以总结为三个层面,即长城国家公园文化知识层面、环境意识层面以及环境技能层面。这些环境教育内容应能对游客进行环境知识、正确的价值观以及环境技能的输入。公园基本信息介绍主要包括公园的地理位置、公园的交通情况、公园基础设施建设情况、公园的区域背景、公园的气象条件、公园的人文背景等。

3. 环境教育组织方式

在长城国家公园中开展环境教育,可以利用各式各样的方式,但其中最主要的方式应是环境解说和环境教育活动。即在实现环境教育的方式当中,环境解说是应用最为普遍的。环境解说能将公园的环境教育资源深层次的信息转化为公众易于理解、并有兴趣了解的内容，从而使公园更好地发挥其环境教育功能。环境解说能通过各种解说途径，将环境教育内容进行详细的讲解以传达给游客。而环境解说能够得以发挥的关键，在于其相对应的环境解说系统建设是否完善。笔者认为公园环境解说系统至少应包含以下几个方面：解说牌、游客中心、环境解说步道、解说印刷品、环境教育中心、博物馆、多媒体解说和环境解说员等。环境教育活动是公园环境教育实现的重要途径之一，公园需要策划多种多样的活动。但是这种环境教育活动的教育成效很难把握，需要组织者特别是环境解说员有较高的环境素养。

三、长城国家公园环境育人策略

1. 营造真实的情境

在进行景观设计时为公众提供有关八达岭长城国家公园的相关历史文化与生态知识，如对周边地质带来的影响、对周边植物的破坏、对周边生物栖息地的影响以及八达岭长城国家公园现存和潜在的环境问题等。通过这些信息让人们感受环境变化对于人类生活的影响，由此来产生对长城国家公园文化与环境的保护意识。通过对公园的深度体验，树立对待环境的正确态度，爱护八达岭长城国家公园中的自然资源及人文资源，对当地的自然和人文环境负责，并在八达岭长城国家公园游玩中保持良好的游玩行为。

2. 创造可参与的情境

八达岭长城国家公园为社会公众尤其是青少年学生团体提供环境教育场所，为公众提供了一个八达岭长城国家公园历史文化的教育机会，同时为社会公众提供实际参与解决环境问题的机会，让社会公众能将对八达岭长城国家公园的保护意识转化为自觉的环境保护行为。在环境育人下的八达岭长城国家公园的设计与研究，景观设计应用是最直接最典型的手段。好的设计能将公园的环境教育资源深层次的信息转化为公众易于理解、并有兴趣了解的内容，从而使公园更好地发挥其环境教育功能。景观设计能通过各种方式将环境教育内容传达给公众。

3. 创造可读的情境

凯文·林奇认为一个可读的场景，它应该有着容易辨认的街道或者标志，这也就表明物质环境的可读性不仅是被看见，更重要的是能被人强烈地感知到。利用符号向公众传达意义，通过抽象的手法向人类传达情感。对符号的提炼，是创造一个可读情境的核心方法，人们通过符号与外界事物产生联系，从而感受到外界事物传达的情感。

四、八达岭长城公园景观设计原则

建设长城国家文化公园不能简单地理解为传统意义上的长城保护。从国家公园的属性看，它至少具有两大鲜明特征：一是必须具有自然状况的天然性和原始性。这强调的是天然景观。二是必须具有景观资源的稀缺性和独特性。这强调的是典型性和不可替代。这两大特征为我们建设长城国家文化公园提供了方向和坐标。对长城国家公园的设计是具有独特属性的景观设计，在对其进行遗址保护以及展示利用的基础上，构建具有多种属性的情境，激发游人的参与性，并将其作为营建八达岭国家公园的重要手段，从而更好地阐释景观文化，可以使更多的公众感受到遗址文化所传达的历史文化信息，激发出公众的民族自豪感以及爱国情怀。

1. 尊重真实性的原则

长城国家文化公园建设重在"国家"二字，它具有国家属性，属于国家行为。必须立足人类文明和世界遗产的高度，跳出文物看长城，跳出旅游看长城，跳出长城看长城。只有把握国家文化、国家公园、国家工程中这个"国家"的主题词，才能更加全面、准确、深刻地把握长城国家文化公园建设的时代价值。八达岭长城国家公园最后的定位虽然是"公园"，但是其核心价值还是在于对遗址本体及其周围历史环境的保护和利用，其目的是使历史文化遗产得到保护与发展，所以八达岭长城国家公园的规划和建设必须以遗产的保护为核心。然而八达岭长城国家公园在进行景观规划时，首先要考虑创造一个真实的情境，历史文化遗产的核心在于表现其真实性。阮仪三先生曾经说过，对于历史文化遗产的保护其实就是对它所遗存的全部历史信息进行保护，所以必须要有真实性的原则。真实性顾名思义就是要对其原生的、本来的、真实的历史原物进行保护。八达岭长城国家公园情境化设计也必须建立在真实性原则的基础上。这就要求对八达岭长城国家公园遗址的保护从其历史环境和现存环境的整治都要坚持"修旧如旧"的原则，在规划的过程中坚持最小干预原则，力求展现其现在最本真的面貌。这个面貌不是还原它最开始的形态，也不是展示我们内心的想象，它追求的是"此时此刻"，寻求的是将现在延续到以后，因此规划中要尽量多地保持遗产的原有属性。对八达岭长城国家公园遗址景观的展示要科学慎重地选择其展示方式，同时保护措施也必须到位，所有的设计手段都要坚持"可逆性"原则。在环境育人概念下的八达岭长城国家公园不再是简单的物质性的空间，而是客观物象与空间内主体情感交互影响所形成的空间，是主观情感与客观物质物境的融合。在物质空间的营造上尊重遗址景观的展示保护必须坚持的真实性原则，以及遗址景观的价值阐释过程也需要尊重真实性，真实的遗址信息通俗生动地传递给公众。

2. 尊重地域性的原则

长城国家文化公园建设不仅要有长度，而且也要有宽度和厚度。长城沿线、长城内外、长城脚下的传统村落是建设长城国家文化公园得天独厚、不可多得的天然资源。建设长城国家文化公园不仅要强化对长城遗存、遗址、遗迹的普查、研究、规划、建设、保护、利用，更重要的是要把"长城脚下的美丽乡村"作为长城国家文化公园的重要组成部分纳入总体规划战略布局之中。把长城脚下的传统村落找出来、保下来、串起来，促进传统村落、长城文化、公园建设、脱贫攻坚、乡村振兴、旅游发展、城乡融合相结合，让长城文化传承有载体，让长城公园建设有功能。让长城国家公园建设惠及于民，让人民群众在长城的保护、传承和建设中共享发展成果。"长城脚下的美丽乡村"是长城国家文化公园建设的亮点和品牌，也是对世界游人最具吸引力的地方。旅居于"长城人家"，既能体味长城意蕴，又可感知时代变化。每一个长城人家的故事都承载着一段历史沧桑和时代变迁，每一个长城故事的背后都闪耀着文化的灵光和精神的不朽。

八达岭长城国家公园的地域性特征是八达岭长城国家公园情境营造中必须注重的，由于"空间的价值正是来自地域的文化感受"，八达岭长城国家公园景观空间的营造也必须注重地域性设计原则，在公园的精神物质等各方面都要凸显八达岭长城国家公园区别于其他遗址的文化特色。地域性的空间是一种主观化的空间，区别于物理上的环境，来自空间使用者对空间的一种体验，这种体验受到自然环境、个体行为、习惯特征以及文化水平等的影响。八达岭长城国家公园的环境育人概念可以从当地的具体的场地周边的相应文化、地理、气候等各方面抽象出来。情境的地域性塑造就必须注重对地段的区位条件、社会条件、环境条件等的分析，充分解读地段的文化价值，延续场所的文化脉络，尽量使用地方性的材质和技术。针对地方性的气候条件以及研究资料，进行八达岭长城国家公园的环境营造，以此来使环境育人功能得到实现。

3. 保持环境育人整体性的原则

　　八达岭长城国家公园环境育人的情境化营造，整体性的规划是必不可少的，这是对于历史文化遗产保护必须要遵从的原则。首先要确定情境营造的主题，围绕这一主题，对八达岭长城国家公园的各个层面以及各个角度进行逐层设计。对空间整体的地形、各类设施、遗址等进行整合，协调空间中的节点、路径、边界以及中心之间的关系，充分发挥空间已有现实条件与设计要素的结合，强化工程设施在自然环境中的自然协调性，最终做到功能合理、尺度适宜。将空间做为一个整体进行考虑，才能将遗址的文化效益发挥到最大。在设计过程中，从整体到局部，并且在局部的设计中通过全盘考虑，由外至内，由内至外，相互联合，逐步深入实现八达岭长城国家公园整体布局到各具体节点的合理设置。因此，在进行八达岭长城国家公园景观空间营造的过程中，同样需要从大到小的逻辑思维空间，以系统的观点进行全方位的考虑，综合环境中的各类资源，统筹规划考虑。

五、结论

　　人类通过一系列感官措施去感知活动，去感知世界和把握世界，在这个过程创造了世界的现在、过去与未来的联系。公众对于八达岭长城国家公园的感知也是这样的一个过程，人们感知到的不仅仅是眼前的八达岭长城国家公园，更是一个与过去的旅游经历、知识背景、个人爱好、理想等的比对过程。八达岭长城国家公园是否能满足公众的需求，公众是否能感知到八达岭长城国家公园传达的文化信息和营造的氛围，以及是否能激发起公众的依恋之情，这是一个很主观的问题，每个人对此都会有不同的观点。但是由于人类具有共同的生理基础以及每个人都受社会价值观念的影响，因此，人类会存在一定的相似性。我们可以发现，在同一时代的人会对某类事物持有相似的观点，因此，通过了解人类感知环境的特点，沟通人类和环境的途径、文化转换为符号的途径，旨在达到环境育人的目的。

注释

[1] 舒新城：《辞海》，上海：上海辞书出版社，2009年版。

[2] 姚继冰、张一兵：《情境主义国际评述》，《哲学动态》，2003年第6期，第43—48页。

[3] 阿莫斯·拉普卜特著，黄兰谷译：《建成环境的意义——非言语表达方法》，北京：中国建

筑工业出版社，2003 年版。

[4] 马倩娜：《统万城考古遗址公园展示设计》，西北大学硕士论文，2014 年 4 月 16 日。

[5] 夏晓伟：《考古与遗址公园——国家考古遗址公园建设中的两个定位》，《东南文化》，2011 年第 01 期，第 23—26 页。

[6] 陈战是：《农村与风景名胜区协调发展研究——风景名胜区内农村发展的思路与对策》，《中国园林》，2013 年第 7 期，第 51—53 页。

[7] 欧阳高齐、颜颖：《风景名胜区新农村建设的模式探讨——以北京市风景名胜区内村庄为例》，《中国园林》，2009 年第 01 期，第 83—87 页。

[8] NATIONAL REGISTER BULLETIN Technical information on the National Register of Historic Places: survey, evaluation, registration, and preservation of cultural resources.

[9] 国家文化局：《第八批全国重点文物保护单位申报与遴选工作指南》，2018 年 7 月，第 12 页。

[10] 怀松垚：《陕北明长城沿线军事营堡景观保护和利用思考——以建安堡、高家堡、常乐堡为例》，《建筑与文化》，2015 年第 11 期，第 111-113 页。

[11] 胡海胜、唐代剑：《文化景观研究回顾与展望》，《地理与地理信息科学》，2006 年第 05 期，第 95—100 页。

长城绿色经济带文旅产业融合研究进展与启示*

张亚明　苏妍嫄　李欣悦　付尧飞**

摘要：文旅产业深度融合是长城沿线实施乡村振兴战略、建设美丽乡村、"造血式"扶贫的新方案，也是打造长城绿色经济带、蓬勃中国北部经济的新引擎。通过文献分析，梳理长城文旅产业融合的基础与发展，归纳长城绿色经济带文旅产业融合领域下的五大研究方向，总结各个方向的研究特点与展望，最后给出研究结论与相关启示。

关键词：长城；绿色经济带；文旅产业融合

引言

2017—2018年，国家陆续提出长城国家文化公园、长城文化带等视域下的文旅融合新概念新形式，指明长城沿线要打好"文化+旅游"组合拳。2019年12月，中共中央办公厅、国务院办公厅印发《长城、大运河、长征国家文化公园建设方案》，对长城文化资源保护和开发具有里程碑意义，开启了长城文旅融合发展新篇章[1]。

---

* 课题项目：河北省智库研究项目：京张体育文化旅游带高质量协同发展研究（HB21ZK09）。
** 作者简介：张亚明，燕山大学经济管理学院教授、博士生导师，燕山大学中国长城文化研究与传播中心研究员，河北数字经济与康旅文化产业研究院首席专家，河北省政府参事室特约研究员。苏妍嫄，燕山大学经济管理学院副教授，硕士生导师。李欣悦，燕山大学经济管理学院硕士。付尧飞，燕山大学经济管理学院硕士研究生。

如今，长城文旅产业融合这一新模式新业态，已经成为整合长城沿线区域资源、实现遗产文物保护、提升国民文化凝聚力的有力抓手，成为协调区域发展、助力打造长城绿色经济带、实施乡村振兴战略、引领建设美丽乡村的"造血式"扶贫手段。针对长城绿色经济带沿线区域，回顾并分析长城文化与旅游融合的相关研究文献，简述各学者对长城文旅产业融合发展基础——长城文化的解读与长城文旅产业融合发展方向——长城绿色经济带相关概念的演变，并系统归纳出长城绿色经济带文旅产业融合领域下的五大研究方向，为未来各方向下的研究提供参考与借鉴，最后给出研究结论与相关启示。

一、文献统计

1. 国外文献统计

英文文献中，切题的文章较少，为全面探究国外的研究现状，将检索主题扩展至与长城相关即可，以 web of science、Elsevier、Taylor&Francis Online 数据库为主，谷歌学术为补充，以"the Great Wall"为主题进行检索，在结果中筛选含有"China""culture""travel"等关键词的文章，收集相关文献，剔除重复文献，共计 39 篇，发表时间从 2003 年至 2020 年。从年发文量来看，虽然近三年数量有所

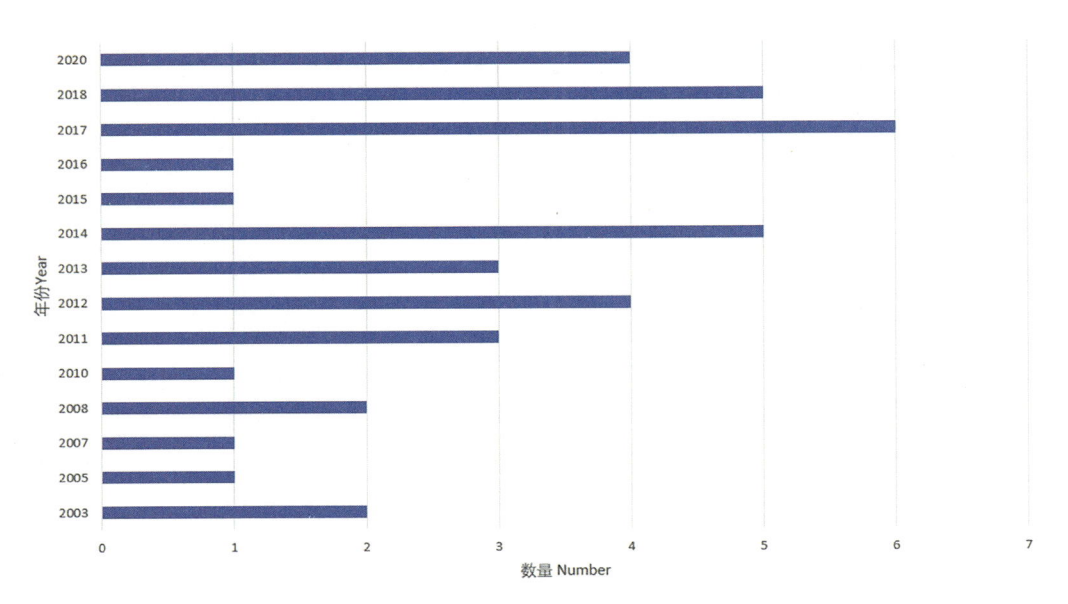

图 1　2003—2020 年国外发文量统计

增加，但仍然是个位数，总体上长城主题的研究在国外仍属于冷门。从高频关键词来看，"Ming Great Wall""cultural heritage""damage assessment""community management"等词频繁出现，可以窥探出国外的研究对象以明长城为主，并主要从"长城是世界文化遗产"这一视角，研究长城文化及其保护管理问题。

2. 国内文献统计

国内论文以中国知网为主要检索来源，以"长城"并含"文化""旅游""文旅"等关键词，剔除会议、报道，以及重复文献，共获得文献165篇。结合现实发展与我国对长城文旅融合及相关问题研究的年发文量与高频关键词情况（见图2和图3），可大致分为3个研究阶段：第一阶段为2005年之前。2000年，"文化产业"一词被正式写入中央文件，文化遗产与旅游的融合发展问题成为研究热点，长城作为文化遗产之一自然也成为重点议题之一。但此时相关研究都较为零碎独立，主要包括长城的精神文化、长城遗址的保护以及长城旅游资源的开发等。在此期间，已经有学者前瞻性地基于区域经济视域，提出"长城经济带"的相关概念。第二阶段为2006—2017年，这是长城文旅融合研究的过渡期。2006年《长城保护条例》的颁布，定下了长城资源要走大保护的基调，2015年，全域旅游、"旅游+"等新概念被提为发展战略，在不破坏长城原有生态的前提下，如何实现长城文旅产业融合

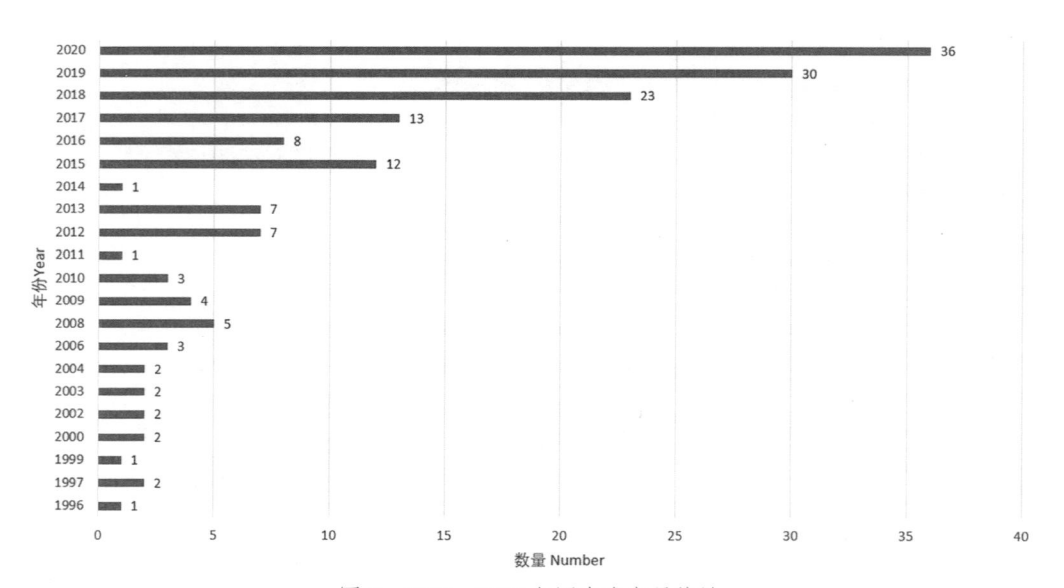

图2　1996—2020年国内发文量统计

成为研究热点,"全资源整合""遗产廊道""保护与利用"成为这一时期研究的关键词。第三阶段从 2018 年开始,2018 年 3 月,文化部和国家旅游局的机构合并,2019 年 12 月,中共中央办公厅、国务院办公厅印发《长城、大运河、长征国家文化公园建设方案》,这一系列国家层面的大动作,使长城文化与旅游的协同与融合发展受到学术界前所未有的关注,发文量也呈逐年递增的趋势。

二、长城文旅产业融合的基础与发展

长城沿线不仅有极高的旅游观光价值,更有深厚的历史文化底蕴,它承载着国家和民族所凝聚的精神力量,给予中华民族牢固的安全感和归属感,这是走好长城文旅产业融合之路的基础。而蓬勃发展中国北部经济,打造长城绿色经济带,则是长城文旅产业融合发展的终极目标。

1. 长城文化

长城横跨多区域历史,是文化演进与社会发展的联系纽带,由此产生烙印着深刻时代记忆的精神产物——长城文化。长城文化承载着国家和民族所凝聚和激发的精神力量,给予着中华民族牢固的安全感和归属感,长城文化是长城文旅产业融合的基石。吴雪杉认为万里长城被视为中华民族的象征初始于 1935 年《义勇军进行曲》,其歌词中筑成"血肉长城"的精神使得现代中国的形象和万里长城联系在一起;[2] 如今,万里长城被视为中华民族的象征而广为传诵,已经是代表着中国民族文化的标志性的形象[3]。王金梅也有类似的观点,她指出长城文化由长城的本体建筑的物质文化发展成为中华民族坚韧不拔、奋发向上的精神文化,成为中华民族民族精神的象征[4]。许多国外学者对于长城文化及其标志象征含义都有一定的研究并提出见解。世界遗产委员评价长城在文化艺术上的价值,足以与其在历史和战略上的重要性相媲美。Yun H 和 Hong S 认为,由于长城的概念和组成因时期和地区而异,因此有必要相应地塑造长城的具体形象,探索中国长城历史丰富多彩的方面。[5]Lee S 从文学的角度指出,韩国当地流传着很多关于中国长城的历史故事,并阐述了其文学史形成的渊源及其意义。[6]Chung C 认为长城对中国人来说,不仅仅是防御工事,更是历史中本国的哲学与思想的投射,他探讨了 20 世纪 80 年代以来围绕中国长城主题的中国设施艺术和表演艺术实践的特点,揭示其在中国当代艺术中的象征意义。[7]Andrew S 指明长城经常被认为是中国和平主义、非扩张主义、防务战略立场的最显著的象征,它是中国战略文化浪漫化的恰当象征。[8]

2. 长城绿色经济带

长城不仅有着深厚的历史文化底蕴，而且沿线有极高的旅游观光价值，这赋予了实施文旅融合方案的可能性与实践性。很早就有学者将长城及长城产业置于区域绿色发展战略下，直接推动长城产业与长城文化的深度融合。1996 年，张幸林在研究陕西省长城沿线经济发展时提出"长城经济带"一词[9]。2009 年，张义丰针对长城经济区，就长城保护与利用协调发展问题提出了一系列战略构想和战略措施[10]。由于长城大部分在环渤海经济圈和西北地区的北部沿线，2015 年，王清标指出要重视万里长城的突出特色，提出打造长城经济带，提升京津冀一体化的档次，更好构建环渤海经济圈[11]。董耀会前瞻性指明，以雄安带动长城文化经济带的发展的引擎作用，构建"雄安—京津冀—长城文化经济带"的中国北部经济空间协调战略，平衡南北方经济发展与资源环境，促进区域经济协调平衡[12]；同时他也指出，长城经济带要以国际化视野建设社会主义新农村，要走生态优先、绿色发展之路等发展思路[13]，衍生出长城绿色经济带这一概念。

在此将长城绿色经济带定义为，以长城为发展轴，发挥轴上北京、天津、雄安、太原等增长极的辐射带动作用，瞄准长城沿线相对贫困区域，强调绿色保护、生态优先为内核，坚持长城物质和精神文化为依托，坚定文旅产业深度融合为主要抓手，保持沿线生态系统良性循环，实现区域经济的联动与协同，促进长城沿线经济实现整体跨越式高质量发展。

三、长城绿色经济带文旅产业融合

相关研究成果以国内学者为主，内容主要集中在遗产资源保护、文化旅游整合开发、新型业态培育创新、区域经济协调发展、长城文化交流传播五个方面。

1. 基于遗产资源保护管理

基于生态评价视角，Liu Y 等指出，陕西省北部的长城沿线由于其脆弱的生态系统和密集的人类活动，生态环境极易荒漠化，过去二十年间其荒漠化面积、荒漠化速度都有所增加[14]。以青海省的明长城遗址为研究对象，Du YM 等指出其出现的裂缝、沟壑、崩塌、侵蚀和剥落等恶化现象，通过线性拟合确定工程参数和气象因素对各类劣化发展的影响[15]，之后该团队使用支持向量机与 BP 神经网络的方法，评价遗址的破坏程度[16]。Yang J 等基于 FPTA 等模型对金山岭长城的破坏程度进行评价，指出该段长城损伤较为严重，应立即修复，以避免更大的损失[17]。

世界遗产保护和旅游利用在遗产地不可避免地交织在一起，具有共生和矛盾的特点，长城是历史遗产，作为未来的旅游地首要解决的是如何保护与管理的问题。因此，基于利益相关者视角，Cros H 等为了更好地了解市场自由化对文化遗产作为未来旅游产品可能带来的威胁和机遇，对北京市的胡同和黄花城水长城段的研究认为，理清推动遗产资源可持续利用的利益相关方角色，能够确定旅游业发展在哪些方面有助于或损害现有的遗产保护政策[18]。Feng F 等通过考察中国慕田峪长城，调查长城文化遗产地利益相关者观点冲突与争议性问题，对遗产管理具有实际意义[19, 20]。苏明明和 Geoffrey W 指出，社区参与对于长城遗产旅游管理至关重要，提高人们对当地参与旅游业的重要性及参与对当地社区影响的认识，有助于制定政策和管理战略，促进地方有效参与中国世界遗产地的旅游业发展[21]。随后他们对北京慕田峪长城居民进行问卷调查，85% 参与者认同文旅发展对于长城保护的积极作用[22]。在此基础上，他们将调查对象扩大至当地其他企业人员和旅游企业从业者，这三个群体对于旅游业在保护长城，美化乡村建筑以及改善当地设施和基础设施方面的的环境影响达成了高度共识，但是也有少数人认识到旅游业对环境的一些负面影响[23]。黄涛基于当地游客行为视角，发现与当地文化内涵的情感联系会促成游客实施文明行为，反之，游客对旅行地文化氛围的负面情绪则会导致其做出对自然文化资源可持续发展有不利影响的行为[24]。

综上所述，绿色经济带下长城遗产保护与旅游发展之间存在潜在冲突，而旅游利益相关方与遗产保护存在密不可分的关系，一系列研究表明的当地的游客、社区及居民以及各企业对于长城保护有着举足轻重的影响。但其实政府与相关部门是长城遗产保护的重要推动者，从出台《长城保护条例》到发布《中国长城保护报告》，我国长城法规体系已经逐步完善。在保护视角下规制长城文旅产业走遗产大保护的绿色发展方向，就政府层面如何不失长城资源的本真，如何平衡长城生态保护和旅游利用开放也是未来研究的重要问题。

2. 基于文化旅游整合开发

如今长城沿线资源的文化旅游方面开发仍然存在一定的问题，如景点众多但大多比较分散，且部分区域整合开发的力度不足。景俊美研究发现，北京长城旅游资源以点状分散的状态展示，游客分布不均，热度集中在八达岭长城，不利于北京长城景区的可持续发展[25]。还有许多学者对天津、河北、山西等省份的现状进行分析，发现其旅游形式以重点景点观光模式为主，开发整合、利用工作做得不够[26,27]。因此，长城作为跨区域文化景观正面临着破碎化、孤岛化的危机。遗产廊道是大型遗产区域性、整体性保护与开发的新理念、新方法[28]，与我国长城遗产文旅融合的现实情况和需求有契合之处。Wang F等从游客流的角度，研究北京长城文化带的空间结构和塑造机制，发现节点之间的文化关联依赖于物理通道（包括传统走廊和交通通道）作为物理载体[29]。王雁[30]，冯君明[31]等初步探索性提出构建齐长城遗产廊道，明长城遗产廊道。随后有学者针对省内长城遗产特色，提出构建遗产长廊打造文化经济带，以推动沿线经济、社会、文化、生态全方位发展。如在北京构建遗产廊道，打造北京长城文化带[25]，振兴乡村经济过程中又蕴藏着国家意义、世界意义[32]；构建山西大同古长城文化遗产廊道[33]，打造山西长城生态文化旅游经济带，形成高标识度的山西长城独特IP，推动长城区域的经济联动、产业融合、资源共享[34]。

综上所述，点状分布、破碎化、孤岛化是目前长城沿线旅游资源存在的共性问题，而遗产廊道作为大型遗产区域性、整体性保护与开发的新理念与新方法，许多学者基于构建长城遗产廊道，提出打造文化带、文化经济带、文化旅游经济带等一系列构思。需要说明的是，文旅融合这个大议题下本身就具有鲜明的本土化发展特征，而长城沿途跨越多个省份，学者们的研究也由于区域的框定而有了独特的地方特色。但在长城绿色经济带的视域下，目前相应的研究依然局限于点线，未连成面，相关的研究也以定性为主，未形成区域联动的定量理论研究体系；而对于各地自身长城文化地源特色和差异化产业竞争力的深度挖掘也有所不足，这些问题都需要未来的研究探讨。

3. 基于新型业态培育创新

如今的长城文化已经跳脱出长城实体，成为独立的文化符号，而文化创意作为创新源，发挥着加速驱动旅游业转型升级的作用[35]。融合文化创意能够更好地诠释长城特色、丰富旅游产品、打造长城文化"新名片"。目前长城文旅产业新业态是以衍生文化创意为内核的绿色供给模式为主，主要形式包括文创产品、文化产业园区、影视业与长城旅游产业的融合。旅游文创产品通过与历史文化内涵的结合，具有独特的历史风貌。刘超瑜以京津冀地区的长城文化为背景，利用人文情感、拆分组合、移植"嫁接"等创新方法，设计出具有高品质、有内涵、有特色的旅游文创产品[36]。实践中，腾讯在慕田峪长城发起的"长城你造不造"活动，将用户变成文创的直接参与者，助于"守卫长城精神"的集合传播，形成"互联网＋创新传承"

新模式[37]。文化产业园区通过产业链的延伸,实现和旅游业的融合发展。实践中包括长城国家文化公园[38]、滦平县金山岭长城文化产业园[39]、山海关长城文化产业园区[40]等,通过这种方式创造出了特色鲜明的旅游文化,让游客在旅游中产生了与文化的链接。影视业与旅游业都具有"文化产业"的内涵属性,这是成为二者融合发展的基础,西方称之为"电影引致旅游",是指由于旅游目的地出现在荧屏、影带、银幕上而促使旅游者造访这些旅游地和吸引物[41],目前呈现多元化发展的趋势[42]。长城的展现除了在常见的宣传片、纪录片中,如《长城:中国的故事》等,长城也成为电影中频繁的取景地,如《非诚勿扰2》取景于怀柔慕田峪长城烽火台,《邪不压正》取景于密云司马台长城。长城文化内涵的挖掘及长文化 IP 的打造让长城文化带的保护与开发不断升级[43],文化旅游与文化创意让古老的长城散发出新的活力与魅力[44],成为旅游产品中的新的经济增长点。

综上所述,伴随着文化产业的变革,文旅融合模式逐渐脱离长城实体,融合无形文化成为主流。文化产业中的各种文化形态,包括传统文化、流行文化、电影文化、游戏文化等与旅游发展的关系及旅游产品转化等成为学者们研究较多的主题,多以某一具体文化业态为切入点,详细分析这一新型文化业态与旅游的融合发展,涉及产品开发、产业管理等多方面内容。随着 5G、VR、GIS、人工智能等新兴技术的出现,创造更多新型业态培育发展的可能性,给学者研究长城绿色经济带文旅融合模式提供更广阔的研究视角。

4. 基于区域经济协调发展

文化资源有助于提升所在区域的创造性,加速城市化进程[45],文化的融合能够拉动当地旅游业,促进当地经济发展[46]。部分学者指出,一些地区的长城产业对于经济发展的带动作用还未完全开发出来,特别是如河北、山西境内的"野长城"并未得到有效开发,以零散的背包客猎奇、研究者调研活动为主,难以支撑起一个长城旅游项目,带来直接的经济效益[26]。范文虎等认为,加大野长城的开发利用对于带动周边乡村发展,推动乡村振兴具有重大的意义[47]。刘春凤等发现北京八达岭长城旅游区中产业结构对旅游区域经济在附加值方面具有显著的空间分异特征影响[48],所辖的岔道村由长城旅游的带动下,六成农户开设农家乐、餐厅等,每户年增收 20 万～30 万元[1]。陈睿采用统计分析方法,得到山西省长城遗存与沿线景区数量显著正相关,与非遗数量显著负相关,长城文化可识别性越高的结论。他指出,构建长城文旅产品体系已经成为振兴该区域乡村经济的战略举措[49]。白翠玲等研究了河北省长城文旅发展存在明显的时空差异性,产品供给存在明显的结构性差异且设施呈现点线布局的问题,针对性进行"极点"化打造,进而点轴化带动长城文旅带区域的整体发展[50]。

综上所述,长城文旅产业在实践中不断被赋予乡村振兴、建设美丽乡村、实现区域经济跨越式、高质量发展等重任,而充分发挥文旅产业对于经济的推动力,还需建立高质量的市场服务体系、搭建合理的公共政策架构,加强深化行业整体管理能力,未来继续探讨如何建立多维度配套服务体系以增加长城文旅产业对于区域经济发展的推动力。

5. 基于长城文化交流传播

文旅融合既能为文化产业内生增长提供动力,促进旅游产业的转型升级,又有利于传统文化的继承与发展[51],弘扬传播国家文化是旅游文化产业必须担当的责任[52]。基于游客视角,以长城国家公园试点为例,闫瑶瑶等指出,从历史文化氛围视角,游客对公园的历史文化有高度认同感,其整体形象具有清晰的历史文化定位,但国家公园的认知仍停留在风景名胜区层面[53]。景俊美研究发现,北京长城旅游资源以点状分散的状态展示,导致游客分布不均,难以了解长城整体防御体系、地域文化特色及历史文化[25]。刘文艳等指出,谋划长城国家文化公园体制机制,加强对长城的宣传保护工作,对于提升公众对长城的认知水平、促进多方力量共护长城起到了良好的效果[1]。对于长城实体,李仁杰等实证发现,将长城景点规划设计拓展到景点外围,可以提升旅游景点的引导性、文化传播效率,并增加文化传播途径[54]。在文化符号上,王艳红指出,我国正努力从整体重塑万里长城国家形象,以符号的形式向国际传播中华文化文旅品牌[55];但高佳认为其作为媒介形象依然存在着主流媒体报道刻板化、自媒体传播浅表化、传播主体单一化、传播主内容碎片化等困境[56]。

综上所述,长城历史及文化通过旅游的方式被游客所认知了解,同时也作为国内外皆认可的文化形象并成为我国文化传播的重要一环,但长城作为媒介形象亟需走出传播刻板化、浅表化,传播主题单一化等困境。未来可就如何通过文旅融合保护长城传统文化并扩大其辐射面,打造长城文化品牌,实现文化传播的国际影响力等议题进行更深入的探讨。

四、研究结论与启示

文旅产业融合作为长城绿色经济带发展的有利抓手。目前相关实证研究较为丰富,但理论量化研究较为薄弱,研究依然局限于点线未连成面,相关的研究也以定性为主,未形成区域联动的定量理论研究体系。文献分析与综述对走好长城绿色经济文旅产业融合之路得出如下启示。

1. 加快治理理念革新与模式探索

走好长城绿色经济带文旅融合之路,首先要把长城保护、环境治理放在首位,将绿色开发理念贯彻始终。其次要找准差异化地域特色,找准核心竞争力,避免各地长城文旅产业出现"同质化"的问题。这期间,对沿线15个省的政策、制度、运作模式的对接提出了新要求,即相应法规、规章及政策性文件的更新与出台,要与时俱进、切实有效且相互承接。而文旅产业融合、产业升级与新型业态的萌生与培育,不仅要求政府起到引导性的主体作用,即积极搭建合理公共政策架构,加强深化行业整体管理能力,而且就市场也提出了建立高质量市场服务体系的新任务。这些新问题、新要求、新任务催促政府、相关部门及相关行业革新治理理念并不断探索新的治理模式。

2. 有机衔接乡村振兴与文化振兴

长城沿线很多都是2020年脱贫攻坚战的重点区域,解决相对贫困依然是亟待解决的难题,因此这些区域依然是实施乡村振兴战略的重点对象。长城沿线有许多绿水青山,还有野长城等别致景观,但是仅靠"卖风景",对于长城旅游的支撑是远远不够的,长城文化历史内涵丰富,必须要有效挖掘出有核心竞争力的文化产品。习近平总书记明确指出"乡村振兴,既要塑形,也要铸魂"。以文化铸魂大手笔做好长城绿色经济带文旅产业融合这篇大文章,将国家层面乡村振兴和文化振兴有机衔接的理念落在了实处,将带来直接的经济效益。

3. 推动区域经济联动与协调发展

长江经济带、粤港澳大湾区、"一带一路"建设等大区域战略的建设实施,给相关区域带来新的经济增长极,如长江经济带借力上海、武汉等中心城市,带动整个长江经济带的发展;粤港澳大湾区借力大湾区,带动区域的整体发展。建设长城绿色经济带也是如此,要找准核心增长极,如北京、天津、雄安、太原、西安等,同时瞄准长城沿线需要振兴的相对落后区域,实现区域经济的联动与协调发展,给蓬勃的中国北部经济带来新的发展契机。

4. 增加文化传播范围与输出力度

文化输出是国家"软实力"的重要表现,中国相较于其他国家存在重视程度不足、力度不够等问题。如国外的电视剧,电影大片,流行音乐作为各国文化输出的载体,被我国各年龄段的群众所追捧。与之相反,中国许多文化在国外经常不为人所知,甚至连国人都不甚了解。因此,一是打好长城文化+旅游"组合拳",增加国内长城文化辐射面,使当地的群众、来游群体能更系统更全面地认识长城文化体系,甚至通过媒体平台将影响力覆盖全国。二是打好国际形象品牌"文化牌",长城作为中华文化代表性符号,在国外已经有了一定的知名度,要充分利用现有优势,将其作为文化输出新手段,帮助提升国家文化软实力的影响力。

注释

[1] 刘文艳、许慧君、冯双元等:《中国长城保护报告(2017—2018)》,《中国文化遗产》,2020 年第 02 期,第 91—102 页。

[2] 吴雪杉:《血肉做成的"长城":1933 年的新图像与新观念》,《文艺研究》,2015 年第 01 期,第 134—143 页。

[3] 吴雪杉:《透过媒介:建构"万里长城"的现代形象》,《文艺理论与批评》,2017 年第 02 期,第 115—125 页。

[4] 王金梅:《浅谈长城文化内涵的阐释与呈现——以〈碰撞·融合——长城文化展〉为例》,《文物世界》,2020 年第 04 期,第 66—68 页。

[5] HYUN, SENG H. The Protection Project of the Great Wall and New Trends in the Study of the Great Wall. Dongbuga Yeoksa Nonchong, 2014, 45: 339—401.

[6] LEE SOOJA. The Formation Origin and Significance of Literary History of The Great Wall[萬里長城] Story. The Journal of Korean Historical-folklife, 2008, 28: 177-213.

[7] CHANGMI C. Historicity of "The Great Wall" of China in Contemporary Chinese Art: In the Case of Installation and Performance Art after the 1980s. Journal of History of Modern Art, 2014, 36: 257-284.

[8] SCOBELL A. China's Real Strategic Culture——A Great Wall of the Imagination. Contemporary Security Policy, 2014, 35(2).

[9] 张幸林:《加速建设长城沿线经济带》,《理论导刊》,1996 年第 12 期,第 17—19 页。

[10] 张义丰、谭杰、陈美景等:《中国长城保护与利用协调发展的战略构想》,《地理科学进展》,2009 年第 02 期,第 280—284 页。

[11] 王清标:《让长城成为北方协调发展新纽带》,《中国经济导报》,2015 年 01 月 01 日。

[12] 董耀会:《雄安带动长城文化经济带发展的引擎作用之前瞻》,《河北地质大学学报》,

2019 年第 01 期，第 127—129 页。

[13] 董耀会：《建设长城经济带，创新发展内生经济——兼论长城茶马互市交流模式的应用》，《河北地质大学学报》，2017 年第 02 期，第 131—134 页。

[14] LIU Y, GAO J, YANG Y. A holistic approach towards assessment of severity of land degradation along the Great Wall in northern Shaanxi Province，China. Environmental monitoring and assessment, 2003, 82(2): 187-202.

[15] DU Y, CHEN W, CUI K, et al. A Model Characterizing Deterioration at Earthen Sites of the Ming Great Wall in Qinghai Province, China. SOIL MECHANICS AND FOUNDATION ENGINEERING, 2017, 53(6): 426-434.

[16] DU Y, CHEN W, CUI K, et al. Damage Assessment of Earthen Sites of the Ming Great Wall in Qinghai Province: A Comparison between Support Vector Machine （SVM） and BP Neural Network. ACM JOURNAL ON COMPUTING AND CULTURAL HERITAGE, 2020, 13(142).

[17] YANG J, TAN F H, TAN A, et al. Sustainability evaluation of the Great Wall of China using fuzzy set concepts by incorporating Leadership Energy and Environmental Design. CIVIL ENGINEERING AND ENVIRONMENTAL SYSTEMS, 2017, 34(1): 1-33.

[18] Du CROS H, BAUER T, LO C, et al. Cultural Heritage Assets in China as Sustainable Tourism Products: Case Studies of the Hutongs and the Huanghua Section of the Great Wall. Journal of Sustainable Tourism, 2005, 13(2): 171-194.

[19] FENG J, DAI L, JIANG J, et al. A Matter of Perspective: A Discursive Analysis of the Perceptions of Three Stakeholders of the Mutianyu Great Wall. IEEE TRANSACTIONS ON PROFESSIONAL COMMUNICATION, 2018, 61(1): 22-47.

[20] FENG J, LI Y, WU P. CONFLICTING IMAGES OF THE GREAT WALL IN CULTURAL HERITAGE TOURISM. CRITICAL ARTS-SOUTH-NORTH CULTURAL AND MEDIA STUDIES, 2017, 31(6SI): 109-127.

[21] SU M M, WALL G. Global-local relationships and governance issues at the Great Wall World Heritage Site, China. JOURNAL OF SUSTAINABLE TOURISM, 2012, 20（8）: 1067-1086.

[22] 苏明明、GEOFFREY WALL.：《遗产旅游与社区参与——以北京慕田峪长城为例》，《旅游学刊》，2012 年第 07 期，第 19—27 页。

[23] SU M M, WALL G. Community Participation in Tourism at a World Heritage Site: Mutianyu Great Wall, Beijing, China. International Journal of Tourism Research, 2014, 16(2): 146-156.

[24] 黄涛、刘晶岚、张琼锐：《旅游地文化氛围对游客文明行为意向的影响——以长城国家公园试点为例》，《浙江大学学报（理学版）》，2018 年第 04 期，第 497—505 页。

[25] 景俊美：《遗产廊道与北京长城文化带构建》，《前线》，2019 年第 10 期，第 67—69 页。

[26] 张献忠：《浅谈京津冀晋长城旅游资源的整合与深度开发》，《博物院》，2017 年第 04 期，第 22—26 页。

[27] 任云兰：《整合历史文化遗产资源促进京津冀旅游产业协同发展》，《城市发展研究》，

2016 年第 12 期，第 19—22 页。

[28] 李飞、宋金平：《廊道遗产：概念、理论源流与价值判断》，《人文地理》，2010 年第 02 期，第 74—77 页。

[29] WANG F, XU Y, ZHAO Y, et al. Belt or network? The spatial structure and shaping mechanism of the Great Wall cultural belt in Beijing. Journal of Mountain Science, 2018, 15(9): 2027-2042.

[30] 王雁：《齐长城遗产廊道构建初探》，《理论学刊》，2015 年第 11 期，第 115—121 页。

[31] 冯君明：《明长城遗产廊道构建方法研究》，北京林业大学硕士学位论文，2019 年。

[32] 胡九龙：《北京三大文化带影响力比较分析》，《前线》，2018 年第 10 期，第 83—85 页。

[33] 王宏达、冯潇：《山西省大同古长城文化遗产廊道中的慢行设施体系规划》，《景观设计学》，2019 年第 06 期，第 116—133 页。

[34] 董耀会：《山西长城文化遗产及长城旅游发展》，《史志学刊》，2020 年第 03 期，第 4—7 页。

[35] 徐翠蓉、赵玉宗、高洁：《国内外文旅融合研究进展与启示：一个文献综述》，《旅游学刊》，2020 年第 08 期，第 94—104 页。

[36] 刘超瑜：《长城文化视域下的京津冀旅游文创产品设计研究》，天津工业大学硕士学位论文，2019 年。

[37] 赵倩倩：《中国传统文化与网络游戏的融合发展研究——以〈王者荣耀〉为例》，《今传媒》，2018 年第 12 期，第 79—82 页。

[38] 博雅方略研究院：《建设国家文化公园 彰显中华文化自信》，《中国旅游报》，2020 年 01 月 03 日。

[39] 李唯伟：《全域旅游背景下的景区带动型乡村旅游发展模式研究》，广西大学硕士学位论文，2017 年。

[40] 钟蕾、李杨：《设计视阈下的京津冀文旅协同发展》，《包装工程》，2020 年第 12 期，第 67—86 页。

[41] TOOKE N, BAKER M. Seeing is believing: the effect of film on visitor numbers to screened locations[J]. Tourism Management, 1996, 17(2): 87-94.

[42] CONNELL J. Film tourism - Evolution, progress and prospects. TOURISM MANAGEMENT, 2012, 33(5): 1007-1029.

[43] 陈萍：《影视旅游的产业融合模式研究——以〈非诚勿扰〉系列电影为例》，《电影评介》，2015 年第 22 期，第 92—95 页。

[44] 丁宁、王圣华：《融合与创意：北京取景地文旅产业研究》，《电影评介》，2020 年第 11 期，第 40—46 页。

[45] PARGA DANS E, ALONSO GONZALEZ P. Sustainable tourism and social value at World Heritage Sites: Towards a conservation plan for Altamira, Spain. ANNALS OF TOURISM RESEARCH, 2019, 74: 68-80.

[46] KOSTOPOULOU S. On the Revitalized Waterfront: Creative Milieu for Creative Tourism. SUSTAINABILITY, 2013, 5(11): 4578-4593.

[47] 范文虎、刘雅丽、王旭等:《乡村振兴战略背景下野长城的开发与利用研究》,《经济问题》,2018年第10期,第85—89页。

[48] 刘春凤、宋涛、牛亚菲等:《旅游区经济影响域界定研究——以八达岭长城旅游区为例》,《旅游学刊》,2013年第07期,第33—40页。

[49] 陈睿:《乡村振兴背景下山西长城旅游发展策略研究》,《中国地名》,2020年第07期,第32—33页。

[50] 白翠玲、李开霁、牟丽君等:《河北省长城文化旅游供求研究》,《河北地质大学学报》,2020年第03期,第123—129页。

[51] 夏营:《谈"文旅融合"发展的深层意义》,《旅游纵览(下半月)》,2019年第05期,第55—56页。

[52] YU X, XU H. Cultural heritage elements in tourism: A tier structure from a tripartite analytical framework. JOURNAL OF DESTINATION MARKETING & MANAGEMENT, 2019, 13: 39-50.

[53] 闫瑶瑶、郑群明:《长城国家公园旅游形象感知研究——基于内容分析法和IPA法》,《林业经济》,2020年第01期,第44—50页。

[54] 李仁杰、谷枫、郭风华等:《基于DEM的交通线文化景观感知与功能分段研究——紫荆关长城景观的实证》,《地理科学》,2015年第09期,第1086—1094页。

[55] 王艳红、秦宗财:《文化带传统文旅品牌的形象塑造与国际传播》,《安徽师范大学学报(人文社会科学版)》,2020年第02期,第107—114页。

[56] 高佳:《文化遗产旅游地的媒介形象传播困境与对策——以齐长城的媒介传播为例》,《青年记者》,2020年第20期,第88—89页。